四十里峪

西水泉

河北省社科基金项目"飞狐古道线性遗产传统村落保护带开发利用研究"
（项目编号：HB17YJ010）

驿路古村：
飞狐古道线性遗产及传统村落保护与开发利用研究

孔旭红／著

四川大学出版社
SICHUAN UNIVERSITY PRESS

项目策划：徐　凯
责任编辑：徐　凯
责任校对：毛张琳
封面设计：墨创文化
责任印制：王　炜

图书在版编目（CIP）数据

驿路古村：飞狐古道线性遗产及传统村落保护与开发利用研究 / 孔旭红著. — 成都：四川大学出版社，2021.7

ISBN 978-7-5690-4747-9

Ⅰ. ①驿… Ⅱ. ①孔… Ⅲ. ①村落－保护－研究－河北②村落－旅游资源开发－研究－河北 Ⅳ. ①K922.2②F592.722

中国版本图书馆CIP数据核字（2021）第105223号

书　名	驿路古村：飞狐古道线性遗产及传统村落保护与开发利用研究
著　者	孔旭红
出　版	四川大学出版社
地　址	成都市一环路南一段24号（610065）
发　行	四川大学出版社
书　号	ISBN 978-7-5690-4747-9
印前制作	四川胜翔数码印务设计有限公司
印　刷	成都金龙印务有限责任公司
成品尺寸	170mm×240mm
插　页	8
印　张	18.75
字　数	315千字
版　次	2021年7月第1版
印　次	2021年7月第1次印刷
定　价	78.00元

◆ 版权所有 ◆ 侵权必究

◆ 读者邮购本书，请与本社发行科联系。
　电话：(028)85408408/(028)85401670/(028)86408023　邮政编码：610065
◆ 本社图书如有印装质量问题，请寄回出版社调换。
◆ 网址：http://press.scu.edu.cn

四川大学出版社
微信公众号

飞狐村落一景

飞狐一柱擎天

高速公路（一）

高速公路（二）

古道与高速公路的交叉

黑石堡

黑石堡风光（一）

黑石堡风光（二）

黑石堡风光（三）

金家井村的烟墩

两山壁立间的飞狐古道

留家庄村粉饰一新的院落

留家庄村整治工程

罗浩女士和她恢复的广昌瓷

罗浩女士在家乡建设的南塘仙谷民宿

上苏庄村堡门

上苏庄村一景

宋家庄村堡门

宋家庄村穿心戏楼

宋家庄村真武庙远眺景

乡民的娱乐

张家铺村正在补家谱的老人

前　言

　　绵延的道路总是能够带给人们很多遐想。从古至今，道路总是与时光联系在一起，在吸引着、召唤着我们不断地出走，去探寻未来，又一次次地归来，在未来与过去之间选择、尝试，在时光与空间中不断穿梭。一路经历不同的风景与人情，探寻着不同的世界，这也许就是为什么道路本身越来越具有吸引力的原因之一。而古道，更是连接历史与现实的纽带，它镌刻着历史的痕迹，等待着人们发现和探究；它象征着历史的来处，绵延着往事和过往，却又通向现代和未来；古道总是能够唤起人们很多的怅惘、幽思，又能带给人们很多的力量和向往。古道，反映了技术与文化、社会与自然、经济与政治、生态与生活的变迁，越来越成为一种发现世界、发现历史、发现人类的视角与对象。

　　古道的一草一木、一砖一瓦、一个转弯、一个跌落，都是古道的印记，而散布在古道沿线的传统村落，更是见证了古道的变迁，见证了历史的演变。

　　传统村落凝聚了传统社会物质和非物质文化，是乡情、宗亲等民族情感的诠释，是千百年社会演变的活化石，是乡愁的寄托和载体，是我们的精神家园。在新型工业化、城镇化、信息化、现代农业化的发展洪流中，传统村落急速消亡，人口流失，产业凋敝，房屋空置、破败，土地撂荒，传统文化和乡村文明逐渐断裂、衰亡，传统村落保护迫在眉睫。

　　为了保护急剧消失的传统村落，留住民族记忆和美丽乡愁，我国自2003年起，先后公布了6批276个国家级历史文化名村，5批6799个中国传统村落；覆盖全国31个省、自治区、直辖市；制定出台了国家级或地方性的法律法规；形成了政府主导、社会各界积极参与的举国体制的村落保护工作模式。与此同时，我们也要看到，除了这些进入国家序列，处于国家叙事的传统村落，还有大量未得到充分重视的传统村落，由于申报不及时、无力申报或不懂如何申报等原因，散落在名录之外，这些村落的去留、保护与发展之间的矛盾日益突出，需要给予更多的关注。

对传统村落的重视和保护体现了对文化遗产认识和保护的历程与进步。任何一个人、一种事物或一种文化都不是作为单独的个体而存在的，因此对文化遗产的认识和保护，经历了单体文物—单体建筑—遗址遗迹—城市—历史街区—村镇—文化线路的全面、整体保护的思路演变，对文化遗产越来越重视其内在的基因和形成脉络与环境和相关事物的关系，传统村落也是如此。目前我国对传统村落的保护研究集中在建筑学、民俗学、艺术学、美学、经济学、社会学等领域，多落脚于个案传统村落的保护措施，缺乏对自然和历史文脉整体风貌的观照，难以形成中观和宏观的社会理论。当前，河北省率先在井陉成立了全国第一个传统村落保护区，开创了传统村落连片保护管理。本研究认为村落的形成和兴衰，除了连片成面式的发展，还有沿交通线路的延伸而呈线性发展的现象，因此，除了观照个体和连片传统村落，还要注意线性村落遗产这一历史、地理、社会三重因素构建的产物，对其线性发展和内部关联进行研究，尊重其自然、历史整体风貌与脉络，在"地方性知识"和"整体社会知识"之间找到结合点，依其地理文化联系、历史文化脉络、社会文化肌理发掘整理其内在价值、历史原真性和整体性。同时，传统村落的保护必须直面社会发展大势，因地制宜，顺势而为，从产业入手，让"人"愿意留下来，并且因此而自豪。这就需要综合考虑传统村落的资源，从新的产业发展观来审视传统村落。

飞狐古道为太行八陉之一，是连接太行山两侧山西高原与华北平原及中原大地的交通要道，不仅以雄险的军事地位著称，还是历史上燕赵通胡的重要商旅要道、文化交流要道，涉及政治制度、科学技术、文学艺术、语言文字、风俗习惯、商旅贸易等多方面内涵，反映了农耕文明与草原文明的交融、人文景观与自然景观的完美结合，历代沿袭，经久不衰，具有典型的动态特征，是典型的线性文化遗产，沿线形成了曾经盛极一时的村落、堡子，具有极大的历史文化价值和旅游开发价值。近些年随着交通格局和行政区划的演变，飞狐古道沿线逐渐衰落，沿线村落尽管具有"传统建筑风貌完整、选址和格局保持传统特色、非物质文化遗产活态传承"的特征,仍不免陷入经济发展停滞、空心化的困境。这些散落在国家叙事的"传统村落名录"之外的村落失去了光环,似乎缺少了一些保护的理由和措施,要么面临经济发展、城镇化大潮下的城镇化乃至消亡,要么在扶贫脱贫的压力下经历着整体搬迁、重新寻找生计、产业支撑乏力的多重压力,而有着独特魅力的传统和历史则没有得到充分利用,渐渐被遗忘。本研究拟在充分分析飞狐古道价值的基础上,对沿线村落的功能、价值、现状、问题进行分析,对其文化线路整体保护和利用的可能性进行探析,对各村落在线路上的作用、地位、价值、空间布局、利用途径、产业布局等进行讨论,并就飞狐文化线路的策划与设计、各村落节点的策划与设计提出初步建议,希望能从线路遗产角度梳理传统村落资源和价值,以期对成线连片古村落实施整体规划、重点保护进行探索。

目 录

绪　论 ………………………………………………………………（ 1 ）

第一章　飞狐古道的空间坐标……………………………………（ 21 ）
　　第一节　三山交汇　两县之间……………………………（ 21 ）
　　第二节　太行八陉…………………………………………（ 30 ）
　　第三节　飞狐天险谱奇篇…………………………………（ 39 ）

第二章　飞狐古道的时间坐标及价值……………………………（ 47 ）
　　第一节　历史记载中的飞狐古道…………………………（ 47 ）
　　第二节　近代以降飞狐古道的巨变………………………（ 57 ）
　　第三节　飞狐古道的价值…………………………………（ 60 ）

第三章　飞狐古道传统村落的前世今生…………………………（ 66 ）
　　第一节　飞狐古道沿线传统村落概览……………………（ 66 ）
　　第二节　飞狐传统村落的形成……………………………（ 76 ）
　　第三节　飞狐传统村落的现状……………………………（ 82 ）

第四章　解读飞狐传统村落………………………………………（105）
　　第一节　防御体系与建筑…………………………………（105）
　　第二节　信仰体系与寺庙…………………………………（113）
　　第三节　戏曲习俗与戏台…………………………………（121）
　　第四节　生活与生计………………………………………（133）

第五章　飞狐古道与传统村落的研究视角 (151)
第一节　交通地理学及交通经济学视角下的飞狐古道与传统村落 (152)
第二节　文化遗产学视角下的飞狐古道与传统村落 (154)
第三节　文化人类学视角下的飞狐古道与传统村落 (163)
第四节　古道路学视角下的飞狐古道与传统村落 (167)

第六章　飞狐古道及传统村落保护与发展的现实困境 (174)
第一节　古道难行 (174)
第二节　古村难觅 (177)
第三节　协调管理难 (186)
第四节　地区发展基础薄弱及存在的问题 (190)

第七章　飞狐古道及传统村落发展路径分析 (196)
第一节　可持续：飞狐的发展目标 (196)
第二节　发展旅游产业的是与非 (202)
第三节　除了旅游还能做什么 (206)
第四节　飞狐古道及传统村落发展的路径选择 (212)

第八章　飞狐古道旅游产业开发设想 (243)
第一节　飞狐古道旅游开发的意义及原则 (243)
第二节　飞狐古道旅游开发的现状和问题 (249)
第三节　古道旅游开发的特殊性及思路 (256)
第四节　飞狐古道旅游开发策略 (272)
第五节　基于游客感知的飞狐古道旅游产品谱系研究 (279)

后　记 (294)

绪　论

一、研究缘起与研究背景

与飞狐结缘，始于1999年。那一年暑假，学校布置了暑期带学生开展社会实践的任务，笔者带着五个学生到易县、涞源两县调查旅游开发情况。初到涞源，就被凉爽、古朴、安静的小城打动。旅游局安排我们到白石山、十瀑峡、空中草原、仙人峪等地参观，当然那时候的白石山还未开发，当我们手脚并用、疲惫不堪、互相拉扯着爬到山顶之后，苍茫云海、浪漫的红桦树和雄浑壮美的太行龙脉白石山立刻就在心里留下了不可磨灭的印象。刘春阳局长告诉我们涞源古名飞狐，陆游的名句"三更雪压飞狐城"中的"飞狐城"指的就是涞源，而"飞狐城"得名与飞狐峪、飞狐铁壁有关，当时就联想到金庸老先生的《雪山飞狐》似乎应与此有不解之缘，立刻就感受到了飞狐二字所带来的神秘、旷古和苍凉，萧太后红鬃烈马一袭红袍昂首伫立在飞狐铁壁，在连绵雪山之上指点江山的情景浮现在脑海。遗憾的是那一次没有时间去飞狐峪亲自体验一下。以后查阅资料，更加喜欢这个边城，此后一直关注着涞源，关注着飞狐古道，每当想起那大雪封山、寒光朔气、骡铃声声、马蹄哒哒、旌旗蔽野及擂鼓呐喊便充满向往。

2006年10月，和几个好友到九寨沟，顺路到松潘古城一游。一个朋友强力推荐松潘的马帮旅游，说必须体验一下马背上重走茶马古道的感受，于是我们在古城报了名，跟随当地藏民骑马上山，当一队骏马驮着来自世界各地的访客和帐篷、给养在马夫的牵领下在哒哒的马蹄和叮当的铃声中徐徐上山，当山脚的古城渐渐远去、连绵的群山在眼前展开，当牵马的小伙儿开始放声高歌，当日渐西斜安营扎寨埋锅造饭点起篝火，当夜晚醒来听到帐篷外不知什么动物闻着嗅着发出的鼻息声，当清晨迎着清冽的晨风看炊烟袅袅升起，喝过马茶吃过油饼，不由得再次想起飞狐古道，被誉为"河北的茶马古道"的飞狐陉，为什么不能也做一条这样的线路呢？2008 年 6 月，到丽江再次体验了骑马穿越古村落到达拉市海的"茶马古道"旅游，这种感想再次油然而生，回到保定和春阳局长聊起此事，他说情况不像你想象的那样，当时还不太明白他说的是什么意思。不久之后实地到飞狐峪走访才明白，飞狐峪和川藏、滇藏的茶马古道不同，多年以来交通的唯一性让这里的交通条件不断改善，涞蔚公路早已取代古道，古道基址已不复存在，已没有了马帮穿越而过的条件，于是只能在失望中离开，飞狐峪的壮美俊逸和狭仄幽深却始终留在脑海。

2010 年以后黎志先生看中白石山与黄山的神似，决定开发白石山，此后白石山的知名度日益提高，涞源逐渐进入广大游客的视线。2016 年首届河北省旅游发展大会选中涞水、涞源、易县作为会议举办地，"京西百渡"品牌叫响京津冀，将白石山提升为 AAAAA 级景区，此时飞狐古道再次进入笔者的视线，如何丰富"京西百渡"涞易涞区域业态形式，如何提高其产品内涵，如何突出其文化价值，飞狐古道在其中必须占有一席之地。但是如何解决飞狐古道单纯的通道性一直是个困扰，直到将眼光放在飞狐古道沿线的村落，一切就有了答案。

作为文化线路，尤其是具有军事、商业、文化多重内涵的线路，兵营、堡垒、驿站、商业服务聚集点等功能性需求加上交通沿线人口的自然聚集，其沿线必然会形成多个重要节点。作为线性文化遗产，重要节点的保护与利用具有提供服务功能、集中展示文化内涵、增加停留时间、形成空间聚集和产业聚集等作用，在开发保护中应当予以特别重视。因此将关注点从线路本身放到线路的节点，以线路的时间发展序列和历史功能及意义来选择重要节点，构建文化线路的空间网络，便符合了文化线路遗产保护和利用的规律。

在飞狐古道线路遗产上，重要节点表现为分布在沿线的传统村落。这些村落在历史上都承担了各自的功能，甚至在张石高速通车之前，这些村落一直都具有重要作用，繁华而自在地过着自己不紧不慢的日子。但交通格局的变迁让这些村落黯然失色，随着近些年城镇化的发展，大量村民离乡进城打工，村空地空房空、基层组织空、村集体空等"三空"现象较为突出。对这些传统村落的价值进行重新审视，对其功能和产业布局进行调整，不仅对于飞狐古道文化线路遗产的保护具有价值，对这些村落的振兴和经济发展也有很强的现实意义。同时，自驾游的兴起，户外运动的普及，让这条线路上多了很多自驾游和骑行的身影。这些人大多在此停留拍照留影，有一些会选择一个节点进行徒步、穿越，由于缺少停车场地、餐饮住宿服务网点、活动组织以及必要的介绍和展示，人们对这些活动往往浅尝辄止，只做短暂停留，游客体验极为有限，也不能得到很好的服务，能够给当地带来的发展机会少之又少。因此，整理线路遗产沿线的遗存，挖掘"河北丝绸之路""河北茶马古道"的内涵和价值，更好地对其进行保护与展示，为游客提供更好的体验，对沿线村落的发展给予更多层面的有效关注以改变扶贫方式或巩固扶贫成果，构建河北北部、京西北地区旅游新的发展极变得越来越迫切。

二、研究动态及分析

国际古迹遗址理事会制定的《文化线路宪章》指出，"文化线路可以看作是一种通过承担特定用途的交通线路而发展起来的人类迁徙和交流的特定历史现象，现象的载体即文化线路的遗产内容"。文化线路中的"交通线路"不是普通的交通路线，而是具有特定用途的路线，如进行特定的商贸、政治、军事、文化活动等，这是成为文化线路遗产的一个显著特征。飞狐古道不仅是一条战道、商道，更是一条文化古道，涉及政治制度、科学技术、文学艺术、语言文字、风俗习惯、军事战役等多方面内涵，不仅具有交通通达性和连接性，还具有特定的商贸、军事、政治、文化交流等功能，沉淀了很多的历史故事、民俗风情、建筑和聚落，反映了人类的迁徙和交流，是一条典型的文化线路。

传统村落又称古村落、历史村落、乡村聚落。《住房城乡建设部 文化部 国家文物局 财政部关于开展传统村落调查的通知》中指出："传统村落是指形成较早，拥有较丰富的文化与自然资源，具有一定历史、文化、科学、艺术、经济、社会价值，应予以保护的村落。"[①]

[①] 住房城乡建设部 文化部 国家文物局 财政部关于开展传统村落调查的通知[EB/OL]. http://www.mohurd.gov.cn/wjfb/201204/t20120423_209619.html.

传统村落和文化线路保护都是文化遗产保护理念不断发展的结果，单体建筑—遗址遗迹—历史街区及村镇—文化线路的保护发展脉络体现了文化遗产点—面—线全面、整体保护的发展历程。整体观、体现历史真实性及可持续是国际上保护文化遗产的重要原则，站在文化线路整体开发的角度对沿线传统村落进行审视与保护具有天然的便利性和优越性。

（一）文化线路相关研究

1. 国外研究

文化线路、遗产廊道、线性遗产、生态廊道、风景道、绿道是一组相关概念，都属于具有景观生态、休闲游憩、遗产保护等功能的线性空间类型。其中文化线路源于欧洲体系，遗产廊道源于美洲体系，我国学者认识到文化线路与遗产廊道的线性本质，从而提出了线性遗产概念，指跨越不同地理单元和文化板块的线状或带状遗产族群。

文化线路与遗产廊道都是从空间形态出发，从而便于采取空间措施进行保护利用。绿道、风景道则是从生态旅游、景观规划角度提出的概念，在内涵和外延上与文化线路存在明显的区别。[①②]

欧洲本土悠久的历史及丰富的文化交流印记留下了很多著名的文化线路，这些线路对欧洲人文化身份的形成和认同有着重要意义，因此"文化线路"的提出与其文化遗产体系一脉相承，更看重文化和历史价值。"文化线路"遗产类型肇始于1993年的圣地亚哥·德·孔波斯特拉朝圣之路的西班牙部分申遗成功。早在1987年，欧洲理事会下属的文化部门就发起了"欧洲文化线路"项目，同年西班牙的圣地亚哥·德·孔波斯特拉朝圣之路就成了第一条被认证的"欧洲文化线路"；1993年，作为整条朝圣线路的精华部分，这条线路又被列入世界遗产名录，成为世界遗产中第一条"文化线路"。1994年在马德里召开的"作为我们文化遗产一部分的文化线路"会议上，联合国教科文组织（UNESCO）和国际古迹遗址理事会（ICOMOS）的代表均参加了此次

---

① 胡剑双，戴菲. 中国绿道研究进展［J］. 中国园林，2010（12）.
② 余青，吴必虎，刘志敏，等. 风景道研究与规划实践综述［J］. 地理研究，2007（6）.

会议，此后文化线路在世界遗产的申报中越来越占有重要地位。1998年国际古迹遗址理事会在西班牙特内里弗会议上成立了国际古迹理事会文化线路科技委员会（CIIC），标志着具有时间、空间、文化连续性的文化线路已作为一种新型的遗产理念得到国际文化遗产保护界的全面认同；它特别强调文化线路无形的精神属性和连通古今的可传承性，专门指出文化线路不同于文化景观的实质，首次明确了文化线路的原动力地位。2003年，《世界遗产公约操作指南》（*Operational Guidelines for the Implementation of the World Heritage Convention*）[①]将文化线路作为一种新的文化遗产保护方法，确定其为世界遗产类型之一。2008年11月4日，国际古迹遗址理事会第16届大会在魁北克通过了《文化线路宪章》，"文化线路"话语体系基本形成。

文化线路为文化遗产的保护提供了新的视角和手段，代表了一种新的对文化遗产保护概念定性的类型与方法。此后的研究和实践中，文化线路的概念、类型、认定标准、评价、内涵体现、保护的实践过程与方法等内容不断完善。发展至今日，"文化线路"的概念甚至扩展到不一定非要是一条可以走的路，它可以由博物馆、市民、各级市政府等文化利益攸关方共同组成，也可以涵盖各种不同的主题，即它不仅可以是一段时间内存在的一条线路、一条实际存在的线路，也可以由一系列的文化和历史上的重要因素共同组成，它可能从未在历史、空间和时间上存在过。[②]

遗产廊道（Heritage Corridor）概念源于美国，结合了绿道与遗产保护区的理念，与绿道运动密切相关，是针对大尺度线性文化景观提出的一种区域化遗产保护理念与战略举措，集文化遗产保护、生态基础设施建设以及经济价值的提升于一体，是"拥有特殊文化资源集合的线性景观，通常带有明显的经济中心、蓬勃发展的旅游、老建筑的适应性再利用、娱乐及环境改善"[③]等功能。遗产廊道的保护与研究重视自然条

---

① CIIC. 3rd Draft Annotated Revised Operational Guidelines for the Implementation of the World, 2003, 国际古迹遗址理事会文化线路科技委员会.

② 马志亮, 许颖, 丁援. 从保护到认同与实践：《ICOMOS文化线路宪章》十年的回顾与实践——来自第七届ICOMOS-Wuhan无界论坛的观察与评述 [J]. 中国名城, 2019（2）: 65—69.

③ Charles A. Flink, Robert M. Searns Green-ways [M]. Washington: Island Press, 1993: 167.

件，强调视觉资源保护、美化景观、愉悦视觉、保护生态资源，同时挖掘沿线文化遗产，提供教育和精神满足，发展旅游、老建筑再利用来发挥廊道遗产的经济作用。① 美国立足本国实际提出的文化遗产区域化、整体化保护措施，自 1984 年首条国家遗产廊道建立以来，经过 30 余年的实践摸索，其理论日臻成熟。

除了概念和内涵等基础认知方面的讨论，文化线路和遗产廊道的跨区域性决定了管理和协同是其必须面对的问题。推动欧洲共同意识的形成、促进对话交流是欧洲委员会提出文化线路项目的目的之一。此外，将"文化线路"作为一种文化资源，更好地提高人们的生活品质，促进社会、经济与文化发展和文化旅游的发展也是其重要初衷。因此，如何促进区域的合作与交流，建立统一协调的模式就显得尤为重要。目前，欧洲文化线路在合作研发、增强有关欧洲历史和遗产的记忆、适合年轻欧洲人的文化和教育交流、当代文化艺术实践和文化旅游以及文化可持续发展等方面都有了较好的协同。

针对文化线路保护的技术性讨论也在持续进步，如建立数据库，运用地理信息系统、全球定位系统和 OMS 等重要规划工具，记录和绘制数据，查看它们在出现区域之间的关系，并管理它们的投影，使用免费或开源软件建立网站，包括所有必要的程序以及历史和考古信息材料（文本、地图和照片）。② 气候变化影响文化遗产的保护，遥感工具对文化线路遗产的保护具有很大潜力。③

无论是文化线路还是廊道遗产，旅游开发都是挖掘其内涵、提供教育和精神满足、促进区域经济发展、改善沿线生态环境、唤醒身份认同的重要方式，因此相关研究成果及实践内容颇丰。而吸引社区居民及游客的参与是文化线路和遗产廊道保持活力的必经之路。Reap（2019）以美国纽约高线公园为例提出需激发公众的想象力并使其参与其中，用

---

① Flink C. A., Searns R. M., Greenways [M]. Washington: Island Press, 1993: 167.
② Lampros Boukouvalas, Gregory Grigorakakis, Andreas Tsatsaris. Cultural Routes in Kynouria of Arcadia: Geospatial Database Design and Software Development for Web Mapping of the Spatio-Historical Information. 2018, 1 (1): 142–162.
③ L. Van Meerbeek, L. Barazzetti, R. Valente. From Cultural Path to Cultural Route: a Value-Led Risk Management Method For Via Iulia Augusta in Albenga (ITALY). 2017, XLII–2/W5: 71–75.

最优秀的规划师、园艺师、设计师和艺术家来保障设计质量，以全年无休的活动激发游客兴趣，用长期的可持续的资金作保障，以及避免游客对周围社区的影响。①确定并妥善处理限制公民流动和进入这一领域各种文化地标的关键问题，可持续流动在相关文化规划工作中具有重要性。②鼓励不同实体参与遗产管理对文化线路很重要，文化线路节点居民的知识、经验、对某一地点的想法以及对特定社区的想法决定了节点的类型与特性，也对文化线路网络构成了影响，在与线路相关的实体之间的相互关系中体现出其价值观，因此应重视居民的作用。③

2. 国内研究

我国文化线路研究综合了欧美体系的特点。王志芳、孙鹏（2001）④最先引入美国廊道遗产的概念，指出遗产廊道多是一种中尺度的线性遗产区域。李伟、俞孔坚（2005）⑤将遗产廊道和文化线路进行了比较分析。和文化线路比较起来，遗产廊道能够经常性地和自然保护结合，成为一种兼具生态效益的综合意义上的绿色通道。京杭大运河遗产廊道研究是我国最早开始的遗产廊道研究项目。⑥ 2005年，国际古迹遗址理事会在西安召开研讨会，形成了有关《文化线路宪章（草案）》的决议，引发了我国学者对"文化线路"的关注。2006年后出现了大量实践案例，如对茶马古道、奢香古驿道、川盐古道等的研究，融合了规划、考古、生态、社会、经济、交通学等多种认知角度，运用层次分析法、GIS 技术等方法对线性遗产的空间、价值评价、判别要素、保护

---

① James Reap. Experiences and Reflections on Culture, Habitat and Routes from ICOMOS—the New York High Line Park as an Example [A] //丁援，许颖. 人文·人居·新时代 文化线路在城乡可持续发展中的角色 [C]. 南京：东南大学出版社，2019.

② Efthimios Bakogiannis, Charalampos Kyriakidis, Maria Siti, et al. Reconsidering Sustainable Mobility Patterns in Cultural Route Planning: Andreas Syngrou Avenue, Greece, 2019, 2 (2): 1702－1723.

③ Ewa Bogacz-Wojtanowska, Anna Góral, Marek Bugdol. The Role of Trust in Sustainable Heritage Management Networks [J]. Case Study of Selected Cultural Routes in Poland, 2019, 11 (10).

④ 王志芳，孙鹏. 遗产廊道——一种较新的遗产保护方法 [J]. 中国园林，2001 (5): 86－89.

⑤ 李伟，俞孔坚. 世界文化遗产保护的新动向——文化线路 [J]. 城市问题，2005 (4): 7－12.

⑥ 李伟，俞孔坚，李迪华. 遗产廊道与大运河整体保护的理论框架 [J]. 城市问题，2004 (1): 28－54.

利用等问题进行了研究。2013年"丝绸之路经济带"的提出以及2014年丝绸之路、大运河申遗成功,引发了对线性遗产的更多关注。

通过对中国知网数据库的搜索也可看出相关文献研究的趋势和特征。以"篇关摘""模糊"为条件在中国知网总库高级检索"文化线路"一词,可得文献总数为4342篇。如图0—1所示,按照年份来看,20世纪90年代其量甚微,到2004年开始起步,2016年达到一个峰值,此后有所下降。在对研究的主题分布进行分类时,除了"文化线路""文化线路遗产""文化遗产"之外,"大运河""茶马古道""川盐古道""旅游开发""遗产保护"等也占比不小,显示了其主题分布和案例研究的集中性(如图0—2所示)。

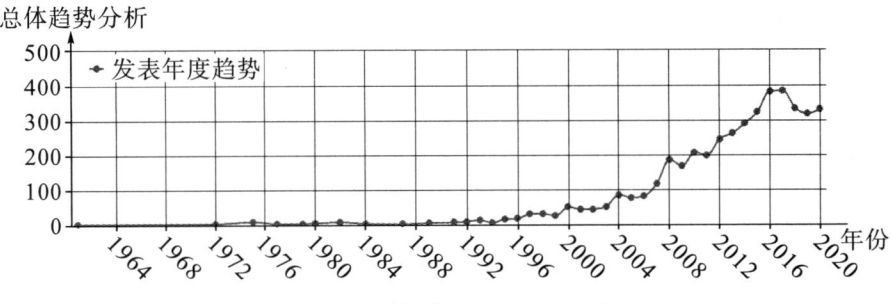

图0—1 文化线路研究总体趋势

资料来源:笔者根据中国知网相关数据绘制。

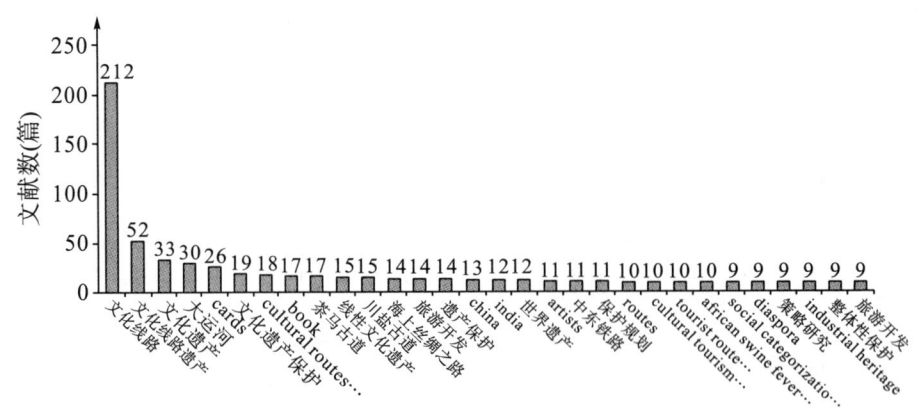

图0—2 "文化线路"研究主题分布图

资料来源:笔者根据中国知网相关数据绘制。

图0—3显示的是"文化线路"研究的学科分布,其中文化学、建

筑科学与工程、考古、旅游等学科占据了55%的比例，而其他如社会学、历史学、地理学、民族学、生物学、经济学众多学科的加入也使文化线路的研究呈现出多学科多视角的态势。

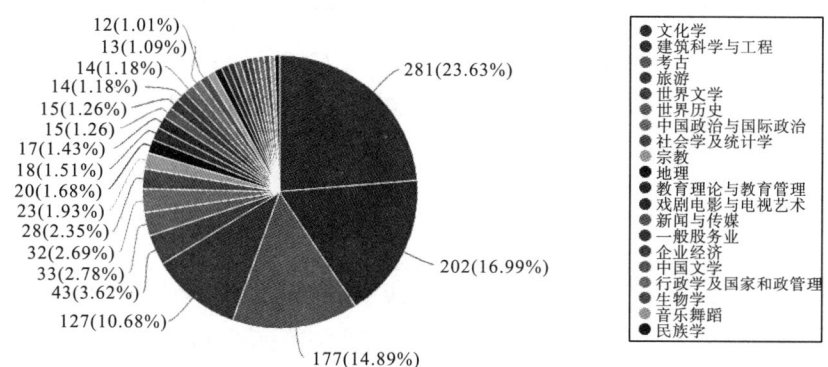

图0-3 "文化线路"研究学科分布

资料来源：笔者根据中国知网相关数据绘制。

　　线路遗产的景观化与资源化使旅游开发成为其主要利用方式。为了发展地方经济，自20世纪90年代以来，山西、河南两省利用太行山独特的自然生态条件和陉道遗产陆续开发了一系列旅游景区，地方政府试图利用陉道途经地区独特的自然景观与人文景观发展旅游产业，促进地方振兴。然而，已经展开的对于自然景观和文化景观的保护与开发大多采取的是"点"的保护、"面"的保护、"集群式"①的保护。众所周知，太行八陉周围文化景观随处可见，然而在现代化的进程中文化景观大多面临着被肢解的命运，即便是较为幸运地保留下来，也正遭受着"美化"或"重整"。郭永平（2019）②认为，文化景观不仅是适应当地自然环境的产物，也是区域历史再造与重塑的产物，对道路遗产文化景观应该在整体的、流动的、时空结合的遗产保护理念的指导下，将环境资源保护、立体景观营造、道路设计规划、综合服务设施等方面结合起来，开展"风景道建设"，在保护文化遗产的原真性、完整性的同时，塑造

---

① 何依，邓巍，李锦生，等. 山西古村镇区域类型与集群式保护策略[J]. 城市规划，2016（2）.
② 郭永平. 太行八陉与山西传统文化景观构成探析[J]. 广西民族大学学报（哲学社会科学版），2019，41（2）：49-55.

乡村特色，提振地方经济，重塑族群认同。

从这些研究成果来看，大型及知名线性遗产的研究吸引了众多关注，这些遗产往往已经列入国家或世界保护序列，获得广泛支持，但相比之下，一些地方的、无名的但拥有深厚历史文化内涵且曾经非常重要的古道却少人问津，且线性遗产体系的庞大也使得线性遗产研究往往只能专注一个方面，而未能兼顾历史的纵深和现实的张力。线性遗产研究需要找到一个新的突破点。

（二）传统村落相关研究

20世纪80年代西方国家逐渐形成较为完善的传统村落保护体系和机制，尤以英、法、意为典型。日、韩则在美丽乡村建设、乡村复兴和非遗保护方面有更多的东方色彩和借鉴意义。

早在民国期间，我国学者梁思成、晏阳初、费孝通等学界泰斗及民间相关学者就从建筑学、民俗学、人类学、经济学等视角开始了对村落遗产的关注，但是将村落作为整体的遗产研究对象则始于中华人民共和国成立后，1986年国务院在公布第二批国家历史文化名城名单的时候提出了历史文化保护区的概念，可以视为对村落等保护对象面状形态保护的开始；90年代，建筑学及文化景观视角、生态视角、村落公共空间的研究扩展了以往规划界古村落研究的深度和广度，此后"历史文化名镇和历史文化名村""传统村落"申报工作使之受到更大的关注。传统村落指村落形成较早，拥有较丰富的传统资源，具有一定历史、文化、科学、艺术、社会、经济价值的应予以保护的村落。

截至目前，传统村落的研究已广受关注，以"篇关摘"为条件在中国知网总库模糊搜索"传统村落"一词，可得文献15526篇，由图0-4可知，虽然对传统村落的研究很早就有涉及，但真正开始起步则在2000年之后，在2010年有了较大幅度的增长，此后进入跳跃式增长，这与中央关注"三农"问题，与城镇化进程下传统文化复苏有很大关系，这一点在其主题集中分布在传统村落保护、乡村振兴、旅游开发等方面也可得到体现（如图0-5所示）；在建筑科学与工程、考古、旅游、农业经济、文化、社会学与统计学等学科中的分布也突出了研究的保护指向与经济发展指向（如图0-6所示）。

总体趋势分析

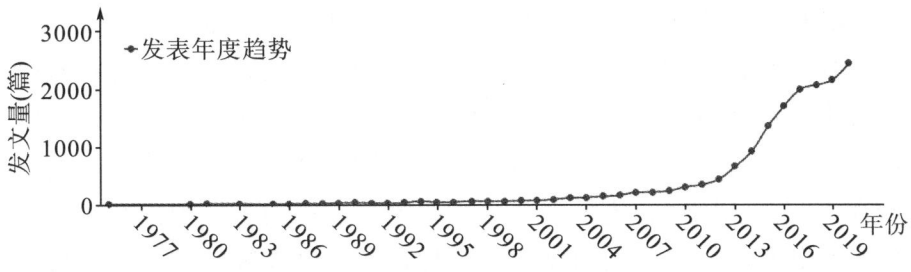

图 0-4 "传统村落"研究总体趋势图

资料来源：笔者根据中国知网相关数据绘制。

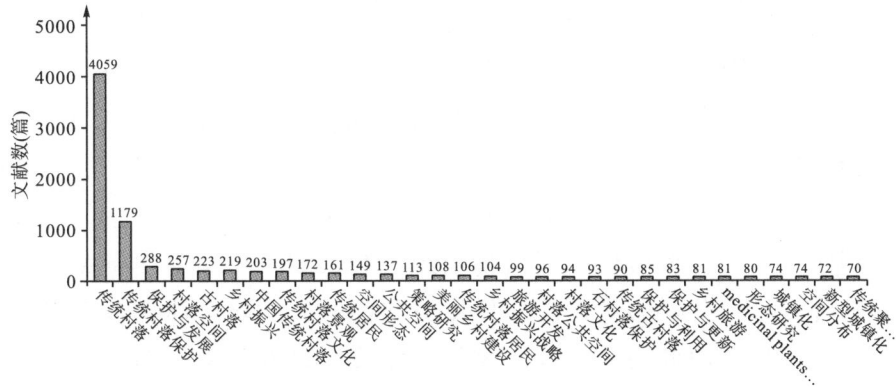

图 0-5 "传统村落"研究主要主题分布

资料来源：笔者根据中国知网相关数据绘制。

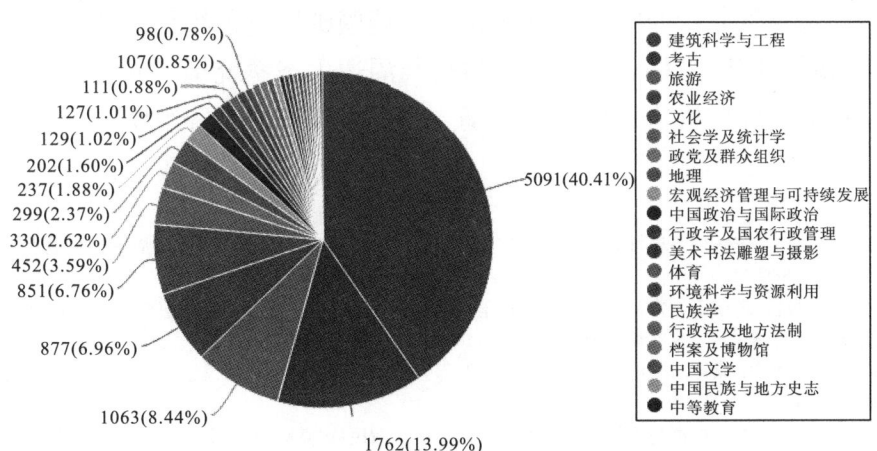

图 0-6 "传统村落"研究成果主要学科分布

资料来源：笔者根据中国知网相关数据绘制。

11

传统村落的变迁是历史、社会变迁的结果和反映。村落人居环境结合了区域村民生产生活所需的物质和非物质载体，其空间形态变化、生态环境变迁和社会文化变迁揭示了其背后的社会逻辑，从而为村落保护与发展提供决策依据。[①] 传统村落空间形态演变与重构、社会文化变迁与传承、生态环境特征与适应以及人居环境更新与营建等构成了其主要的研究内容。从国家、省域、县市域等宏观、中观、微观角度研究传统村落空间分布较多见，对传统村落人居环境转型发展的作用机理与优化路径则关注较少，应加强地理学、建筑学、社会学和生态学等多学科的融合研究。

空心化困扰着传统村落，成为其发展和振兴的限制因素。林祖锐（2016）[②] 等运用定量研究从建筑空化率和公共活动衰减率对城中、近郊和远郊型传统村落空心化进行了研究。沈亚婷、刘兴双（2017）[③] 对村落业态分布、建筑使用情况、居民生活状态、民居生活方式等进行了访谈，提出公共空间建设、提升认同感发展乡村旅游的解决办法。村落建造共同体也是一种挽救传统村落的组织机制，即乡村聚落中有关人居环境、基础设施、公共服务设施、住屋营造面的人的聚合体、合作组织及相关工作，具有协商协调参与主体的利益及引导发挥乡村地区的自治性的功能。[④] 童威、鲍颖（2017）[⑤] 借鉴法国经验指出建设城乡一体化、使乡村基础设施水平与城镇持平、摒弃博物馆式保护可防治"空心化"，有利于古村落原汁原味的活态化保护。英国则通过传统村落的保护重构国家认同和国民品格，强调传统村落与周边生态系统构成共生关系，依法设立国家乡村机构、国家信托基金和乡村保护协会等组织，形成了政

---

① 刘沛林，窦银娣，曾灿，等. 中国传统村落人居环境转型发展及其研究进展[J]. 地理研究，2017（10）：1886−1900.

② 林祖锐，理南南，常江，等. 传统村落空心化区位分异特征及形成机理研究——以山西省阳泉市传统村落为例[J]. 现代城市研究，2016（1）：16−23.

③ 沈亚婷，刘兴双. 传统村落空心化问题及保护途径——以朝阳西大杖子村为例[J]. 现代商贸工业，2017（33）：20−21.

④ 王冬. 族群、社群与乡村聚落营造——以云南少数民族村落为例[M]. 北京：中国建筑工业出版社，2013.

⑤ 童威，鲍颖. 法国古村落民居的活态化保护经验及借鉴研究——看科西嘉古村 Gaggio 如何避免"空心"留住"乡愁"[J]. 现代装饰（理论），2017（2）：149−150.

府、非政府组织和公民之间的有效协同。①

传统村落的消亡和衰落吸引了越来越多的学者的注意,学者们从多角度进行了研究。其一,衰败原因及困境。现行一户一宅的宅基地土地制度使得村民不得不采取在原址上拆旧建新、弃旧建新的做法,使传统建筑遭到破坏;过度旅游开发、建设新农村以及扶贫的政治热情和政绩冲动、愚昧和城镇化加剧等都导致了传统村落的衰败和变味。② 其二,保护利用角度。目前采取了分区、居民博物馆、景观形式和原生态形式的传统村落文化保护方法。③ 冯骥才对名录式保护是否能"包打天下"提出质疑并提出"古村落保护区"和"露天博物馆"保护方式。由于申报资料的完整性、规范性、项目负责人的统筹与协调能力等技术性问题,使得一些村落错失机会。④ 而申报成功的村落则存在无序开发破坏村落风貌、传统村落景区化引发治理危机、民俗传统商业化、传统村落空心化等问题。

传统村落的保护与利用是一对矛盾体。合理、适度、可持续的旅游开发方式得到广泛接受。《中国传统村落蓝皮书》认为,对中国传统村落文化的保护应遵循原生性、整体性、可持续性、活态性这四个原则。⑤ 但是这个过程中不可避免地出现了很多问题。很多地方的旅游开发与保护是基于规划设计者、专家学者和开发者的角度,抽离了本地的生活场景、生活经验和历史语境,丧失了民间性、草根性和地方性,变成了非本地的传统文化符号的复制,成为外人观赏和消费的对象,导致了同质性,丧失了原有魅力。⑥ 村落原住居民在旅游开发中被边缘化,

---

① 李建军. 英国传统村落保护的核心理念及其实现机制 [J]. 中国农史,2017 (3):115-124.
② 冯都喜. 传统村落的衰竭与现代性活化复兴策略 [J]. 智能城市,2017,3 (2):236-237+247.
③ 冯骥才. 传统村落的困境与出路——兼谈传统村落是另一类文化遗产 [J]. 民间文化论坛,2013 (2).
④ 卢香云. 从传统村落申报看古村落的保护与发展 [J]. 旅游纵览,2016 (6):294-295.
⑤ 胡彬彬,李向军,王晓波. 中国传统村落蓝皮书:中国传统村落保护调查报告 (2017)[M]. 北京:社会科学文献出版社,2017.
⑥ 刘志伟. 传统乡村应守护什么"传统"——从广东番禺沙湾古镇保护开发的遗憾谈起 [J]. 旅游学刊,2017 (2):7-8.

旅游开发应从共享发展视角关注原住居民和游客的共同责任和福祉。① 当前，精英文化与大众消费之间、商业开发与被忽略的当地居民物质与精神需求之间、当地居民求新求变与游客仿古怀旧之间、传统村落单一文化表达方式与复杂的大众个性化需求之间存在矛盾。面对传统村落与现代化进程的冲突与无奈，方李莉（2017）② 提出在高科技基础上提升生态文明，创造不同以往的生产方式、社会结构、文化价值的新乡土社会。

传统村落顺应时代发展过程中出现的"新乡村性"颇为引人注目。传统的乡村功能虽然基本不复存在，但精神文化依然存续。村落的政治、社会、文化空间不同程度地保留着，行动层面上村民在向市民转型。③ 而追求新的生活方式的城镇人口主动向乡村的移动引发的逆城镇化也催生了新的机遇与挑战。俞孔坚（2017）提出了"新上山下乡"之说，引入发展商，形成良好的合作机制，植入文化创意产业、对闲置建筑进行修补利用，接纳"新上山下乡"城镇人口，发展旅游，从而促进传统村落的保护、产业发展与社会关系重构。④ 因此，乡村并未终结，传统村落也不应被终结，而是应该选择一种新的适宜的发展模式。保护传统村落的价值在于保护其文化，根本则在于保护村落文化的创新力，使其生生不息，这就要求村落文化的主体——村民发挥主导地位和积极性。⑤

（三）其他相关研究

1. 路学、风景道

"交通为空间发展之首要条件，盖无论政令推行、政情沟通、军事

---

① 徐红，韩静. 共享发展视角下传统村落的保护与利用——基于原居民与游客价值的对策研究[J]. 未来与发展，2017（3）：43.

② 方李莉. 从乡土中国到生态中国的期待——以费孝通乡土中国思想研究为起点[J]. 旅游学刊，2017，32（1）：5-6.

③ 文军，吴越菲. 流失"村民"的村落：传统村落的转型及其乡村性反思[J]. 社会学研究，2017（4）.

④ 俞孔坚. "新上山下乡运动"与遗产村落保护及复兴——徽州西溪南村实践[J]. 中国科学院院刊，2017，332（7）：696-710.

⑤ 马翀炜，覃丽嬴. 回归村落：保护与利用传统村落的出路[J]. 旅游学刊，2017（2）：9-11.

进退、经济开发、物资流通,与夫文化宗教之传播、民族感情之融和、国际关系之亲睦,皆受交通畅阻之影响,故交通发展为一切政治经济文化发展之基础。交通建设亦居诸般建设之首位。"① 20 世纪八九十年代以来,"路学"(Roadology)引起了学界的关注,如美国学者约翰·布林克霍夫·杰克逊的发现文化景观②,中国学者周永明也较早展开了路学研究③,而与路学相关的则有"文化景观带"④ 研究、"遗产特质"⑤ 分析。国外亦有"风景道"研究,如美国的"蓝岭风景道"⑥、德国的"浪漫之路"⑦,对这些风景道进行了积极的探索,并有了成熟的理论与实践。

广义的风景道指具备交通运输功能与观赏价值的通道,狭义的风景道则专指路旁或视域之内具备风景、历史、休闲、文化、考古和自然等六大品质的景观道路。⑧ 风景道作为线性景区,实现了道路由交通功能向旅游功能的转变,也突破了传统意义上旅游景区围墙式的特点,给游客带来直接、经济的旅游体验方式。

国内关于风景道的研究主要集中在以下三个方面。一是对风景道景观规划与设计的实证研究。学者们在对"风景道规划设计理念与原则"内涵的精准把握下,以对各风景道的旅游资源、交通等特色的分析为基础,从旅游功能、生态功能、景观美学等角度切入,提出具有针对性的风景道规划设计思路。二是以质性描述为主的风景道景观与旅游质量的评价体系研究。研究内容多集中于对评价指标的探索,虽都与具体案例地相结合,但多侧重于对风景道内在品质的探索,较少涉及对旅游功能

---

① 严耕望. 唐代交通图考 [M]. 台北:"中央"研究院历史语言研究所,1985:1.
② 周永明. 路学:道路、空间与文化 [M]. 重庆:重庆大学出版社,2016.
③ 刘朝晖. 文化景观带再生产:浙江古道休闲文化旅游研究 [J]. 广西民族大学学报(哲学社会科学版),2018(3).
④ 张祖群. "太行八陉"线路文化遗产特质分析 [J]. 学园,2012(6).
⑤ Jolley, Harley E. Blue Ridge Parkway: The First 50 Years [M]. Mars Hill, NC: Appalachian Consortium Press, 1985.
⑥ Arizona Department of Transportation (ADOT). Application Procedures for Department of Parkways, Historic and Scenic Roads in Arizona [R]. Phoenix: ADOT, 1992.
⑦ 余青,樊欣,刘志敏,等. 国外风景道的理论与实践 [J]. 旅游学刊,2006(5).
⑧ 余青,邱海莲. 基于词频的风景道产品谱系——以美国蓝岭风景道为例 [J]. 北京交通大学学报(社会科学版),2014,13(1):44-49+86.

的评价。刘娅（2012）①根据风景道所具备的六大品质，以旅游资源与国内公路情况为切入点，构建了五个层面的评价体系。值得一提的是，宋冠杰（2018）②建立了以"环境、景观、设施、服务"为准则层的共计43个指标，来评价风景道旅游质量。三是以游客对风景道的体验为主的研究，更多地从游客角度出发，研究游客的动机、满意度、忠诚度等。如胡传东（2015）③基于网络游记，得出游客在318国道川藏线的骑行动机是以获得认可为主。

2. 太行八陉

杨金廷、刘广瑞（2016）④根据地理位置对太行八陉进行了"南四陉"与"北四陉"的分类，高度概括了太行古道的重要性。宏进安等（2012）⑤从历史、军事角度讨论了太行八陉的军事意义和人文价值。冀福俊（2006⑥，2008⑦）简要阐述了山西及周边地区古商道交通，对古道的商业经济价值进行了论述。康霄（2019）从空间形态角度对太行古商道驿站型传统聚落进行了研究⑧。此外，近两年文化线路视角开始获得关注，对太行陉道开展了一些研究。⑨⑩

飞狐古道的研究相对来说较为少见。阳子（2016）⑪以其深耕涞源几十年的工作经历与身份认同，用充满热情的笔触和深刻的了解对涞源进行了介绍，堪称精品。2006年蔚县研讨会曾提议将飞狐峪纳入河北旅游总体规划进行开发却未见落实，也未形成对其文化线路、线性遗产的认识。因此对飞狐古道的研究多集中在历史沿革、路线考证，对其利

---

① 刘娅. 中国风景道评估体系构建研究［D］. 北京：北京交通大学，2012.
② 宋冠杰. 风景道旅游质量评价研究［D］. 长沙：湖南师范大学，2018.
③ 胡传东，李露苗，罗尚焜. 基于网络游记内容分析的风景道骑行体验研究——以318国道川藏线为例［J］. 旅游学刊，2015（11）.
④ 杨金廷，刘广瑞. 延续与断裂：历史地理学视域下的什里店变迁研究［J］. 邯郸学院学报，2016，26（2）：93-97+2.
⑤ 宏进安，邢卫民. 太行八陉 中原腹地的军事长城［J］. 环球人文地理，2012（5）：68-79.
⑥ 冀福俊. 清代山西商路交通及商业发展研究［D］. 太原：山西大学，2006.
⑦ 冀福俊. 浅析清代山西的商路交通［J］. 山西财经大学学报，2008（S1）：18.
⑧ 康霄. 太行古道商贾驿站型传统聚落空间形态研究［D］. 济南：山东建筑大学，2019.
⑨ 朱宗周，周典，薛林平，等. 文化线路视角下的井陉古道及沿线传统村落调查研究［J］. 新建筑，2018（3）：158-162.
⑩ 王晓敏. 文化线路遗产视角下的太行山陉道研究［D］. 哈尔滨：黑龙江大学，2018.
⑪ 阳子. 飞狐断想［M］. 石家庄：河北教育出版社，2016.

用和开发构想仅散见于一些会议讨论和论文中。

综上，传统村落具有一定的历史、文化、科学、艺术、经济、社会价值，应予以保护，其也是文化遗产的构成部分，但是在传统村落的研究中，单体个案较为常见，而群落、线性讨论很少。线性遗产沿线的传统村落与线性遗产本是互为历时性"佐证"的体系，但针对线性遗产上的传统村落的研究却较为少见，尽管河北省率先在井陉成立了全国第一个传统村落保护区进行连片保护管理，也有一些文献挖掘了村落间的文化关联脉络，指出分类统筹各类资源要素是传统村落整体活化策略的重点[1]，却仍未突出线性遗产与村落之间的整体性和关联性。也有学者提出古道、古村、绿道的联动发展，但对其中存在的很多问题并未展开论述。[2] 因此，文化线路与传统村落的研究需要找到其中的结合点，使二者在整体观的角度下融合发展。本书认为传统村落及文化线路的保护应尊重其自然、历史整体风貌与脉络，任何一个传统村落的形成都不是孤立的现象，因此有一定地理文化联系或历史文化脉络联系的成片或连线村落保护能更好地体现传统村落的价值及历史原真性和整体性。同时传统村落的保护必须直面社会发展大势，因地制宜，顺势而为，从产业入手让人愿意留下来，并且以此为自豪，这就需要综合考虑传统村落的资源，从新的产业发展观来审视传统村落。

三、主要研究内容

线性文化遗产跨越时空，容纳了多种遗产类型，随着大运河、丝绸之路入选世界文化遗产，线性文化遗产吸引了大量研究者和旅游者的关注，"古道旅游"与古道研究蔚然成风。不同于以往研究的宏大叙事，本书以飞狐古道（太行八陉之一）为例，以古道的重要节点——传统村落为切入点，站在人类学、区域经济学、地理学、历史学、旅游规划学等多视角关注古道遗产保护与旅游开发中的共性问题，以期找到古道保护及旅游的发展范式。

---

[1] 孟祥武，包涵，叶明晖. 文化线路视角下的乡村整体活化策略探讨——以陇南北茶马古道平洛镇三村为例 [J]. 2019 (8): 79—86.

[2] 杨雪梅. 基于文化线路的南粤古道、古村、绿道联动发展研究 [J]. 城市发展研究，2018 (2): 48—54.

传统村落的发展关乎扶贫脱贫、"三农"、文化遗产保护与经济带动等问题，更是我们留住乡愁、保护精神家园、传承中华文化的需要。本书在回顾、梳理线性遗产和传统村落研究的基础上，对飞狐古道及传统村落的时空坐标进行了定位与分析，从文化层面对村落进行了解读，就其文化特色与文化遗产进行了综合性和突破性的整理和总结；运用大量的田野调查，了解、分析古道与村落的历史遗存、现状与问题、困境；提出深入挖掘飞狐古道及传统村落的文化内涵，缓解古村落的空心化，赋予传统村落内生动力，以构建主题文化带、整体开发的方式来解决古道跨区域难以整合的问题。

第一，飞狐古道及传统村落时空界定。对飞狐古道的时间坐标和空间坐标进行界定，厘清其发展脉络和文化关联。

第二，飞狐古道文化线路价值界定。飞狐古道曾是一条天险、要道，随着交通格局和行政区划的演变逐渐失去其原有功能而衰退，但其具有物质和非物质要素共同构成的文化特征和文化意义，与其所依存的环境密切相关，人文景观与自然景观完美结合，沿袭历代而不衰，具有典型的动态特征，跨农牧文明且融合农牧文明，因此是典型的文化线路遗产。本书从界定其文化线路价值入手，希望引起广泛关注，同时为沿线传统村落的定位打下基础。

第三，飞狐古道沿线传统村落普查。对自涞源经黑石岭、飞狐峪到蔚县沿线的村庄进行走访普查，对金家井、团圆村、黑石岭村、宋家庄村、北口村等村庄进行重点调查，对其物质文化遗产与非物质文化内涵进行调查、记录。

第四，古道及传统村落保护面临的问题和困境。交通格局变化之下古道遗址难寻，沿线各村落存在不同程度的空心化、产业缺失、人口流失、村落肌理破坏、传统文化流失等长期困扰着这些村落，本书将进一步探究其发展困境并分析原因、提出对策。

第五，提出传统村落利用线性遗产构建线性传统村落保护带促进保护与可持续发展的建议。整合资源，用全新的产业发展观对各村落可利用资源进行挖掘，培育传统村落新业态，在差异化发展的同时又观照其内在联系，形成保护带并整体开发利用，探索线性遗产保护和开发的普遍规律和模式。

四、研究方法

传统村落及文化线路遗产研究涉及多个学科，具有大尺度、跨时空、动态性等特点，对其进行保护应尊重其自然、历史整体风貌与脉络，同时，传统村落的保护必须直面社会发展大势，因地制宜，顺势而为，以发展谋保护、以保护促发展，从产业提升和功能转换的角度让原住民和外来游客愿意留下来，并且以此为自豪。这就需要综合考虑传统村落的资源，从新的产业发展观来审视传统村落。因此，本书借鉴文化人类学、发展人类学、历史学、人文地理学、经济学、社会学、旅游规划知识等学科理论从多个视角出发，运用多种研究方法寻求系统的理论支撑。

发展人类学是20世纪70年代在西方兴起的应用人类学的一个分支，研究人类社会发展的问题（如贫穷、环境恶化、饥饿），并应用人类学知识解决这些问题。其中，欣赏式探询方法是发展人类学研究中的一个重要方法。该方法是美国人大卫·库珀莱德（David Cooperrider）在20世纪80年代提出的，其逐步构建了四个核心理念：(1) 发展的目的是改善人民群众的生活条件（improvement），包括个人和社区的能力建设；(2) 参与（participation），提倡当地居民对发展过程的有意义的全面参与；(3) 赋权（empowerment），强调决策过程公开透明、高程度的当地所有权和管理权；(4) 可持续（sustainability），防止以发展经济为代价的生态环境和文化传统的破坏。①

正是基于这样一种认识，本书将飞狐古道及其沿线传统村落视为一个整体，按照欣赏式探询方法的四个步骤对飞狐古道的过去、现在与未来进行探询和设计，(1) 发现（discovery）：发现飞狐古道过去的辉煌和现在的闪光点，并且通过走访和座谈引发整个社区对自我身份的思索和认同；(2) 梦想（dream）：启发、聆听社区对未来的梦想和愿望；(3) 设计（design）：根植于飞狐古道过去正面的经历和对未来的梦想组织设计和规划；(4) 实现（destiny）：努力落实飞狐古道发展规划，

---

① 陈刚. 发展人类学视角下西部民族地区传统村落旅游开发 [J]. 旅游学刊, 2017 (2)：11—12.

在成员共同期待的美好未来与过去的巅峰状态之间搭建一座桥梁。

为了实施以上步骤，笔者通过精读中外关于文化线路及传统村落、乡村建设的相关文献，查阅考古学、地方志以及文物、交通等文献资料，梳理历史脉络，以找到理论支撑和史料依据。

运用 GIS 技术及实地走访，统计传统村落遗产、确定考察范围、分析评价及展示遗产，对村落及古道的时空信息和相关属性进行存储、分析、显示。

通过田野调查法调查传统村落物质及非物质遗存、村落治理现状，对当地文史工作者、旅游从业人员和管理人员、乡镇工作人员、村民、游客等进行深度访谈，了解传统村落的文化价值、文化传承、保护现状、治理现状及各利益相关者的诉求，掌握一手资料。

运用抽样调查和专题调查法。抽样调查关注普遍性，针对某个地域制定相同的问卷，加大所选村落的范围，利用问卷对区域中村落的共性进行调查，如村落文化内涵、地域特征以及村落形态、街巷、宅院、百姓生活等；专题调查则关注特殊性，围绕某些专题问题展开调查，如村落未来的发展、村落的规划、住屋的产权、第一代农民工、留守儿童、留守妇女、空巢老人、精准扶贫等。

运用发生学方法判别遗产的构成要素及特征，阐释传统村落在各历史演变过程中的功能和时空关系。

按照判别—评估—保护与开发管理的思路，实地走访古道沿线传统村落，确定重点节点村落，判定其价值与地位，评估其开发利用的价值，对其保护和利用现状进行分析，对其瓶颈和问题进行分析，因地制宜提出各村落的保护和开发思路，并就如何整合古道沿线资源、点—线—面发展从而使线路整体价值大于单体价值简单相加提出建议。用网络文本分析法从游客视角对飞狐古道的产品谱系进行描写，按照优先次序制定保护对策。

第一章 飞狐古道的空间坐标

飞狐古道位于今河北省涞源县北和蔚县之南，是太行八陉中的第六陉，其特殊的地理位置和地形地貌使其成为历史上燕赵通胡的重要通道，也是北上内蒙古、辽东，西到甘绥、西域，南下中州、江浙的重要关陉，历代都设有重兵，防守来自蒙古草原游牧民族的偷袭。本章重点介绍飞狐之名的由来、飞狐古道的地理位置与起止、太行八陉的作用与重要性，以揭示飞狐古道地理位置的重要性与文化属性。

第一节 三山交汇 两县之间

太行山、燕山、恒山是中国地理上十分重要的三座山脉，也是造就中国北方政治格局、文化风格、风水环境、商贸圈层的重要山脉，飞狐古道就位于这三山交汇的地方。

河北省涞源县，古称飞狐，两汉置县，距今已有2000多年的历史。河北省蔚县，古代国所在地，是民政部命名的"千年古县"之一。飞狐古道就位于这两个古县之间，是草原和平原的重要通道之一。

一、三山交汇出奇险

太行山，又名女娲山、五行山、王母山，南起漳河，北至拒马（河），雄风荡荡八百里，《列子》谓之"大形"，《隋书·地理志》称之为"母山"。《淮南子·天文》记载："共工怒触不周山，天塌西北，地陷东南，水潦尘埃归焉。"这个传说很形象地形容了中国的地貌，即西北高，东南低，有三个台阶。太行山在西北高地的边缘上，下了这个台阶就是一马平川。大约在六千万年前中生代晚期的燕山运动中，太行山脉逐渐隆起，纵贯在今天河北、河南和山西三省之间，是我国地形第二阶梯的东缘，也是黄土高原的东部界线，是重要的地理界标[1]，成为黄土高原和华北平原的天然分界线。太行山具有山多、峡壮、洞幽、泉珍等地理景观特点，历史上很多重要事件都发生于此，长久以来太行山形成了"文化摇篮""交通轴线""母亲之山""精神之山""英雄之山""质朴之山""包容之山"等形象认同[2]，被认为是人类起源的生命线，以及以南北交通廊道为依托的史前文化廊道与古都南北轴线。清代地理学家顾祖禹称太行山为"天下之脊"，认为谁控制了太行山，谁就可以得天下。

燕山山脉西起洋河，东至山海关，北接坝上高原，南侧为河北平原，从潮白河谷一带向东延伸，可达渤海之滨，约略呈弧形。苏轼曾经说："燕山如长蛇，首衔西山麓，尾挂东海岸。"其山势陡峭，地势西北高，东南低，沟谷狭窄，形势险要，是内蒙古高原和东北地区进入华北平原的必经之地。跨越燕山的冲动是中国历史特有的推动力。也正因如此，沿山脊筑有长城，喜峰口、古北口、黄花城、居庸关、东方口、独石口、张家口是燕山长城的重要关隘，自古以来是由燕山以北进入华北平原的重要孔道。从春秋时期开始修建的长城像一条条缝合线，使燕山南北的诸多民族和形态迥异的文化对接在一起，见证了战争与和平的反反复复。

恒山，五岳之北岳，是海河支流桑干河与滹沱河的分水岭。其山脉祖于阴山，发脉于管涔山，东连太行，西跨雁门，南障三晋，北瞰云代，东西绵延五百里，共有一百零八峰，主峰天峰岭海拔2016.1米。北宋山水画家郭熙曾形容五岳："泰山如坐、华山如立、衡山如飞、嵩山如卧、恒山如行。"雄浑伟岸、大气磅礴、东西绵延五百里的恒山群峰连绵，奔腾起伏，横亘在河北省和山西省北部，矗立在华北平原与内蒙古高原之间，是北方游牧民族和中原农耕民族的天然分水岭，其北是北方游牧民族聚居地，其南是汉民族生活的中原地带，就像一道天然屏障，自古以来就是兵家必争之地。恒山上分布着很多关口，控制着蒙古

---

[1] 太行山. 人民网［引用日期 2013-11-12］.
[2] 张新斌. 太行山的人文定位与开发的战略思考［J］. 中原文化研究，2013（1）：96—102.

平原进入华北平原的通道，有"中原门户，华北锁钥"之称，被誉为"峙中华之坊表，巩神京之翊卫"的寒疆第一山。

这三座大山傲立在中国北方，在中原政权的威胁主要来自北方游牧民族的时代，三山是最有力的屏障。冷兵器时代，游牧民族的骑兵一旦突破这道悍然天险，便一举踏入一望无际的大平原而纵横驰骋，以农耕为主的汉民族很难与之对抗。

三山带给当地的不仅是阻隔、险要和刀兵，还造就了中国北方的文化气质、风水环境、政治格局和商贸圈层，从而深刻地影响了中国几千年的历史。

第一，从风水环境来说，由于太行山—燕山高大山脉的环抱，冬季北部、西部的寒流被阻挡，从而使得华北平原的气温高于同纬度地区1℃～2℃；而夏季的海洋季风将温润的雨水带到山前并保留下来，滋润了这里的大地和农田。所以，适宜的环境带来了古人类的迁徙和文明的演进，使得三山以里成为黄河中游地区、渭河流域、太行山东麓地区这中国三大古都兴衰走廊的构成部分，从而出现了邢都（邢台）、邯郸、燕下都（易县）、殷都（安阳）、灵寿故城（平山）、邺城（临漳）乃至北京等一系列古都。

第二，从政治格局来说，三山的阻隔构成了天然的军事屏障，为保存和延续中原王朝文明起到了十分重要的作用，太行八陉的天险，峰回路转、鬼斧神工，自古就是兵家争夺的对象，游牧民族与中原王朝对其极为重视，围绕着这些天险展开过大大小小的兵戎相见，也在这些不断的拉锯中更迭着地盘和王朝，与此相关的军事设施和军事遗址也十分普遍，甚至在近代的抗战中也成为大后方坚实的后盾。

第三，三山造就了独特的文化气质。大山大川的滋养哺育与相对的地理隔绝、连年征战和政局更迭的影响、王朝兴衰和民族交往，使得此地的人民既有大山的大气磅礴，又有迫不得已时的精细、内敛和严谨。民俗活动更是丰富多彩，长城、隘口、古都、古城、古村、皇家园林与陵寝、衙署……凡此种种，留下了太多的历史遗存和文化遗存。

第四，三山并没有阻隔住文化交流和商贸往来，反而因太行八陉等隘口和要道沟通了游牧民族与中原王朝。由于气候的相对适宜和人口的相对集中，隋唐以前，太行山东麓、燕山南麓一直是商贸活动比较兴盛的地区。隋唐之前我国北方地区平均气温较今日高1℃～2℃，而华北平原曾是我国重要的丝织品生产与出口基地，直到今天河北易县还流传着"蚕姑"的传说①，而藁城台西商代文化遗址出土的泡泡纱、西汉向西出口的巨鹿郡丝织品都可以说明唐代我国的丝绸工艺中心之一就在冀中南地区，而源于汉、兴于唐、盛于宋的皇家御用的"定州缂丝"也曾远销海外，自南宋以后随着政治中心和经济中心的迁移，缂丝业中心移至苏州一带。除丝绸之外，早在2000多年前的商代，河北人就开始使用原始青瓷，至迟在北朝，河北人已在烧造瓷器。唐宋时期，河北系重要的瓷器产地，邢窑、定窑、磁州窑出产的瓷器遍布各地，声名远播。因此，河北也是丝绸之路的组成部分，尤其是张家口，作为草原丝绸之路的起点，在和平时期将草原的马羊、皮毛与中原的茶叶、丝绸、瓷器等进行交换，形成了广阔的商贸圈层，促进了经济的发展和文化的交流。

三山如此险要，地位如此重要，又与外界相对阻隔，三山交汇处的峡谷及其他隘道便成为北国南下中原的咽喉和沟通冀晋的要道，显得至关重要。其中太行八陉便是太行山系自南而北穿越而出的沁河、丹河、漳河、滹沱河、沙河、唐河、桑干河等数条河流形成的八个河谷，由于这些河谷不利于人马通行，因此古代穿越太行山而进出的道路多利用山脊的隘口，而飞狐古道便是这峡谷和隘道中最为险恶的一道。

二、两县联通有险途

飞狐古道是连接涞源、蔚县这两个有着上千年历史古县的通道，在战争年代和低速交通时代曾经是连接两县乃至草原和中原的至为重要的一条通道。

（一）三更雪压飞狐城——涞源

飞狐古道的南端是河北省涞源县，古称飞狐，南宋诗人陆游曾在《长歌行》中写道："何当凯还宴将士，三更雪压飞狐城。"指的便是

---

① 传说黄帝带军从蚕姑坨处路过，发现这里的人们都穿着蚕丝做成的衣服，而黄帝他们只是以兽皮、树叶遮体，细问之下，村民告知蚕姑"教人养蚕缫丝"之事，于是黄帝娶蚕姑为妻，并将养蚕缫丝推广开来，而黄帝也在易县后山（黄山后土）成就其霸业。

涞源。

1. 涞源的地理位置与气候

涞源县隶属河北省保定市，位于保定西北部，太行山北端，地理坐标为东经114°20′～115°05′，北纬39°01′～39°40′。东北距北京160千米，东距天津210千米，东南距保定89千米。平均海拔1000米。涞源山地气候显著，属暖温带半湿润季风气候区，暑期平均气温仅为21.7℃，素有"凉城"之美誉，号称天然大空调，是河北省环京津休闲旅游产业带19个重点县之一。

2. 涞源的水资源

涞源县的水资源较为丰富，主要有拒马河和唐河两大河流，均属于大清河水系，总长79.65千米，总流量19.24立方米/秒。涞源即为涞水之源之意，涞水是拒马河古称，是海河流域大清河水系支流，约在汉时改称"巨马"，取水大流急如巨马奔腾之意。相传曾因拒石勒之马南下，后渐写作"拒马"。无论"巨马"还是"拒马"，都意在形容其水势之大。涞源山泉分布较广，共计102处，主要有旗山、北海、南关3泉，分别为拒马河、涞水、易水源头，三股泉水在城东南0.5千米处汇合。在丰水期大于0.3立方米/秒的有46处，大于0.5立方米/秒的有17处，枯水期大于0.1立方米/秒的有69处，大于0.2立方米/秒的有23处，大于0.3立方米/秒的有8处，因此涞源又有"泉城"之称。

3. 涞源的动植物资源

涞源县动植物资源丰富，植被属华北植物区系，大部分为灌草丛，其次是天然次生林和人工林，森林覆盖率为18.24%。山场中生长着猕猴桃、党参果、蕨菜等600多种具有营养价值和药用价值的野生植物。涞源县有褐马鸡、狍子、山鸡等60多种珍禽异兽。其中褐马鸡是我国独有的珍稀鸟类，是国家一级保护动物，与国宝大熊猫齐名，也是国际自然保护联盟红皮书所列濒危物种之一，在国际上享有"东方宝石"的美称。

4. 涞源的矿产资源

涞源县的矿产资源也很丰富，种类多、品位高、埋藏浅、储量大，现已探明各种矿产 40 多种，主要有铁、铜、铅、锌、金、银、钼、石棉、大理石、石灰石、花岗岩、白云岩矿、褐煤等，其中尤以铁矿、铜矿和银矿最为突出。公元前 408 年的战国时期，赵烈侯的谋士徐越向赵烈侯上书，云涞源有丰富的金、铜、铁等矿藏，建议赵国要在众国之间处于不败之地，必须选练举贤，节财俭用，察度功德，广采铜铁，以壮军资。所以，飞狐从那时起就是赵国金、银、铜、铁、锡、铅的采矿、冶炼基地和铸币基地。至今涞源仍保留了银坊、铜川、铁岭等村名。浮图峪，战国时为"三河冶"，汉唐时为重要的铸钱基地，历代均为矿冶重地。《太平寰宇记》记载："三河冶旧置炉铸钱，唐志德后废，元和七年宰臣李吉甫奏，访闻飞狐县三河冶铜山数十里，铜矿至多，去飞狐钱坊二十五里两处，同用拒马河水，以水斛销铜……"《河北古代历史编年》也有"唐元和七年六月，朝廷以飞狐县三河冶有铜山约数十里，铜矿至多，且有拒马河水力可利用，置五炉铸钱，每炉月铸钱三十万"的记载，可见涞源作为矿冶和铸币基地的重要性。

5. 涞源的历史沿革

涞源历史悠久，曾名广昌、广屏、飞狐。据境内已出土的文物考证，这里有距今 9000±100 多年中石器时代的遗址，其中的打制石器、破碎的陶片等在地下埋藏了几千年，早在 6000 多年前的新石器时代就已有人类在此定居，到商周时期已形成一定规模。"纣王城"是商朝时期的遗留物，《河北通志稿》记："纣王城，在涞源县东十五里，清统志相传纣派比干筑，此中有比干庙，清畿辅通志、按山西通志名商王址存"。春秋时此地属晋国，战国时先属赵，后入燕境。秦属代郡，西汉置县名广昌（取地域广阔、草木繁茂之意）。新莽时一度改称广屏。东汉初属冀州中山国，后属中山郡。晋属幽州代郡，晋末废置并入灵丘县。北周复置广昌县。隋仁寿元年（601），因避太子杨广的名讳，加上县北有著名的飞狐口而改县名为飞狐县，隋末废置。唐武德六年（623）复置飞狐县，属河东道蔚州，因故城战乱暂寄治于遂城（今徐水区遂城），贞观五年（631）徙今治，继隶蔚州，属河北道。五代时，飞狐县于后晋高祖天福元年（936）随蔚州陷入契丹；宋代，飞狐县先为辽境，仍属蔚州；北宋雍熙三年（986）归宋，但不久又入辽境；北宋宣和五年（1123）辽守将陈翊以蔚州降宋，飞狐县入宋后属云中路蔚州；宣和六年（1124）金又攻取蔚州，飞狐县入金后属西京路蔚州。元时改涞源郡，是涞源历史上行政制度的最高规格。明洪武初复置广昌县，并设广昌守御千户所。清仍为广昌，民国时因江西也有广昌，民国三年（1914）秋改称涞源。

6. 涞源的地貌

涞源地势险要，地貌特殊，从李四光的地质力学角度看，涞源县处于地质上晚三叠世到白垩世时期燕山运动后期东西向构造体系中的燕山隆起带，和近南北向的新华夏构造体系中的太行山隆起带的交汇处。地质构造、地层分布、岩浆活动，尤其是新构造运动比较复杂，再加上新生代第四纪早期因山高坡陡，涞源一带冰川非常发育，冰川的刨蚀作用使得涞源的所有山谷一般比较平直，分水岭呈刀刃状，峰岩呈金字塔形角峰，这就决定了涞源县现存地貌的独特性，奇峰林立、绝壁横陈、险壑纵布、峭壁深谷、怪石峥嵘。《广昌县志》这样写涞源："南连倒马，东接紫荆，内拱神京，外拒云朔，当两关之肩背，通二省之血脉，扼秦晋之咽喉，树燕赵之屏翰。"因此历代均为兵家必争之地。而涞源通往北地的飞狐古道，汇聚了太行的雄浑、恒山的舒展、燕山的俊秀，更是北国南下中原的咽喉和沟通冀晋的要道，被苏轼誉为"飞狐上党天下脊"。三山之中，"群峰拱翠，万壑舒青，数百怪石奇峰应接不暇，形势之胜，为它郡所弗及"。

7. 涞源旅游资源

独特的自然环境和人文历史造就了涞源丰富的旅游资源，全县有各类旅游景点218处。其中有国家AAAAA级景点、世界地质公园白石山，国家城市湿地公园拒马源，全国重点文物保护单位阁院寺，"北方峨眉"仙人峪以及保存完好的明代乌龙沟长城。涞源是河北省环京津休闲旅游产业带19个重点县之一，是文化和旅游部公布的首批262家"国家全域旅游示范区"之一，与涞水、易县共同承办了河北省首届旅游发展大会，被纳入第一批太行山国家森林步道和京西南生态旅游带建设规划。

（二）八百古堡蔚萝川——蔚县

飞狐古道的北端是蔚县，这是一个有着悠久历史的古县，又称"萝川",历史上为了防范北方游牧民族的入侵,形成了独特的村落聚居方式,留下了星罗棋布的古堡,素有"八百庄堡、八百戏楼"之说。

1. 蔚县的地理位置与气候

蔚县隶属河北省张家口市,地处坝下蔚县——阳原浅山盆地东南部,位于河北省西北部,张家口南部,北连张家口阳原、宣化,东临北京,南接保定市涞源县,西倚山西大同市,县境东西横距74.55千米,南北纵距71.25千米,地理坐标为东经114°13′～115°04′,北纬39°34′～40°12′。蔚县属北温带大陆性季风气候,冬季受西伯利亚、蒙古一带极地大气团的影响,寒冷、干燥、漫长。小五台山阻滞了夏季东来水汽的输入湿度,降水量小。春夏季干旱多风,夏季凉爽短促,昼夜温差大。年平均气温6.4℃,最热月22.7℃,最冷月−12.9℃,极端最低气温−35.3℃(1972年1月26日,县城),极端最高气温38.6℃(1955年7月24日,西合营),年平均气温最大相差10℃～13℃,全年无霜期为90～135天。

2. 蔚县的地貌

蔚州城位于冀西北山间盆地的南部,恒山、太行山、燕山三山余脉的交会处。一亿三四千万年前到7000万年前左右的燕山运动使地壳受到强有力的挤压,在断裂作用、升降作用的影响下,褶皱隆起,成为绵亘的山脉,第四纪黄土堆积、泥河湾湖相沉积,形成多条地堑、地垒,地堑演化成山,地垒成为谷地,恒山余脉从晋入蔚分为南北两支四周环绕,将蔚县分为南部深山、中部河川、北部丘陵三个不同的自然区域。北为沟壑密布的低山丘陵,南部崇山拔地而起,万山耸立,横向绵延亘带,纵深层峦叠嶂,中间沃野宽阔,是壶流河、清水河、定安河汇合而成的一马平川。雄险的地理环境、鲜明的气候特征和多元文化的融合孕育了这里独特的文化。虽然由于多音字的缘故,"蔚县"常常被人读作"魏县",但这绝不是说蔚县籍籍无名,相反,这个地方在历史上赫赫有名,无论在考古、军事、文化史上均占有重要的一席之地。

3. 蔚县的历史沿革

蔚县古老而文明,举世闻名的泥河湾遗址群考古发现证明了东方人类的起源地并非非洲,新、旧石器时代的古文化遗存考古发现进一步证明了这里曾是东方人类的故乡，是中华文明的"三岔口"。

商汤时期建立了奴隶制政权，历史上称为代国，立国约600年。代国东接燕，南接中山国，北连匈奴，西与楼烦、林胡接壤，是连接中原与北方各民族的枢纽地带，以"代马"闻名天下。春秋末期，赵简子觊觎代国战略地位，设计将代国并入赵氏版图，使之成为赵国战马的重要来源，也成为武灵王时期赵国推行"胡服骑射"政策向外扩张的重要基地。秦时称代郡。西汉时属并州，东汉复归代郡。三国时属曹魏，为幽州代郡，并设置代县、当成、平舒三县。东晋时期，北魏道武帝定平城（今大同）为代郡，原代郡称东代郡，治代（今代王城），属燕州。

南北朝时期，北周宣帝大成元年（579）始置蔚州。隋时，大业三年（607）撤蔚州置雁门郡，为雁门郡灵丘县地，隋末陷于突厥。唐时，武德六年（623）重设蔚州，先后寄治阳曲、繁峙、秀荣。贞观五年（631）破突厥，复故地，移治灵丘县，属河东道。唐玄宗开元十二年（724）置安边县（治今蔚县城），后改蔚州为安边郡，并自灵丘移州治于安边城，后改安边郡为兴唐郡，并改安边县为兴唐县。乾元元年（758）又置蔚州。

辽属西京道，仍为蔚州，并设灵丘县（州县所在地同）、安定县、飞狐县、广灵县。元至大元年（1308）十一月升为蔚昌府，属上都路。明时，初属山西大同府蔚州，置蔚州卫，归万全都司（驻宣府镇）管辖，后属宣府镇南路参将辖。

清初仍按明制。康熙三十二年（1693）改蔚州卫，置蔚县（县名自此始），隶属宣化府。乾隆二十二年（1757），蔚县归入蔚州。民国元年（1912），蔚州属直隶省口北道。民国二年（1913）改蔚州为蔚县，至此蔚县名称基本定型。

中华人民共和国成立后，蔚县归察哈尔省察南专属，1952年后划归张家口专区。1958年10月，撤销阳原县并入蔚县。同年11月，宣化县化稍营划归蔚县管辖。1961年7月9日，恢复阳原县、宣化县，蔚县则恢复现所辖范围。

4. 蔚县的文化旅游资源

蔚县历史文化悠久，底蕴深厚，数千年文明的延续形成了独树一帜的八百古堡、神秘社火、原生秘境等蔚州文化。全县现有文物遗存点

1610余处，国家级保护单位22处，省级保护单位18处，世界级非物质文化遗产1项、国家级非物质文化遗产3项、省级非物质文化遗产8项、市级非物质文化遗产34项、县级非物质文化遗产98项，是全国第一国家级文物保护大县，2018年5月10日被国务院批准为国家历史文化名城。蔚县的古城堡和开平碉楼、福建土楼一样是人类历史留下的奇迹之一，目前保存下来的还有300多处，被誉为"河北省古建筑艺术博物馆"。蔚县剪纸是世界非物质文化遗产，与苏绣、钧瓷并列为代表中国的三大城市（民俗）文化名片，蔚县秧歌被郭沫若先生称赞为"百花丛中一点红"，与拜灯山共同入选国家级非物质文化遗产，打树花被称为"中国一绝、世界一绝"。①

除了丰富深厚的人文旅游资源，蔚县的自然旅游资源也很突出，有国家级自然保护区，34万亩原始森林，境内森林总面积188万亩，高山和高山草甸面积近100万亩。境内有河北第一高峰小五台山，山中动植物资源丰富，褐马鸡、金钱豹、金鸟等国家一级保护动物漫游林间，还有"千丈沟壑，万里屏障"奇险后豁然展开的空中草原。

第二节 太行八陉

莽莽苍苍的八百里太行山作为山西高原与华北平原的天然分界，二者之间相差1000~2000米，成为隔绝二者沟通交流的天然屏障。陡峭的太行山隔绝了黄土高原与华北平原这两大文明发源地之间的文化往来，也阻断了物质交流，而山脉隆起时产生的众多断裂带打破了这一天然屏障，形成一个个穿越这些障碍的通道，陉便是指山脉中断的地方。太行山中多东西向横谷，受地壳运动以及由南至北的沁河、丹河、漳河、滹沱河、唐河、桑干河等河流切割的影响，形成了每百余里才有一个的东西横贯的八条峡谷，这八条峡谷构成了古代晋冀豫相互往来的自然通道，称为太行八陉。

---

① "寻根溯源"蔚县名称的来历及发展历史［EB/OL］. https://www.sohu.com/a/190094506_99896613.

太行八陉由南向北依次为轵关陉、太行陉、白陉、滏口陉、井径、飞狐陉、蒲阴陉、军都陉（如图1-1、图1-2所示），自古以来便是交通要道、军事关隘。这些藏匿于太行山之间的险道鬼斧神工，峰回路转，忽明忽暗，历来是兵家争夺的对象，无论是长城以北游牧民族南下，还是中原王朝出兵长城外及山西，这些要道的意义都非同一般。

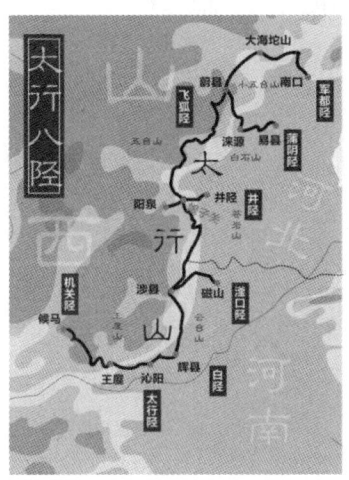

图1-1　太行八陉示意图

（图片来源：历史的通道：太行八陉，https://www.sohu.com/a/321060290）

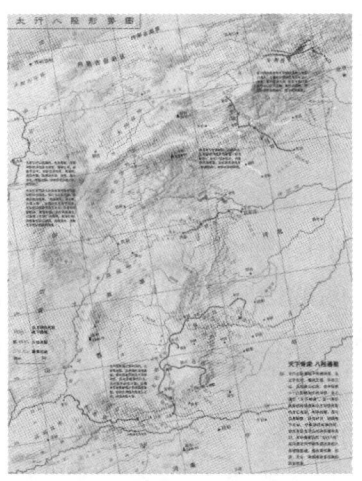

图1-2　太行八陉形势图

（图片来源：巍巍太行走八陉，纵览北派山水，https://www.sohu.com/a/13794563_111230）

一、轵关陉（济源—侯马）

轵关陉（济源—侯马）形势险峻，自古为用兵之地。轵关陉主要为春秋战国时期三晋等诸侯国连接临汾——运城盆地与"河内"平原乃至伊洛地区的重要通道，仅容一轵（车）通过，轵关陉所穿越的是太行山脉最南端的"尾梢"（如图1-3所示）。

图1-3 太行八陉之轵关陉路线图

（图片来源：http://www.360doc.com/content/13/1025/13/6164354_324095577.shtml）

二、太行陉（沁阳—长治）

太行陉又称丹陉、太行道，位于太行山南麓丹水出口，起于河南沁阳，经常平镇，山西拦车村、天井关，再经高平、壶关抵古上党（长治）。太行陉不是一个典型的谷地之陉，所经之途并没有穿越太行山主脉的大"横谷"，但它利用了南太行山岭在河南沁阳以北的一个豁口，也是上党与"河内"之间的捷径（如图1-4所示）。

历史上的太行陉阔不过三步，长不及四十里，但它却是战国时韩国连接上党、豫北通往晋东的一条极其重要的战略通道，由此陉南下可直抵虎牢关，是逐鹿中原的要径之一。李白曾用"五月相呼度太行，摧轮不道羊肠苦"来描写古人穿越"太行陉"之艰难。

图1-4 太行八陉之太行陉路线图

（图片来源：http://www.360doc.com/content/13/1025/13/6164354_324095577.shtml）

三、白陉（辉县—长治）

白陉又名孟门陉，东起河南辉县博壁镇的白鹿峰，故名"白陉"，到高平后与太行陉交汇，最后到达长治（上党）。据此陉可南渡黄河攻开封，东可向大名进击，北可窥安阳、邯郸，西侧则辐射古之潞安（上党）、长平（泫氏），是个可攻可退可守的军事要地，历史上一直是贯通晋豫及江南诸省的一条咽喉要道（如图1-5所示）。白陉走的是横穿太行山主脉的磨河峡谷，它处在南太行最险峻、最难通行但也是最壮观的一段，是太行山南段最深的一条大峡谷，集太行山水风光之雄、奇、险、秀，景色壮美，还保存了目前太行八陉中距离最长、最完整的茶马古道。古道总长5000米，宽2米，由七十二拐和古栈道两部分组成。现在栈道上还留存着多处马蹄印，古人说的羊肠坂就在双底村，村子在两山下。曹操在《苦寒行》中这样描述："北上太行山，艰哉何巍巍！羊肠坂诘屈，车轮为之摧。"可见白陉之艰难险阻。从景观来看，白陉却是太行八陉中最具有魅力的陉道。

图 1-5　太行八陉之白陉路线图

（图片来源：http://www.360doc.com/content/13/1025/13/6164354_324095577.shtml）

轵关陉、太行陉、白陉合称南三陉，是古时来往山西与中原之间的要隘。

四、滏口陉（邯郸—长治）

滏口陉起于河北邯郸峰峰矿区石鼓山（南响堂山）中，是一条在鼓山南部、隔滏水与横卧东西的神麋山对峙形成的峡谷，处于战国时期赵国的腹地。滏口陉是滏水东出的山口。滏水即滏阳河，滏水源出于此。这个出口外有三个古都——邯郸、邺城和安阳，可见其在历史上的重要地位。商代青铜器西传，从安阳传到长治地区，就是从这条道传入的。滏口陉向来为军事要隘，古人云："由此陉东出磁、邢，可以援赵、魏。"它是秦赵长平之战，北魏滏口之战，北周灭北齐之战，唐末磁州之战，北宋宗泽、岳飞抗击金兵的重要战略要地。北齐时期的滏口陉还是太行山东边国都邺城与西边晋阳陪都的要道，北齐文宣帝高洋曾在此营建宫苑，开建响堂寺（西纸坊村），北朝石窟寺艺术东传也是经由此道，著名的响堂山石窟（分北响堂和南响堂）就在滏口陉的口上。抗日战争和解放战争中，这条通道也起到了非常重要的作用（如图1-6所示）。

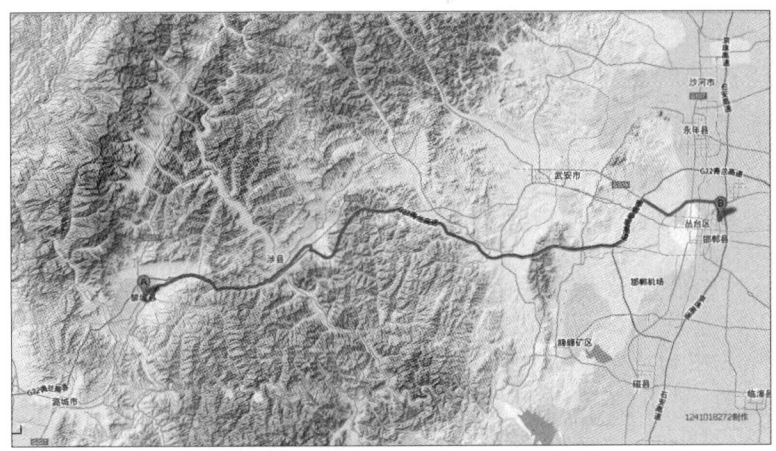

图1-6 太行八陉之滏口陉路线图

（图片来源：https://baijiahao.baidu.com/s?id=1601675773515054832）

五、井陉（石家庄—太原）

井陉为古关名，又称土门关，在北纬38°线附近，滏口陉的北面，素有"太行八陉第五陉，天下九塞第六塞"之称。井陉起于鹿泉郄庄，经上安、井陉故城、板桥、长生口、娘子旧关到山西平定柏井，是连通晋冀鲁的要冲，自古就是兵家必争之地，现在仍是石家庄到太原的交通要道和经济大动脉（如图1-7所示）。

图1-7 太行八陉之井陉路线图

（图片来源：https://baijiahao.baidu.com/s?id=1619065266374790015）

"车不得方轨，骑不能成列"的井陉口内古道将土门关、故关、娘子关三座古老的城池连在一起，成为中国驰名的古驿道之一，自古以来燕赵晋秦之客东西往来，络绎不绝，素有"冀晋通衢"之称。联合国世界遗产调查员亨利·克利尔在对井陉东天门关城的秦皇古驿道进行考察后惊叹这条古道比罗马古道还早了100多年。

六、飞狐陉（涞源—蔚县）

飞狐陉也称蜚狐陉、飞狐口，位于太行山东麓恒山的峡谷口，今河北省涞源县北和蔚县之南，因后面要详述飞狐陉的情况，此处不再赘述。

七、蒲阴陉（易县—涞源）

蒲阴陉起于河北易县，至涞源与飞狐陉衔接①，是从河北易县紫荆关到涞源的一段山路，是京师通往山西的又一条重要通道（如图1—8所示）。紫荆关就是蒲阴陉的重要关口，与三里堡、瓦窑堡形成三角之势，互相协助，共同扼守蒲阴陉，紫荆关附近发生的重要战役就有130多次。紫荆关关城在易县城西面的太行山脉紫荆岭上，以山上多紫荆树而得名，是著名的长城内三关之一。

---

① 此说为清代历史地理学家顾祖禹提出，认为涞源经紫荆关到易县这一路是蒲阴陉。但当代地质学家丁文江认为飞狐陉与蒲阴陉本属一陉，这条道作为飞狐陉的自然延伸似乎更为合理，因此涞源应该是飞狐陉的中点，而不是终点。严耕望在《唐代交通图考》中说涞源是个交通枢纽，五道并出：涞源到蔚县是北道，经飞狐关；涞源到灵丘是西道，经天门关（也叫石门关，或隘口关）；涞源到易县是东道，经子庄关；涞源到保定是东南道，经五阮关（和五回岭）；涞源到定州是西南道，经倒马关（和倒马岭）。他认为，在这五条道中，蒲阴陉当然是去蒲阴城的东南道，而绝不是紫荆关到涞源的东道，很多人都把飞狐东道当蒲阴陉，是被顾祖禹所误导。而且八陉之命名应该是这条陉道上的一个地名。蒲阴城在历史上有两个地方：一是东汉元和三年（公元86年）改曲逆县置，治所在今河北顺平县东南子城村，北齐废；二是宋太平兴国初改义丰置，治所在今河北安国。而且在蒲阴西北的太行山，历史上原本就有两条独立的重要通道，一条即为涞源至易县的拒马道；另一条则是由山西灵丘沿唐河而下，经走马驿、倒马关而至蒲阴的唐河道。许多资料中的确把灵丘作为蒲阴陉西北端的起点，灵丘城南二十里的隘门峡被认为是蒲阴陉的入口。清雍正《山西通志·山川卷》曾形容蒲阴陉的险要形势："由隘门山峡入，取道岩石间，路裁容骑。右壁峭插干霄，左则绝涧数百丈，下有怒湍，以晴雷起于足下。"因此，他们认为，真正的蒲阴陉应该是唐河道，其重要的陉关应该是倒马关、走马驿和隘门峡。另有学者认为，蒲阴陉是涞源到保定的通道。

图 1-8 太行八陉之蒲阴陉路线图

（图片来源：http://photo.blog.sina.com.cn/showpic.html）

八、军都陉（北京—宣化）

军都陉是八陉中最为靠北的一条古道，为太行八陉第八陉。

广义的军都陉，从北京昌平区南口镇起一路向西北，沿途经居庸关、水关长城、八达岭长城出八达岭隘口，穿行在太行山和燕山交界的大海坨山、西山和军都山之间的怀来盆地，到达今河北张家口的涿鹿县。西可通怀来、宣化、大同，东通古北口、喜峰口和卢龙、临榆（山海关），南可直驱京都。狭义的军都陉，南起北京昌平区南口镇，北至八达岭关城，是一道长20多千米的谷地要冲（如图1-9所示）。因独特的地理位置，有多重陉关，以居庸关为核心自西北向东南分布着岔道城、八达岭关城（关沟北口）、上关城、居庸关城、南口城（下关城）等五道关城，又称为关沟。关沟是军都陉的主陉道，是古代京师入塞外去晋北和塞上高原直下华北平原的通道。

图 1-9 太行八陉之军都陉路线图

（图片来源：http://photo.blog.sina.com.cn/showpic.html）

九、太行八陉的意义

在中国古代交通史上，陕西、山西、河北之间的古代交通线是比较重要的，因为这一代是历史上农耕民族聚居区与北方游牧民族相接触的地区。和平时期，茶马交易发生在这条路上，战争时期，北方骑兵南下东出，与中原政权的冲突也发生在这些陉道和关口上。可以说，作为太行山两侧山西高原与华北平原及中原大地之间的经济、文化通道，千百年来，太行八陉发挥了它在中国历史上的巨大作用。而且无论是蓟、元明清的北京城，还是赵的邯郸及其后的邺城，正是由于若干重要陉道或交通要道在平原地区延伸交汇，才得以形成国都，直接影响了历史的走向和政局。

在中国军事史上，太行八陉发挥的作用似乎更为突出一些。也许正因为此，古人才有"若夫或主或臣，建功立宗，尤显闻于后世，则有决羊肠之险，堑此山之道"的说法。清代著名的历史地理学家顾祖禹更是明确指出，太行为天下之臂脊，谁控制了太行，谁就可以得天下。

这些陉道大都是因为军事需要而开凿的，但随着战争的结束，经济得以发展，这些兵道随之变为封建国家的驿道，进而方便了商旅物流的交通，成为重要商道。明清大一统格局形成之后，这些古兵道逐渐增加了商贸往来的功能，从而变成重要商道。近代工业革命之后，科技变革带来交通技术的进步，汽车、火车逐渐取代轮蹄辐辏，这些古道上渐渐多了汽车和来自更远路途的旅人，其旅宿格局和商业格局也随之调整。到 20 世纪末期乃至 21 世纪初，铁路、国道、高速路、隧道打破了山区的寂静，古陉被切割、改道，风貌发生了很大的变化，同时快速通行迅速将这些古陉沿线的小村庄和旅店抛在身后，逐渐被人淡忘。

然而随着旅游经济的崛起和文化回归的需要，这些古道重新进入人们的视野。2016 年，为了切实促进古道的挖掘和保护工作，国际古道网、《中国国家旅游》杂志、绿野网等专业媒体联合一批著名的户外、旅游、文史专家，在蓝天救援队等公益组织的协助下成立了评审组，计划每年推出 10 条具有旅游价值和文化内涵、值得向全球推介的中国古道，并在这些古道上举办非竞技性全民健身"古道马拉松"活动。太行八陉经过严格筛选最后入选首批"十大古道"，并成为最佳徒步古道。①

第三节　飞狐天险谱奇篇

一、"飞狐"的由来

"飞狐"为涞源县古称，因县北有著名的飞狐口而得名，中国历史上唯有涞源县使用过"飞狐"作为县治名称，这个充满异域情调、富有神秘和浪漫主义色彩的名字也因此带给人们无限遐想，让人对其来历充满好奇。当地人对这个名称的来历喜欢用一个神话传说来解释，《辽史》"地理志"记载："相传有狐于岭，食五粒松子，成飞狐，故此处名飞狐口。"《广昌县志》记载："野狐山，在县东北十里，名飞狐山，相传有野狐食松子，成仙飞去。近山人常夜闻狐鸣，邑旧名飞狐即因此。"意思是说飞狐经常活动于涞源北部的黑石岭一带，因峡谷狭窄，狐可飞跳而过，故得名飞狐岽。

中国古典文学中喜欢把狐仙描述为女性，于是在当地的传说中，这

---

① 2016 年，京西古道（最具历史价值古道）、陆羽古道（最具内涵古道）、梅关古道（最佳保护古道）、车师古道（最具挑战性古道）、海原古道（最具潜质古道）、太行八陉（最佳徒步古道）、徐霞客古道（最具旅游价值古道）、八通关古道（最具地方特色古道）、泰顺古道（最佳风光摄影古道）、徽饶古道（最美森林古道）等十条古道经过严格筛选最后入选。

个飞狐也常常变身为美丽女子，佑护、守卫着这一带的百姓。后来的传说中又有将飞狐演化为妲己，被女娲派下界魅惑、惩罚因亵渎女娲宫神像而获罪的纣王，便有了比干被派往野狐山筑"纣王城"（今经文物普查发现距县城 15 里三甲村西南台地的商周时期城池遗址被指为纣王城，现为省级文物保护单位）而被迫害致死、纣王自焚、商朝灭亡的故事。

除了神话传说和文学作品，也有人指出飞狐并非有翅膀会飞翔的狐狸，而是一种果蝠或棕足鼯鼠，是最大型的蝙蝠，有些翼幅长达 2 米，脊椎动物，哺乳纲，翼手目，大蝙蝠亚目。因为它脸似狐狸，所以俗称飞狐。这些在古书中也有记载，如《康熙几暇格物编》说："飞狐产于口外密树林中，形似狐，肉翅连四足及尾，能飞，但能下而不能上。"①《续博物志》记载："飞狐亦名飞生，今山陕有飞狐岭、飞狐口，当时每以物产得名。"金庸先生的祖父、清代著名诗人查慎行有一首专门写飞狐的诗："锐头长尾口如兔，肉翅旁连四足俱。猜是千年老蝙蝠，问名方始识飞狐。"指的就是这种蝙蝠，历史上在中国南北广有分布，目前主要分布在中国南部山区林区，东南亚、南亚、非洲和澳大利亚也有分布。涞源在清中期以前，山林广布、草木繁盛，飞狐这种动物是有可能在此分布的。

另有一种说法是飞狐与"蜚狐"或"蜚胡"通假而来。古时文字多通假，《史记》卷九十七《郦生陆贾传》中有"距蜚狐之口，守白马之津，以示诸侯效实形制之势，则天下知所归矣"；《淮南子·俶真》中有"孟门、终隆之山不能禁，唯体道能不败，湍濑旋渊、吕梁之深不能留也，太行石涧、飞狐、句望之险不能难也"的记述；明末杨嗣昌《蜚狐口记》"北至蔚南至广昌百四十里间，古蜚狐道也"中用了"蜚狐"二字，可见飞、蜚通假混用的情况比较常见。赵武灵王时以"胡"称呼北方游牧民族非常普遍，"蜚"字除了与"飞"通假，表示无缘无故、没有根据之外，还有灾兽的意思。蜚还指一种类似蝗虫的有害的小飞虫，《左传·庄公二十九年》载："秋，有蜚，为灾也。"汉人对胡人铁骑飘忽不定、来去如风的恐惧是否让他们产生了飞狐与蜚狐的联想就不得而

---

① 爱新觉罗·玄烨. 康熙几暇格物编译注［M］. 上海：上海古籍出版社，2007. 中国科学院自然科学史研究所地学史组主编的《中国古代地理学史》（1984）在讲述到北方动物黄鼠时引用了《康熙几暇格物编》卷下有关飞狐的记载。

知了。

不管哪种解释，飞狐，千百年来在涞源、蔚县一带是一个美好的形象。飞狐世世代代都以其险要的地理位置、遒劲苍茫的自然风光和独特丰满的人文积淀让人产生无尽的遐想和美好的向往。

二、广义与狭义的飞狐古道

涞源通往蔚县的路或者说河北平原中部前往桑干河盆地进入蒙古草原的路有七八条，飞狐古道是最著名的一条。历史上关于飞狐道的表述有很多，但十分混乱，关于其起止有很多种说法。

一说从河北省蔚县南宋家庄镇北口村进入两崖峭立、一线微通、迤逦百余里的山谷南行至岔道村，经大宁、对臼沟、黑石岭村翻山越岭到达涞源县，经伊家铺村、石片、团圆、留家庄、张家铺、金家井村南行至涞源县城，经倒马关可至今河北曲阳、唐县一带，自此东行即进入今华北平原的保定地区（如图1-10所示）。

图1-10　飞狐陉路线图

（图片来源：http://photo.blog.sina.com.cn/showpic.htm）

二说山西省广灵县东行沿壶流河谷（古称㴇夷河）进入河北省涿鹿县河谷道路就是今天的下广线，也曾称为飞狐道。如《后汉书·王霸传》载建武十三年（37），"诏霸将弛刑徒六千人与杜茂治飞狐道，堆石布土，筑起亭障，自代至平城三百余里"，说的就是这条飞狐道（如图1—10所示）。

　　三说北魏孝文帝元宏从山西代县开凿的灵丘古道，鲜卑人创建的北魏王朝定都平城大同时，为平定中原，调用了大量的人力物力，历经百年，开凿修建了从平城越恒山经灵丘唐河峡谷至涞源唐县定州的道路，史称灵丘道。北魏灵丘道建成后，因其更为便捷，从平城到河北河南中原一带便很少走飞狐道，而主要走灵丘道。灵丘道始称飞狐道源自唐时。建中四年（783），李晟自定州（今属河北）"引兵出飞狐道，昼夜兼行，至代州（大同）"（《通鉴》），走的便是北魏灵丘道。《梦溪笔谈》卷二四《杂志一》载："今飞狐路在茂之西，自银冶寨北出倒马关，度虏界，却自石门子、冷水铺入瓶形、梅回两寨之间，至代州，今此路已不通。"石门子是石门关，即唐河隘门关，瓶形即平型关。此道经过灵丘到涞源，与南出翠屏山的飞狐陉正道相接，又由于涞源古时以陉为名，叫飞狐县，所以这条道唐代也称飞狐道。《魏书》卷七上《高祖纪》第七上记载太和六年（482）秋七月，发州郡五万人治灵丘道，说的就是这条道（如图1—10所示）。

　　四说唐高宗太子李贤在《后汉书注》中说飞狐道在今蔚州飞狐县，"北通妫州怀戎县，即古之飞狐口也"。唐代李吉甫《元和郡县图志》也说："飞狐道，自县北入妫州怀戎县界，即古飞狐口也。"这里所说的"县"指的是唐飞狐县，即今涞源县北，怀戎县即今怀来县。这条飞狐道就是我们今天仍然在走的经九宫口峪过草沟堡到涞源的路（如图1—10所示）。

　　针对这么多种说法，我国许多历史学家对此进行了研究，其中资料整理最细的是台湾地区的严耕望先生，他在《唐代交通图考》中讲得很清楚，涞源是个交通枢纽，五道并出：涞源到蔚县是北道，经飞狐关；涞源到灵丘是西道，经天门关（也叫石门关，或隘口关）；涞源到易县是东道，经子庄关；涞源到保定是东南道，经五阮关（和五回岭）；涞源到定州是西南道，经倒马关（和倒马岭）。他在该书第二册第四十三篇"太行飞狐诸陉道"里详细排比了历代有关飞狐古道的论述，指出飞狐口的详细地理位置在今蔚县（E114°30′N39°50′）南、涞源县（E114°

40′N39°20′）北，为两县间之通道。盖有崇峻山脉东西亘于两县之间，中断为陉道，得通行旅。道分南北两段，南段今名为黑石岭，北段今名为北口峪（即狭义上的飞狐口）（E114°32′），其北口在先秦代王故城西南60里，蔚县之南40里。而广义的飞狐道包括南段黑石岭口道，其口在汉广昌县、隋唐飞狐县、今涞源县之北二三十里（或云50里）。唐代，蔚州治所与飞狐县南北相距150里，则飞狐道全程约八九十里。"此一地区，山皆黑石如铁，夹道两旁，峰高崖峻，壁立如刀削，故有铁壁之称，而道极仄狭，沙碛崎岖，迤逦蜿蜒，一线微通，北段狭义之飞狐口三四十里间尤甚。检今地图，南段山高不逾一千二百余公尺，北段山高至二千六百余公尺，盖山愈高道愈险也。北魏时代，于北口置飞虎关。出关则一片塞外草原气象，故晋人句注碑以飞狐与句注、卢龙并列为北方巨险之首，'天下之阻，所以分别内外'也。"①

最近的研究成果是跟随谭其骧先生编撰过《中国历史地理图集》的王文楚，他的论文《飞狐道的历史变迁》收录在《古代交通地理丛考》一书中，他认为飞狐道是以飞狐口即蔚县西南为中界点，一向北可达大同一带（秦汉平城）；二向南沿飞狐关水可达涞源（汉广昌县），并南越倒马关，沿今唐河（秦汉寇水）进入河北平原（上述涞源至大同的线路，可能西汉前就存在）；三向东北，从蔚县东北沿壶流河及其支流定安河河谷以及岔道河河谷而行，中经汉潘县古城、今涿鹿，复沿桑干河谷地东行，抵今怀来。该道可能始辟于东汉初。由于是沟通河北平原与燕蓟、平城、太原间的交通要道，飞狐道在秦汉以降时期在沟通上述地区政治、军事和经济的联系中仍起着重要的作用。② 另保定本地学者张力云也有《历史上的飞狐古道》《铁血雄关飞狐口》等文章收录在文史资料中。

以上几条古道可以理解为狭义与广义之分。狭义的飞狐古道，即从涞源盆地进入壶流河谷的路线，从涞源县城向北，经飞狐道至蔚县城关，全程70千米，也就是从涞源县城经金家井村、张家铺村、留家庄村、团圆村、石片村、黑石岭北麓伊家铺村为50千米，从伊家铺上山

---

① 严耕望. 唐代交通图考 [M]. 上海：上海古籍出版社，2007：1463.
② 王文楚. 古代交通地理丛考 [M]. 北京：中华书局，1996：256-257.

翻越黑石岭到达蔚县的黑石岭村，过对臼、大宁、岔道村、北口村为20千米，这70千米是飞狐道的主道，再经北口到达宋家庄村，继而进入蔚县城关。其中从黑石岭北麓的岔道到北口村长约40里，俗称"四十里峪"，也称飞狐峪，民间还称作"四十里黑风洞"，可见其艰险难行，但同时也是风光最盛的一段，由于是太行八陉之一，又叫作飞狐陉或常山陉。由此向南，出易县紫荆关，便是富庶的华北大平原；由此向北，越过壶流河盆地即抵达山西和内蒙古。绵延数千千米的著名商道张库大道便是经由这里的准备才开始向茫茫的大草原延伸。富甲天下的晋商很多都是从这里穿过，出塞、出口外，在张家口、包头积累起巨额财富。[1]

广义而言，另外其他三条都可看作飞狐道的辅道或延伸。还有从今大同东郊太平堡途径浑源县、广灵县（或阳原县）到蔚县，再经飞狐峪、飞狐口到涞源，从涞源出发向东经由浮图峪、五回岭到乔家河，沿桑岗、龙门到满城，或者向南经倒马关过军城、曲阳到定州的线路也被认为是广义的飞狐古道。此外，由于山路艰险、气候恶劣等原因，行旅们另外发现了一些通道，如从上庄到草沟堡到蔚县，避开了飞狐天险，但也实现了两地交通，沟通了蒙古高原和华北平原，也可算作广义上的飞狐古道的一部分。

三、本书中的飞狐古道

本书旨在挖掘、保护飞狐古道沿线作为重要节点的传统村落珍贵的历史价值和文化价值，以村落为基点整合飞狐古道的资源，再现飞狐古道的意义，重新唤起大众对飞狐古道历史价值的认识。笔者在2016年12月至2019年9月间多次前往涞源和蔚县，在实地走访的基础上调查了解两地资源的赋存情况以及村落现状。

在初期的调查走访中，笔者实地走访了金家井村至宋家庄狭义上的飞狐古道，发现此一线路沿线的很多村落正在发生着急剧的变化，空心化极为严重，空心化导致的整体拆迁扶贫及道路整修、光伏产业扶贫等使村容村貌遭到严重破坏，文化信息在迅速消失、灭亡，人口大量减少

---

[1] 胡印斌. 飞狐古道：经行历史现实间[M]//蔚县文史资料选辑第15辑.

或迁移到他村、他处，所剩不多的人口中老年人占绝大多数，且对历史文化的了解不多，谋生技能与对外交往技能较弱，求变心理动机不足，因此失去了开发依据和开发价值。这样一条有潜力的线路遗产正在受到侵蚀、破坏，如果没有了这些村庄，文化线路的意义和价值该如何体现？这些让笔者的研究几乎陷入停顿。

为了解决这一问题，笔者走访了当地旅游、文物保护部门的工作人员及文化爱好者，力争在尊重历史的基础上结合当下的具体情况，提出有针对性、可实施的线路整合与开发建议。据涞源旅发委主任刘春阳、政协文史委主任高树英及其他文化爱好者和驴友的介绍，狭义的飞狐古道，从伊家铺到黑石岭之路，由于马蹄梁、黑石岭高大险峻，山路崎岖，翻越马蹄梁、黑石岭的这条路十分艰难，因此历史上及当代现实中还有变通之道，另外有几条道路也是民间行旅者经常采用的走法，其一是留家庄往西、坡水、烧车、马圈沟门、马蹄梁、岔道；其二是县城东经冯村、曲村、中庄、上庄、东西泉头、横山岭，过羊圈青崖口入飞狐沟翻越大盘角到黑狐沟到大宁、岔道，或者过羊圈青崖口经衙廷至大木厂，入乜门进干花峪到北口，比黑石岭好走。根据这些信息和建议，笔者走访了这些通道，发现其赋存情况及开发基础更具优势，且本身也非常有保护价值，因此本书中的飞狐古道涉及狭义的飞狐古道以及其他通往蔚县的传统通道，以此丰富飞狐旅游产品的内涵，同时也可以更好地保存飞狐古道的完整性。

四、飞狐古道的特殊性

飞狐古道与"太行八陉"的其他古道不同，其他古道只涉及两省之间的交流，而飞狐古道却涉及南北方数省市之间的交流。从蔚县南下飞狐陉，既可以通易县，也可经倒马关东出到望都县。而飞狐陉、蒲阴陉均位于古北岳之北，战国时期就是山西北部通往河北平原的通道，随着北魏王朝迁都洛阳，这里成为平成（今大同）与洛阳之间的交通要道，为了便捷交通，北魏的几代帝王多次"凿灵丘道"、"修直道"，可见其地位之重要。广义的飞狐古道向北连接涞源和蔚县，直接催生了内地与草原连通的大商道张库大道（张家口—库仑）；向南连接涞源与保定、定州，从而到达中原的洛阳、邺城进行贸易。大量的出土文物证明，北魏以来，中亚的粟特人就沿飞狐、灵丘道将西亚的珠宝、六畜带入中原，与中原的丝绸、茶叶互市，还有很多粟特人迁徙到河北，其后裔北归时又将河北的桑蚕丝纺织技艺带到北地，极大地促进了北方少数民族对中原丝纺织业、茶、瓷器的依赖，为后来的和平时期丝绸之路的恢复、瓷器之路的交流、茶马互市奠定了基础。

特别是明清时期，飞狐古道南来北往的客商和运输货物的骡帮成群结队，商人驴驮骡运各种物资，源源不断，络绎不绝，昼夜不停地穿行于飞狐古道之间。这些骡帮北上时运来了江南的丝绸、茶叶，京津地区的日用百货、中原的小土布、棉花，涞源等地的红枣、柿干、核桃等，过了飞狐古道之后，至宣化、张家口，有的沿途卸货，即为终点；有的越过蔚县、阳原、怀安、宣化、张家口，踏上张库大道，或直达坝上草原，或继续越过大沙漠，走向蒙古高原，直达俄罗斯。转身南下时运走了草原和塞外的毛皮、肉、奶制品、杂粮、老酒以及蔚县的煤炭、麻绳、药材、小米、窗花、砂锅、大瓮等，越过飞狐古道，走向冀中平原，走向京、津、沪、粤，走向苏杭，通往武汉襄樊的码头。飞狐古道的北口（今天的北口村）就成为南北物资的集散地，人们称它为"紫荆关外旱码头"。

由于往来穿梭的客商源源不断，飞狐古道沿途兴起了很多货栈、客栈、店铺，骡帮可以随时歇脚、喂饮；客商可以随时憩息、打尖。不论南来还是北往，都是客至如宾，照顾周到，熟者如老友重逢，生者可以"停车聊问俗，啜茗且看山"。飞狐古道走成了一条经济长廊，也走成了古老的人文精粹。

第二章 飞狐古道的时间坐标及价值

第一节 历史记载中的飞狐古道

一、飞狐口及飞狐道之始见于史载

关于飞狐口的记载最早见于《史记·郦生陆贾列传》。西汉三年（前204），谋士郦食其对汉王刘邦论述天下地形时说："愿足下急复进兵，收取荥阳，据敖庚之粟，塞成皋之险，杜大行（太行）之道，距蜚狐之口，守白马之津，以示诸侯效实形制之势，则天下知所归矣。"《史记·正义》就此说："蔚州飞狐县北百五十里有秦汉故郡城。西南有山，俗号为飞狐口也。"[①]《汉书·文帝纪》载后元六年（前158）冬，匈奴骑入上郡，汉以中大夫令免为车骑将军，屯飞狐；《续汉书·郡国志·中山国上曲阳》载："《晋·地道记》：自县[②]北行四百二十五里，恒（恒山）多山坂，名飞狐口。"《水经注·㶟水》载祁夷水出平舒县（今山西广灵县西），"东北得飞狐谷，即广野君（郦食其被封为广野君）所谓杜飞狐之口也。……《魏·土地记》载：代（指蔚县）城南四十里有飞狐关，关水……西北注祁夷水"。㶟水即今桑干河，祁夷水即今源于

---

① 这里说的蔚州飞狐县即今天的涞源县（按："蜚"同"飞"，《汉书·郦食其传》即作"飞"。《元和郡县图志·一四·蔚州》载飞狐县"本汉广昌县……仁寿元年改为飞狐县，因县北飞狐口为名也。"明代复名广昌县，民国年间因江西省也有一广昌县，故改名涞源县）。所谓"故郡城"，是指秦、汉时期的代郡，郡治在今蔚县城东20里处，即今代王城。"西南有山"，即指恒山主峰大茂山。

② 指上曲阳县。汉代设上、下曲阳县，上曲阳县即今曲阳县，县治在今曲阳县城西四里。下曲阳县在今河北晋州市鼓城村附近，北魏时改名曲阳县，北齐时省入高城县，即今河北藁城市。

广灵县、东流经蔚县北、北流入桑干河的壶流河。其支流之飞狐关水，即今源出蔚县南黑石岭、北流经北口、汇合于壶流河的北口沙河。飞狐古道正是由于飞狐关水（今北口沙河）对恒山山谷的切穿而形成的。通过这些史料可见飞狐口在今涞源县、蔚县之间的险要地位，古代在这条道路的北口设飞狐关，以控扼交通要口。

飞狐道的记载最早见于《后汉书·王霸传》："诏霸将弛刑徒六千余人与杜茂治飞狐道，堆石布土，筑起亭障，自代至平城三百余里。"治即整治、修治，王霸等"治飞狐道"，说明该道此前有之，殆因崩坏。[①]《史记·郦食其传》中郦生要刘邦据守"蜚狐之口"应有道路通过，因此"飞狐道早在楚汉之际，就已形成"[②]。而根据赵国吞代的记载，这条道的利用开发应该追溯到战国时期。

顾炎武在《日知录》中说，春秋时，代未通中国，也就是说代地和中原没有交通。后赵简子觊觎代地之战略要位及代马之彪悍，命赵襄子设计击杀代王吞并代地，所取道路便是飞狐道。

赵简子时期，代国所辖的地域大致就是今河北怀安、蔚县以西，山西阳高、浑源以东一带，都城在今蔚县代王城附近。赵简子要扩大势力，首先想到的就是兼并代国这个北部近邻。他制定了灭代的详细计划，先是把女儿嫁给代王，发展两国的关系，后来又把儿臣召集起来，说："我有宝符藏于常山（就是今天的曲阳县大茂山，清代以前叫恒山），谁得到它，就可获重赏。"别的儿子骑马进山寻找都一无所获，唯有赵襄子回来说找到了。赵简子问他宝符藏在哪里，他回答说："从常山上临代，代可取也。"他的方略得到赵简子的肯定，并因此被立为太子，原来的太子伯鲁被废掉。赵简子死后不久，公元前473年，赵襄子就邀请他的姐夫到代国和赵国交界处的夏屋山赴宴，借机杀死代王，吞并代国。赵襄子的姐姐深感亡国亡夫之痛，于归赵途中自刺身亡。当时代国的国都在晋阳，今太原附近，赵襄子所说的从常山上灭代，和后来灭代的进军路线就是翻越位于今唐县、曲阳、涞源三县交界处的大茂山（当时的常山）进入飞狐道，到达今蔚县代王城。虽然当时还没有飞狐

---

① 《资治通鉴》卷43《汉纪三十五·世祖光武皇帝中之下》胡注，十二年。
② 王文楚. 古代交通地理丛考 [M]. 北京：中华书局，1996：255.

道这一称呼，但是这条道无疑。

此后，代地成为赵武灵王胡服骑射的重要基地，扩展了赵国北部的疆域。赵武灵王向西北进军林胡、楼烦，灭中山，赵孝成王灭楼烦、破东胡、降林胡都以代地作为基地。飞狐古道应从那时起就成为联系代地（蔚县）与中原的重要通道。《史记·赵世家》记载："十九年……王北略中山之地，至于房子，遂之代，北至无穷，西至河，登黄华之上。"这里的代就是今天的蔚县，无穷就是今天的张北一带。"二十六年，复攻中山，攘地北至燕、代，西至云中、九原。惠文王二年，主父行新地，遂出代，西遇楼烦王于河西而致其兵。三年，灭中山，迁其王于肤施。起灵寿，北地方从，代道大通。还归，行赏，大赦，置酒酺五日，封长子章为代安阳君。"武灵王巡行中山"新地，遂出代"；既而讲"北地方从，代道大通"，此"代道"就是由河北中部溯唐河，直抵代王城。这条路应是飞狐道。

二、两汉时期飞狐古道重大事件

到了两汉时期，飞狐道已经成为山西、河北之间的一条重要通道。

公元前204年，楚汉相争，刘邦与项羽逐鹿中原，被项羽打了个落花流水，想退守关中。刘邦的谋士郦食其分析了天下形势，反对西逃，提出东塞太行之险、北据飞狐之口、南守白马之津便可以在战略上形成大包围的局面，压倒项羽。刘邦执行了这一战略，果然击败了项羽。北据飞狐之口，一方面可以堵塞太行山的各个关隘以及黄河、嵩山一带的各个通道，向各地诸侯显示刘邦掌控中原的战略态势；另一方面可以防止游牧民族从这里南下中原。自此，飞狐口与其他几处关隘一样成为东、西之间往来的重要通道。两汉都曾遣将屯兵以防匈奴的侵入。

公元前201年，匈奴单于冒顿趁秋高马肥，率40万铁骑大举南侵，攻破雁门关，汉高祖刘邦调集30万大军迎战，刘邦急于求成，出关追击，被冒顿围于大同。刘邦靠陈平之计死里逃生，从飞狐道回师中原。

公元前160年，匈奴3万铁骑再犯山西北部大同一带，企图沿飞狐道南下，汉文帝为防备匈奴入侵，派中大夫令免为车骑将车，率军驻守飞狐。

《汉书》卷四《文帝纪第四》载，文帝后"六年冬，匈奴三万骑入上郡，三万骑入云中。以中大夫令免为车骑将军，屯飞狐；故楚相苏意为将军，屯句注；将军张武屯北地；河内太守周亚夫为将军，次细柳；宗正刘礼为将军，次霸上；祝兹侯徐厉为将军，次棘门，以备胡。"此文中的令免、苏意、张武、周亚夫、刘礼、徐厉均为当时的著名将领，飞狐、句注、北地、细柳、霸上、棘门均为当时的军事要害。宋代政治家、文学家欧阳修这样谈这段历史，他说："汉唐之世，东自辽海、碣石、榆关、渔阳、卢龙、飞狐、雁门、云中、马邑、定襄，西抵五原、朔方诸郡，每岁匈奴，高秋胶折，塞上草衰，控弦南牧，陵犯汉境，于是守边之臣防秋之士，据险而出奇兵，持重而待外寇。"

东汉时，光武帝刘秀先后两次派大将修治飞狐道，这对防御匈奴的进攻起了积极的作用。

据《后汉书·王霸传》载，建武十三年（37），卢芳[①]与匈奴、乌桓连兵，侵苦北边，诏上谷郡太守王霸，"将弛刑徒六千余人，与杜茂（字之清，南阳冠军人，拜骠骑大将军）治飞狐古道，堆石布土，筑起亭障，自代至平城三百余里"。王霸，字元伯，颍川颍阳（今河南许昌西）人，东汉名将，为汉光武帝刘秀的"云台二十八将"之一，长期戍守北部边疆，后封淮陵侯。唐章怀太子李贤于"飞狐古道"下注云："飞狐古道在今蔚州飞狐县，北通妫州怀戎县（唐怀戎县，为妫州治，即今怀来县东南官厅水库北岸怀来镇），即古之飞狐口也。"这条线路的记载并见于《通典·州郡》《元和郡县图志》等典籍。据李贤注释，由飞狐道向东北，通往怀戎县之路，为东汉王霸开修。其时王霸任上谷郡太守，郡治沮阳县（在今怀来县东南官厅水库南岸大古城），北与怀戎县城隔妫水[②]相对。王霸不仅修治了飞狐古道，又开修了通往上谷郡至沮阳县的道路，也就是从涞源、蔚县通达北京方向的道路。这条道路由今蔚县代王城向东北，沿着壶流河支流定安河和涿鹿县南桑干河支流岔道河谷道经行，由于是沿着协阳关水河谷，又称为协阳关道。

东汉年间修治的飞狐古道及协阳关道不仅直接沟通了河北平原与上谷郡的交通，同时也加强了山西与河北之间的联系。

---

① 东汉初地方割据首领，诈称自己是汉武帝曾孙，帮助匈奴侵占汉朝的北方疆土，多次导引匈奴南侵，后众叛亲离，死于匈奴。

② 今名妫河，源出北京市延庆区，是桑干河的支流之一，北魏名清夷水，唐至清代名妫水。

三、三国两晋南北朝时期的飞狐古道

建安二十三年（218），曹操派儿子曹彰为北中郎将、骁骑将军，率兵北征乌桓。大军沿拒马河北上，穿越飞狐峪这道百里大峡谷，冲出飞狐口，越过代郡（蔚县）全境，直打到桑干河畔，一路把乌桓追击到汉长城以外，保障了代郡这道边陲的安宁。

魏晋南北朝时期，飞狐古道成了兵家必争必守之地，战事不断，晋朝的刘琨、后燕的慕容垂、北魏的拓跋珪都曾争战飞狐峪。双方兵力往往动辄十几万、几十万，前部军队已经出了这条深峪，后部士兵往往还未踏入关口，声势相当惊人。

北魏末，葛荣在河北起义时，山西尔朱荣曾吁请朝廷准其发兵出飞狐口，打击义军的侧背。

西晋建兴四年（316），并州长史李弘降于石勒，都督并州诸军事的刘琨（字越石，中山魏昌人，中山靖王刘胜后裔）应幽州刺史鲜卑人段匹䃅之邀，相约共同扶助晋室，率众由阳曲（今太原市北阳曲镇）向东，经飞狐古道，再东北经协阳关道，通往蓟城（今蓟州区）。《元和郡县图志》卷一四《飞狐县》载："飞狐古道，刘琨自代出飞狐口，奔于安次（蓟州区东南，今安次县西北古县），即于此道也。"西晋末年爆发"八王之战"，匈奴人刘渊乘机攻破洛阳。并州刺史刘琨率兵出飞狐道，沿拒马河谷东出平原，直奔安次，讨伐羯族将领石勒。

西晋后期，朝廷腐败，天下大乱，各民族纷纷举旗造反，史称"五胡十六国"时期。鲜卑拓跋部首领拓跋珪趁前秦灭亡、北方混乱的机会重兴代国，在盛乐（今内蒙古和林格尔西北土城子）即位为王。又在次年（386）改国号"魏"，史称北魏。天兴元年（398）七月，拓跋珪自盛乐迁都平城（今大同市东古城）。当时从平城通往河北平原的道路有两条：一是东南越恒山，经灵丘；二是南经雁门（今代县），沿滹沱河谷东至灵丘，然后南北二路合一，再向东南，都需经滱水（今称唐河）河谷，出太行山，南至中山（今定州市）。灵丘沿唐河谷道山路崎岖险隘，通行艰难。《水经注·滱水》载："滱水自灵丘县南流入峡，谓之隘门。"《元和郡县图志》卷一四《灵丘县》载："隘门山，亦曰隘口，在县东南十五里。壁立直上，层崖刺天，有石道极险狭。"《大清一统志》

卷四十载隘门关"在蔚州西南四十里石门峪，亦曰石门口。两山对峙，中通一线，路通山西灵丘县"。倒马关沿线唐河谷道也是极为险阻。《水经注·滱水》载滱水自倒马关南流，又屈而东合两岭溪水，"石磴逶迤，沿途九曲，历睇诸山，咸为劣矣，抑亦羊肠①、邛崃之类者也"。

天兴元年（398）正月，拓跋珪击败南燕慕容德，"自邺（今临漳县西南邺镇）还中山（今定州），将北还……发卒万人治直道，自望都②铁关凿恒岭至代五百余里……车驾发自中山，至于望都尧山。徙山东六州民吏及徒何（汉置徒何县，约在今辽宁省锦西附近）、高丽杂夷三十六万，百工伎巧十万余口，以充京师（大同）"（《魏书·帝纪第二·太祖纪》）。代，指北魏都城，即平城（大同）；铁关，即鸿上关，在今唐县西北洪城村。③

灵丘以东的唐河谷道既经开修，但灵丘以西仍然崎岖难行。《资治通鉴》卷一百二十三载，北魏太延二年（436），"魏主遣广平公张黎（雁门平原人，赐爵广平公）发定州七郡一万二千人通莎泉道"。北魏置莎泉县于莎泉水南侧，在今灵丘县西黑龙河侧，莎泉道因路经莎泉而得名。兴光元年（454），北魏文成帝从都城平城东南幸中山、信都（今冀州市），还幸灵丘，又东北至广宁温泉宫，即经行于灵丘唐河谷道与飞狐古道。

太和六年（482），以灵丘"诸州路冲，官私所经，供费非一，往年巡行，见其劳瘁，可复民租调十五年"，为便于公私往返，再次"发州郡五万人治灵丘道"（《魏书·孝文帝纪》）。灵丘道是因路经灵丘县而得名，与莎泉道实为一路。此路屡经修治后交通愈趋便利，且与飞狐古道

---

① 羊肠，亦称羊肠坂，在山西省壶关县东南，是古代中原与上党太行间交通必经的险道，因道路狭窄，盘桓似羊肠而得名。邛崃位于四川省中部，现为邛崃市，古代以交通险阻著称。均指地形险要之路。

② 今唐县高昌镇，该镇东有孤山。孤山，一作都山。《元和郡县图志》载："孤山即都山。"张晏《汉书》注："尧山在北，尧母庆都在南，登尧山，见都山，故以为名。"汉在此置望都县。

③ 《读史方舆纪要》卷一〇《倒马关》："铁关即故鸿上关，今为倒马关路。"《水经注·滱水》：滱水东迳倒马关，又东流，"历鸿山，世谓是处为鸿头，疑即《晋书·地道记》所谓鸿上关者也"。鸿上关亦称鸿山关。《大清一统志》卷一四："唐县有鸿山关，今名鸿城，俗呼为鸿郎城，即尧帝时丹朱所居……在县西北七十里。"光绪《畿辅通志》卷六七："鸿上关在唐县西北七十里鸿城村……《太平寰宇记》：昔项羽于此山见群鸿，乃谓众曰：我当南面而中其一。引满射之，莫有中者，乃拆弓投地而去。《明一统志》：一名洪城。"今唐县西北齐家佐乡有南、北洪城村，当为鸿上关旧址。

南出之路相连，经此可西通雁门（今代县）、太原。因此，由唐河谷道向西经行滹沱河谷道通往雁门、太原之路，在唐代以后亦统称为飞狐古道。

四、唐宋元时期的飞狐古道

在唐代，这条道路仍是十分重要的通道。唐建中四年（783），神策河北行营节度使李晟①自定州引兵出飞狐古道，昼夜兼程至代州（《资治通鉴》卷二二九）。中和五年（885），藩镇割据，幽、镇诸侯侵扰定州，河东节度使李克用（西北沙陀人首领，以功赐姓为李，授河东节度使，封晋王，其子李存勖为后唐庄宗）领"蕃汉步骑五十万众救援"，以幽州请就和断，遂却班师，"便取飞狐路却归河东（山西）"（《全唐文》卷一〇三《后唐庄宗北岳庙题名》）。光化四年（901），朱全忠（即朱温）命义武节度使王处直自定州入飞狐，六路进兵、分进合击攻李克用于晋阳（太原府治，今太原市西南晋源镇），都是经行唐河和滹沱河谷之飞狐古道，往返于山西与河北。

后来，河东诸将欲兼并割据幽州的刘守光，一致认为："云、代与燕接境，彼若扰我城戍，动摇人情，吾千里出征，缓急难应，此亦腹心之患也，不如先取之，然后可以专意南讨。"晋王李存勖遂命大将周德威率军伐燕。周德威率军出飞狐口，攻破幽州城，力擒刘守光，略定幽燕。

宋朝建立后，其北部边界基本上延续了五代后周的疆界，大致在易水、白沟河一线。从宋开宝二年（969）宋太祖率兵亲征北汉，辽兵援北汉开始，宋辽之间就争战不断。太平兴国四年（979），宋太宗正式率兵伐辽，进围幽州，双方战事愈加频繁，主战场大部分在今保定区域或其周围。

涞源县及以北地区及飞狐古道在倒马关西北的唐河谷道一段属契丹境内，交通因而阻断。宋与辽之间往返多取河北中部雄州（今雄县）、恩州（今清河县西旧城）、大名（今县东）、澶州（今濮阳）驿路，而河北和山西之间的交通则多经由井陉路。正如当时的户部郎中张洎在其奏

---

① 唐朝名将，绰号"万人敌"，唐德宗时为神策先锋都知兵马使。

折中所说:"中国所恃者,险阻而已。朔塞以南,地形重阻,深山大谷,连亘万里,天地所以限中外也。今自飞狐以东,重关复岭,塞垣巨险,皆为契丹所有;燕蓟以南,平壤千里,无名山大川之阻,此所以失地利而困中国也。"(《续资治通鉴》卷十四)

986年,宋太宗认为辽国主幼,萧太后摄政,是北伐的好机会,图谋收复幽云。五月,宋军兵分三路,其中,曹彬、米信、崔彦进率东路军十万,分兵自保州(今河北保定)、雄州(今河北雄县东)出发,田重进率中路军自定州出飞狐口,潘美、杨业领西路军出雁门,进展神速,屡屡获胜。辽北院枢密使耶律斜轸为山西兵马都统,在蔚县以东部署防线。在涿州西南四十里的歧沟关,辽军大败北宋东路主力军。宋太宗得悉东路主力军惨败消息,急令全线撤军。在撤退过程中,建军王优指责杨业"暂避敌锋"的主张,坚持要杨业率军迎击,后潘美置杨业伏兵要求于不顾而临阵脱逃,导致杨业为辽军包围俘虏,绝食三日而亡,宋军又惨败于飞狐口,先前收复之地复失。史称"雍熙北伐"的收复行动以宋军的溃败而告终。这是宋辽之间规模最大、也是北宋最后一次伐辽复地军事行动。

熙宁八年(1075)二月,知制诰沈括奉旨出使辽国。他于途中认真考察了河北的地理交通,在《梦溪笔谈》卷三五《杂志一》里说:"北岳恒山,今谓之大茂山者是也。半属契丹,以大茂山分脊为界。岳祠(北岳庙)旧在山下,石晋(指五代石敬瑭政权)之后,稍迁近里。今其地谓之神棚,今祠乃在曲阳。祠北有望岳亭,新晴气清,则望见大茂。祠中多唐人故碑,殿前一亭,中有李克用题名云:'太原河东节度使李克用,亲领步骑五十万,问罪幽陵,回师自飞狐路即归雁门。'今飞狐路在大茂山之西,自银冶寨北出倒马关,度虏(指契丹)界,却自石门子、冷水铺入瓶形(瓶形寨,即今平型关)、梅回(梅回寨,今平型关西北)两寨之间,至代州。……今此路已不通,唯北寨(约在今河北行唐县附近)西出承天关路(即今山西平定县东北娘子关,路通井陉)可至河东,然路极峭峡。太平兴国中,车驾自太原移幸常山(今正定县),乃由土门路(即井陉路)。"

爱国诗人陆游曾写过一篇脍炙人口的长诗《长歌行》,诗中为此慨叹道:"国仇未报壮士老,匣中宝剑夜有声。何当凯旋宴将士,三更雪压飞狐城。"表达了自己的理想无由实现的悲愤，还对驱逐金人、尽复失地的情景作了热切的憧憬。

1213年，成吉思汗指挥15万蒙古骑兵第三次进攻金国，一时难以攻入关内，便采用曾出使金国的札八儿火者的计策，命客台、薄察二将统兵2.5万人驻守居庸关北口外，与金军对峙；命哲别率3万人，由札八儿火者带路，走小道，袭取南口，与客台、薄察部对金军进行南北夹击，夺取居庸关，自己率大军迂回南下，偷取飞狐口，袭破紫荆关（今河北易县西北），从西南方向进攻中都，大败金兵。

五、明清时期的飞狐古道

在明朝276年的历史中，蒙古残余势力对朱明王朝进行了长期侵扰，古老的飞狐古道又频繁燃起战火硝烟。明初，蒙古残余势力活动在塞北，常有骑兵绕行飞狐道进入华北平原，攻打明王朝都城后方，所以，明代将内长城从北京城西北一直延伸到这一带。洪武十三年（1380），为加强防御，由千户李贞主持监修广昌城，这次修城是在原五龙城的基础上包砖加固。但再坚固的城池也难以抵挡蒙古铁骑的攻势，正统十四年（1449）十月，瓦剌也先挟明英宗朱祁镇攻克广昌，进攻紫荆关，直逼北京城。嘉靖年间，鞑靼部吉囊、掩答把都儿多次入大同、犯灵丘、攻广昌，明廷惴惴不安，于各大山口筑堡屯兵，被迫于万历初年续修内长城。

明朝除在北方长城沿线屯戍重兵外，另以亲王典兵，镇御重地。明成祖迁都北京以后，于明中期经营"九边"，以大同、宣府与蓟镇东西夹辅，拱卫京师。瓦剌、鞑靼入侵，可以由大同经过居庸关长驱直入，但是，由于居庸关一代山势较险，而且兵力部署较多，防卫较重，不易突破，于是从大同进入河北，再由飞狐口向东南逾太行山，迂回至北京的西南侧翼，成为瓦剌、鞑靼部落的进攻战略。北京作为都城，由这里入侵造成的威胁更显严峻。土木之变中，也先所率瓦剌军便是由大同盆地涌入，再沿桑干河谷东进，在土木堡击破明军主力，俘明英宗朱祁镇，然后挟明帝自飞狐口入紫荆关，围攻北京。因此，顾祖禹评价说："飞狐，盖山北诸州之禁喉也，紫荆倒马两关恃飞狐为外险，诚边陲重地矣。"

明代崇祯年间的督师、礼部尚书兼东阁大学士杨嗣昌曾亲历此路，并作《蜚狐口记略》一文，说："近蔚三十里名北口者，即飞狐口……山如两翼分张，皆向北，而色黑如古铁，形竖削如指掌。……北口间得沙石细路……而左右山忽卓地起，如千夫拔剑，露立星攒……如此三十里。"

明朝正德二年（1507），为镇守飞狐口，曾在黑石岭上筑堡。嘉靖十年（1531）又由御史刘源清在此筑城。万历元年（1573）又加筑瓮石围一百二十丈。明政府还曾移兴宁口巡检于飞狐口，称神能沟巡检。

清代一改明代戍边思路，认为长城无以阻挡关外铁骑，同时由于天下一统，北方部落威胁问题不复存在，北方恢复了平静，于是摒弃了修筑长城的做法，飞狐古道南北也不再是敌对的两个政治集团，尽管康熙四十六年（1707）设把总驻守飞狐口，道光十二年（1832）又改为千总，但是飞狐古道的军事作用明显削弱，逐渐成为商业交通要道，以前一直存在的民间商贸活动快速发展。《大清一统志》载："飞狐口在广昌县（今涞源县）北，其地两崖峭立，一线微通，迤逦蜿蜒，百有余里。……旧志：飞狐口在广昌县北二十里，山北诸州之襟喉也。今其地东走宣化，西趋大同，商贾毕集于此，紫荆、倒马两关恃飞狐为外险。"南方的丝绸、茶叶，京津的日用百货，中原的土布、棉花，草原的皮毛、肉奶等，在南来北往的客商、输送货物的骡队的穿针引线中，形成了络绎不绝的古代物流。

由于毗邻山西，随着晋商的崛起，从这条路北上南下的商人也开始多了起来。当时张家口作为中俄、中蒙贸易的重要口岸、北方商贸集散地，在国内的经济地位日益上升，由于贸易的需要，从蔚县到张家口的通道也由一条发展到三条，并且与飞狐道连接，成为南北通衢。因此，清代历史地理学家顾祖禹说："今其地东起宣府，西趋大同，商贾转输，毕集于此。"蒙古草原的驼帮南下江南、江南马帮北上都要经过这里，而且，西部商客由东往南下也要经过这里。当时，就北口一个小村，热闹时骡马店达致七十多家，东北角的骆驼厂有两三亩大的店院，每天都占得满满的。还有最大十家，中小也有四十多家的店铺。交易通宵达旦，因此戏曲也红火起来，唱戏的乐楼就有两座。各种庙宇有七八座。

飞狐古道在经济贸易中发挥了重要作用。①

第二节 近代以降飞狐古道的巨变

一、清代及民国时期

近代以来，纷乱频仍，飞狐古道的战略地位再次凸显。

据《保定地区公路史》记载，民国二十年（1931）报送计划共修治7条县路，民国二十三年（1934）已修涞源至蔚县、涞源至保定、涞源至易县、涞源至唐县、涞源至完县（今河北顺平县）等6条，因均系高山峻岭，施工困难，除涞蔚路尚较平坦可通汽车外，其他各路因系高山峻岭，通车不便，仅去高垫低，择要展宽。在1937年至今保定地区主要公路一览表中，涞源到蔚县公路里程58千米，其中保定境内46千米。②

"七七事变"后，张家口、保定落入日本人手中，日本人"交通统制一元化"的管理体制旨在通过控制铁路、公路匀速掠取煤、铁等经济资源，因此并未对包括飞狐古道在内的道路进行修缮。此时货运和行旅减少，道路年久失修，夏日山洪断路，冬日大雪封山，但是飞狐峪并未陷入沉寂。

1937年9月中旬，日军华北方面军兵分三路，其中一路向张家口、大同方向逼近。占领张家口的日军精锐部队第五师团所属第五旅团一部经飞狐峪翻越青草鞍进入涞源横山岭飞狐沟，出飞狐沟沿上庄、中庄一线南下。9月20日，驻广灵、蔚县的三千余名日军向飞狐道的北口进攻，由北向南沿飞狐峪推进翻越青草鞍进入横山岭飞狐沟，企图修通到涞源县城的公路。为粉碎敌人的进攻，八路军120师主力首先切断了广灵、蔚县通往涞源的交通线（公路已经修到横山岭飞狐沟顶部的大盘

---

① 以上内容的梳理参考了老友保定市文史专家张力云先生《历史上的飞狐古道》一文和涞源县文旅专家刘春阳先生《飞狐断想》的研究成果。

② 保定地区交通局史志编纂委员会. 保定地区公路运输史[M]. 石家庄：河北人民出版社，1992：87.

角，现仅存路基）。11月17日，蔚县县委、县政府获悉日军辎重一中队和驻蔚县县城的常冈、武信队日军准备向涞源日军运送武器和其他军用物资，将会路过飞狐峪。得知这一重要情报，八路军120师立即侦察地形，选准了山势险峻、山谷既窄且深的明铺村准备打伏击。经过日夜守候，夜晚终于等来了日军。部队战士通过数车灯确认了敌军汽车数量，等敌军全部进入伏击圈后就开始了这场战斗，共击毁日军汽车35辆，击毙敌寇400余人，其中敌军指挥官田原大队长剖腹自杀，活捉敌军翻译一名，缴获步枪180余支、大炮一门、机枪十一挺，以及大米、罐头等大量的军用物资。这次振奋人心的胜利迫使日军把通往涞源的公路改修到从蔚县九宫口翻越麻田岭经草沟堡、李家黄、上庄到涞源的古道上，即现在的207国道原址。

二、20世纪50—80年代

中华人民共和国成立后，飞狐古道仍是连接蔚县、涞源两县的重要通道，承担着冀中与冀西北、内地与草原的人员物资交往的重要功能，既是战略要隘，又是黄金通途，骡帮往返，骡铃声声，沟通了南北贸易，促进了物质交流，给涞源和蔚县也带来了商机与方便。但是此时的飞狐道由于战争期间为了配合战斗需求，修路、破路时有发生，道路状况极差。

不只飞狐古道，1950年之前，张家口、保定地区的一些山区甚至不具备通汽车的条件。为了加速公路运输，张家口和保定在深山区整修了大车道和驮道。1958年，为了跟上"大跃进"的形势，同时也为了改善与其他县的交通，保定市掀起了大搞交通建设的高潮。涞源县改建了涞源至蔚县的公路。这条公路的大部分路段是沿北同河河滩走，路基宽6.5米，施工困难路段路基宽4.5米。3月10日至4月初，在石家庄交通学校学生的配合下进行了测量，5月20日开工，8月10日竣工，发动民工1500人，用工17万工日，做土石方27.5万立方米，投资13.5万元。[①] 尽管如此，"春季路翻浆，冬季雪阻路，晴天扬尘土，雨

---

① 保定地区公路运输史编纂委员会. 保定地区公路运输史[M]. 石家庄：河北人民出版社，1992：201.

后路泥泞，路设拦车杠，经常断交通"的现象仍长期存在。

这种状况持续到 20 世纪 80 年代，此时期经济复苏，全国各地发展迅速，但冀西北交通困难，飞狐峪天险使得国家拨给的救济粮往往运不进去，常令人望峪兴叹。1985 年，"三山、一海、一坝"列入河北省委发展目标。张家口、保定地委与行署将之列入议事日程①，蔚县政协主席乔蕊山分任山区公路建设总指挥。工程于 1985 年 5 月 1 日开工，由于土石方用量大、地形复杂、沿线有荒山秃岭和茂密的灌木丛，有哑口、峭壁和蜿蜒的沙河。还有跨河多、满水路面长、受洪水冲刷威胁大、弯道多，地质情况复杂等施工难度，工程改变了原有路径，放弃黑石岭，改走马蹄梁，北口至马蹄梁全长 24 千米，沿路人烟稀少，河谷狭窄，工程于 1986 年 10 月 8 日完工。

三、1990 年至今

交通方式的变化及其导致的交通格局的转变为飞狐古道带来了改变。交通的可进入性很大程度上制约着地域经济的发展，改革开放以来我国各地普遍重视公路建设。经飞狐峪从涞源到蔚县的公路被改造为涞蔚路，延续了 20 世纪 80 年代的路线，避开了黑石岭，从伊家铺绕道马蹄梁至岔道村到飞狐峪。如今从金家井村到北口村，经行涞蔚线、312 县道、418 县道，只需 1 小时 20 分钟即可抵达。同时，从涞源绕行东部上庄、草沟堡穿山越岭到达蔚县的 207 国道、112 国道也分散了飞狐峪的交通压力。2008 年 7 月 1 日 112 国道通车，成为沟通京津、冀中平原与冀北地区的交通干线。

为飞狐古道带来更大冲击的是高速公路的建设。2012 年 12 月 22 日，张石高速全线通车，形成河北省西北部向中南部地区的高速通道，对缓解进京交通压力、促进区域交通运输快速发展、拉动区域经济发展具有重大意义。但与此同时，中华人民共和国成立以来一系列公路建设对古道路基多有损坏，在劈山炸洞、裁弯取直开凿隧道的过程中，古道路基及沿线景观受到破坏，古道风貌基本无存，而飞狐古道更是陷入沉寂，沿线村庄及驿站、店铺失去客源，很多村民赖以生存的副业难以为

---

① 周清溪. 飞狐峪的筑路使者[A] //蔚县文史资料选辑第 13 辑，75—78.

继,渐渐失去发展活力。

为飞狐古道带来新生机的是日益增长的旅游及休闲需求。随着经济的发展、人民生活水平的提高、休闲时间的增加、生活理念的改善以及对城市快节奏生活的反思,越来越多的人将视线投向户外,投向自然,投向历史和文明的来处。飞狐古道以俊美的山色、险峻的山势以及秀丽古朴的田园风光吸引着越来越多的人来此自驾、骑行、徒步。但是绝大多数情况下,游人只是将此条线路作为其他旅游活动的辅助或通道,只做短暂停留,因此对此条线路的了解并不深入,对当地经济贡献很小。

第三节 飞狐古道的价值

随着时间的推移,飞狐古道上那些金戈铁马、轮蹄辐辏渐渐远去,交通格局的变化和经济的飞速发展使这条古道被远远地甩在历史滚滚前进的车轮后面。正是因为这种隐去才更值得我们关注、发掘。古道的过往为此区域的美丽城乡建设、生态文明建设、实施乡村振兴战略、增强文化自信、深化旅游开发等提供了多样的可能性和宽广的前景。以飞狐古道为历史"经线",挖掘其历史文化价值及经济开发价值,把古道沿线及辐射地区的各种资源进行总体布局、充分论证、通盘谋篇、全境规划、有效保护、合理利用,进而开掘出古道的历史作用和当代价值的最大效用,对于古道线性文化遗产、传统村落乃至整个区域来说都具有深远的意义。

一、历史价值

飞狐古道既具有自然天成的奇异景观和匠心独具的人文资源,又蕴藏着丰厚的文化内涵和无数美妙的故事与传说,承载着厚重的历史文化气息。

飞狐古道进入史载时间较早,历史上的很多重大事件都与之相关,很大程度上影响了地域发展的走向和朝代的更迭。飞狐古道具有悠久的历史,不仅在《史记》《汉书》《水经注》《辽史》等古籍中均有记载,而且在文学作品中,飞狐作为边关的代名词也常常被提及,如陈子昂的

"雁山横代北，狐塞接云中"，苏东坡的"飞狐上党天下脊，半掩落日先黄昏"等，陆游的"何当凯还宴将士，三更雪压飞狐城"，刘因的"闻昔飞狐口，奇兵入捣虚"，李梦阳的"单于痛哭倒马关，羯奴半死飞狐道"，马中锡的"易水遗墟燕太子，飞狐故道李将军"等，直到现代的武侠小说、武侠游戏中，"飞狐"和"飞狐古道"也往往成为侠客义士出没的场景，说明飞狐古道自古就声名显赫。这条古道及其沿线村落从某些侧面反映了各个历史时期的政治、经济、军事、文化状况，是历史文化的重要载体，是当时历史的具体而真实的实物见证，蕴藏着人们千百年来的活动痕迹和执着的向往。对了解历史演变，朝代更迭，区域政治制度、政治思想、政治文化演变，辅证历史文献等具有极大的价值。

二、军事价值

飞狐古道承载了太多的文明与祥和，也经历了太多的硝烟与血泪，见证了太多的分裂与媾和，可以说它牵动着中原王朝和高原政权比较敏感的那根神经。战国时期，赵襄子兵占飞狐越过常山而夺取代国。楚汉之争中，刘邦抢据飞狐而战胜项羽。曹操北征乌桓时，沿拒马河控占飞狐而迫使敌军退出塞外。无论是远在春秋战国群雄并起的年代，还是楚汉相争、狼烟四起的岁月，抑或辽金大战、宋保北疆、忽必烈南下，甚至明、清王朝的建立，飞狐峪始终是战略要塞，蔚县也就成了南征北战的交会点。飞狐古道直接影响了蔚县和涞源县的形成和发展。就是到了抗日战争时期，八路军120师于1938年12月17日在飞狐峪的明铺村伏击日军，取得了明铺大捷，飞狐峪成为开辟西北山、东北山根据地的通道，也成为川下两岸向晋察冀边区运输物质的必由之路。解放战争时期，晋察冀军分区左翼三、四纵队于1948年3月下旬歼灭飞狐峪守敌，解放蔚县，由此打响了著名的平津战役。

三、商贸价值

飞狐峪这条千年古道，历史上不但是南北战争的要塞，还是华北平原和塞北大漠的重要驿道、商道。作为官方驿道，五里一墩（汛地）、十里一铺、五十里一驿站的建制十分齐全，张家铺、团圆堡、石片铺、伊家铺、黑石岭堡等都是驿道上的重要节点，这些也为商贸往来提供了方便，使飞狐口很早就成为关内关外通商的一条必经之路，堪称北方的重要商道。

北方民族由于对中原文明的向往，对茶马互市的要求十分强烈。《中国商业史》中说："番人嗜乳酪，不得茶则困以病，故唐宋以来，行以茶易马法。辽宋时期，边关常有战事，但通商互市常见于战和之间，当时两国于分界处设榷场，以为互市所，成为定例，其中代州、飞狐、白沟、霸州等是重要的贸易城市。"正是由于在飞狐古道的南北两侧有着这样既有高度文明又在文化面貌上迥然不同的两种文明，才在二者之间的崇山峻岭上经过代代化民的探索而开通了今天我们所说的飞狐古道。①

在战争的间歇期，特别是明清时期，南北客商和运输货物的骡帮成群结队，昼夜穿行于飞狐古道之间，络绎不绝。其主要运输工具是高脚骡驮，俗称骡帮。涞源的留家庄、蔚县的郑家庄、上苏庄、北口等村，出现了拥有百头骡子的骡帮大户。沿峪的大宁、岔道、明铺、北口开设的草料大店、留人小店、煎饼铺、饭铺、豆腐坊、医药铺、杂货铺等不少于八十余家。沿壶流河畔，在小五台山脚下，崛起了八大集镇，带来了蔚县商品生产大发展，经济大繁荣的局面。②

更重要的是，由于道路的延续性，飞狐古道不仅连接了涞源、蔚县两县的商贸，还联系了北部草原与中原的物流与贸易。出飞狐北口，蔚县以北，张家口是边防重镇，是口北三厅之一，是内蒙古与坝上草原通往京津和内地的交通要隘，也是皮毛等农牧产品集散转运的通商口岸，在商业贸易上占有特殊地位。北京和张家口的商人将运往蒙古的货物全部集中在库伦支店，经支店再转到乌里雅苏台、科布多等地方。同样，在蒙古地区的商人也把买来的物资集中在库伦，经库伦转运到张家口、北京等地。这条路线延续到北洋政府时期又经历了一段繁荣史。③再远则可以东去辽东、西去甘绥、北上大草原。飞狐古道向南与蒲阴陉相接，经涞源县城，越过插箭岭，走倒马关，沿唐河河谷到定州，作为中国古代曾经的丝织品中心、瓷器中心，定州到塞北的商贸意义不言而

---

① 王守刚. 飞狐古道的前世今生［A］//蔚县文史资料选辑第15辑，207.
② 田永翔. 飞狐古道的今昔［A］//蔚县文史资料第二辑，9.
③ 张家口地区公路运输史［M］. 石家庄：河北科学技术出版社，1989：69.

喻，也正因如此，奠定了飞狐古道作为河北的丝绸之路、茶马古道的重要地位。再远则可东下江浙，南到湘楚，西赴陕川，四通八达，成为北方要隘，誉称"扼晋冀咽喉，树燕赵屏藩"。

四、文化价值

（一）文化交流

飞狐古道连接了蔚县和涞源，内通京津和中原，外接蒙古大漠和西北高原，历史上是河北平原与北方边地间的交通要路和咽喉要隘，是中原通往塞北大漠的军事孔道和茶马古道，为著名的"太行八陉"之一。同时也连接了蒙古游牧民族与中原汉民族的文化交流。赵武灵王"胡服骑射"政策的成功实施，见证了中原文明借鉴草原文化获得的新生与发展。游牧民族通过这一条重要的商贸通道与中原地区交换生活所需，同时也接受了中原民族的部分生活习惯与文明。因此，这条古道是文明之道，是文化融合的见证，是匈奴、满、蒙古、契丹、汉等多民族演绎历史悲喜剧的大舞台，是文化荟萃之所，是研究文化融合与交流的宝藏，值得人们追思和体味。

（二）文化遗产

独特的地理位置、地理构造、地势地貌、气候等自然因素，悠久的历史、军事上的攻防争斗和商业上的贸易往来，给当地带来了文化的交流融合和城镇的崛起繁华，也造就了涞源、蔚县独特的人文内涵与习俗，造就了匠心独具的古堡、古寺、古民居等物质文化遗产，留下了剪纸、社火、秧歌、手工艺等一批珍贵的非物质文化遗产。历经几百年传承，其浓郁的乡土气息和独特的艺术品位仍不失当年的魅力，享誉海内外。

涞源、蔚县两县民间艺术异彩纷呈，剪纸、地毯、刺绣、泥塑、柳编、纸扎、青砂器等别有特色。蔚县剪纸与蔚县秧歌尤其具有代表性，在全国独树一帜。蔚县剪纸至今已有 200 年历史，是全国首批国家级非物质文化遗产，2009 年河北"蔚县剪纸"作为"中国剪纸"的一部分，与辽宁、浙江、山西等 14 个省区市的剪纸联合申报世界非物质文化遗产,成功入选联合国教科文组织非物质文化遗产名录,剪纸作品远销70多个国家和地区。目前有剪纸专业村28个,剪纸专业户1100余个,从业人员达2.8万人,年产量350多万套,创收5000多万元,成为重要的富民产业。

为了抵抗历史上连年不断的战争,此地为外御兵祸、内防盗匪形成了独特的建筑风格,这些古堡集城垣、民居、寺庙、戏楼于一体,承载着厚重的历史文化信息,是先民在艰苦的条件下,在顽强的生活实践中,用勤劳和智慧为后人留下的一笔宝贵的文化遗产。

五、旅游开发价值

飞狐、飞狐陉、飞狐口、飞狐关、飞狐峪、飞狐塞、飞狐道是在古代文献资料中经常出现的地理名词,亦是历代兵家必争的关隘、要道。飞狐之美在飞狐奇观。飞狐陉一带山势高达2000米,平均海拔高度1500～2500米,以山峰怪异、谷幽奇险著称。地形南北走向,神幻复杂,逶迤蜿蜒几十千米,最宽处达百米,最窄处不过十几米,异峰比势,鬼斧神工。在飞狐峪中行进,时而陡壁当空山穷水尽,时而峰回路转豁然开朗;时而层岭壁连怪石耸立,时而松生石上花开岩端。险中有奇,奇中有景,一步一形态,一地一景观。其中著名的景观有一线天、一炷香、二郎神眼、飞狐铁壁、宝马洞、朝天锥、蝴蝶谷、雾柳林、天桥宝镜、八仙洞、拴马桩、箭眼等。飞狐之美又美在旷古传奇、大量的人文景观以及围绕这些人文景观所流传的各种各样的神话故事。明崇祯朝大学士、兵部尚书杨嗣昌在《飞狐口记》中形容飞狐口的山势如"千夫拔剑,露立星攒",就像新开了刃的昆吾宝剑的剑锋,又像刚铸就的钢刀的刀身。清代吴是昌在《北口峪》里说,这里的山有似古铁割出来的峰岭,"疑神疑鬼为人力当不受",大有鬼斧神工的气派。杨六郎射石穿山、穆桂英登石点将等民间传说更为飞狐增添了魅力。飞狐古道本身便具有莫大的吸引力,每年吸引着众多驴友前来体验。飞狐古道的传统村落便是沿线散落的珍珠和节点,既可以为游客提供落脚休息的地方,又可以成为飞狐历史存续的见证,也是开展多种展示和经营的依托。

飞狐的旅游开发价值还在于其连接了涞源和蔚县两个河北北部重要的旅游县。蔚县自然风光秀美,游览胜地颇多,有古朴凝重的仰韶文化遗址、雄伟壮观的赵长城遗址、挺拔隽秀的南安寺塔、斗拱飞檐的玉皇阁、梵唱缭绕的重泰寺、林木葱郁的小五台山、百花争艳的空中草原等。涞源则有太行龙首白石山、最美长城乌龙沟、世界最古老的保存最完好的土木建筑阁院寺、秀美山川十瀑峡、拒马源、北方峨眉仙人峪等名胜，还有打树花、拜灯山、剪纸、秧歌等独具魅力的非物质文化遗产，以及独特的饮食、丧葬婚嫁、民间信仰习俗等，可谓京西北最具特色、最能反映河北历史和风俗的旅游目的地，对河北省的旅游开发及休闲业、户外旅游业均具有特殊的意义。

而当我们放眼张家口、保定乃至线路延伸出去的地域，飞狐古道的价值变得更加意味深长，它对于盘活华北北部旅游这盘棋具有关键作用。华北的旅游总体上除了北京依靠强势的政治中心、强大的交通优势以及深厚的历史文化内涵吸引了众多旅游者，在旅游市场抢占了一席之地外，大部分地区属于区域性、季节性旅游目的地，缺乏国际吸引力，也缺乏强大的市场吸引力和竞争力。笔者曾就飞狐开发采访刘春阳主任，他遗憾地提到冀西北在资源上不输湘西，但是为什么湘西能够在竞争如此激烈的旅游市场独分一杯羹，就在于湘西已经通过凤凰古城、芙蓉镇、张家界等景区，赶尸、巫蛊、土匪等湘西文化以及沈从文、黄永玉等名人将湘西旅游形象灌输到旅游者心目中，形成了神秘湘西、文化湘西、山水湘西的定式思维及市场认可度，而冀西北缺乏文化输出和文化形象的打造。

在飞狐古道，飞狐大峡谷从两千多米的高山中穿过，向南北延伸，放眼望去，以飞狐古道为轴心构建的小环线包括：周口店，世界文化遗产；野三坡，世界地质公园；清西陵，世界文化遗产；白石山，世界地质公园；蔚县古城，有世界级非遗；空中草原，高山草甸，北方稀有资源；大境门，世界文化遗产；黄帝城，中华三祖朝圣地，有世界影响；八达岭，世界文化遗产。大环线则可以加上五台山，世界文化遗产；从灵丘回来，浑源悬空寺，世界一绝；平遥古城，世界文化遗产；应县木塔，全国文物保护单位；云冈石窟，世界文化遗产。这一带聚集了这么多类型的世界文化遗产和世界级自然资源，如果能得到有效整合和打造，结合日趋完善的交通条件，完全可以构建世界级旅游目的地。

第三章　飞狐古道传统村落的前世今生

"村落是一个由各种形式的社会活动组成的群体，具有其特定的名称，是为人们所公认的事实上的社会单位。"① 中国传统村落是指2012年经住建部、文化部、国家文物局和财政部等四部门联合发起、调查和认定的村落。"传统"一词是指"历史上流传下来的社会习惯力量，存在于制度、思想、文化、道德各个领域。……对人们的社会行为有无形的控制作用"②，具有时间纵向和空间横向双重含义。纵向曰"传"，指时间上的历时性、延续性，指那些过去有的，现在仍然在起作用的东西，是一代一代传下来的活的东西；横向曰"统"，既指空间的拓展，也有权威性的含义。作为历史上延续下来的制度规范、道德风俗、宗教艺术乃至思维方式、行为方式等，传统一词着力强调思想文化的厚重性以及延续性这两种特性。对村落冠以传统一词也正是对村落文化与历史的厚重性与延续性的鲜明呈现。因此本章拟从时间维度对飞狐古道沿线传统村落的形成进行分析，就其现状进行考察。

第一节　飞狐古道沿线传统村落概览

飞狐古道沿线虽然历经战乱，但其重要的地理位置和战略地位让这条线路注定不会寂寞。一个个具有交通功能、集散功能、休憩功能、补给功能、守卫功能的节点和聚落散布在其沿线，而其中最重要的节点，便是散落在这条线路上的各个传统村落，有着悠久的历史传承和丰富的

---

① 费孝通. 江村经济———中国农民的生活 [M]. 北京：商务印书馆，2001：25.
② 辞海 [M]. 上海：上海辞书出版社，1989：242.

文化内涵，是认识飞狐古道、感受飞狐整体魅力必不可少的一部分。这些村落的形成既有自然条件因素的影响，也有战乱、经济等社会因素的影响，有历史记载的村庄最早的可追溯到唐代，现存村落大多属于明清古村落，它们既经历了战火的洗礼，又见识过商贸的繁华，各具特色。自古以来，这些村落见证了古道的刀光火影、繁华寂寞，兵家、商人、过客随着古道的命运一起沉浮。由于天灾人祸、人口流动等原因，历史上的村落时有兴废。随着张石高速的开通，这条古道渐渐人车稀少，这些村子便也被迅速遗忘、衰落，产业落后，村民纷纷选择离开，造成了严重的空心化。

如第一章所述，笔者在走访飞狐古道的过程中，发现飞狐古道狭义线路上的一些古村落由于拆迁并村、道路改线，风貌发生了很大的改变甚至不复存在，而辅道上的村落保存相对完好，亦具有很高的历史价值和内涵，因此基于完整性保护的目的，本章按照飞狐古道的东线和西线来整理。另外，虽然蔚县嗅水盆村不在飞狐古道线路上，但由于存在空中草原这一景点，使得嗅水盆村的作用和地位十分重要，也一并纳入。这些村落的分布情况如图3—1所示。

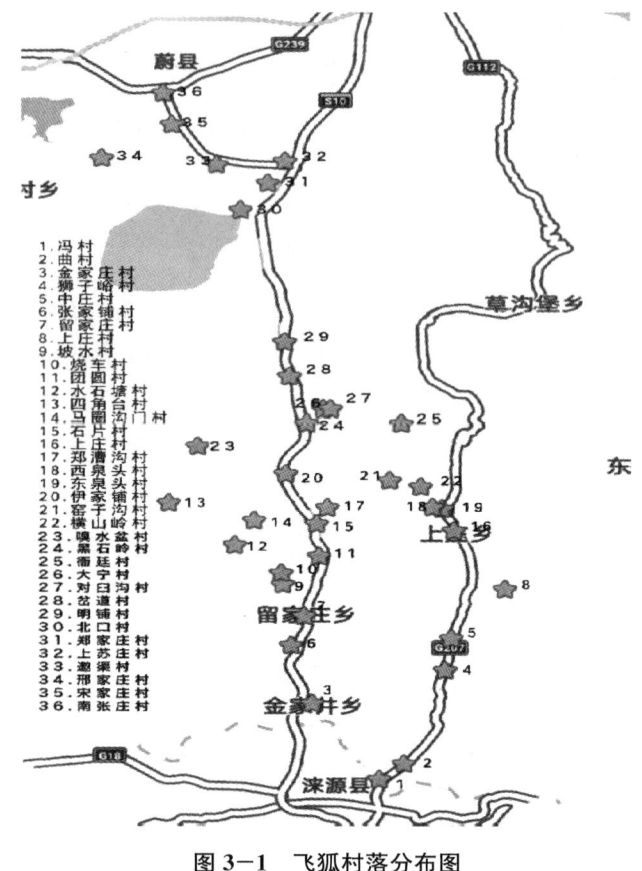

图 3-1 飞狐村落分布图

一、飞狐古道涞源段村庄概览

（一）西线村庄

1. 金家井村

从涞源县城走广泉路新涞蔚线先经过金家井村。金家井村是金家井乡驻地，建于宋代。原来人们以为是曾有姓金的人家在这里有一口井，近年经勘测才知道这里地下有金矿，历史上曾有采金的矿井。据一墓碑碑文"大辽蔚州飞狐县荆家井"记述，此村初名荆家井，明朝为大金井。后因缺水，村民惜水如金，故改名金家井。

在金家井村东南台地上、飞狐山与青龙山之间宽阔的河谷中，苍黄的土地上耸立着一个高大的烟墩，即烽火台，也叫烽燧、烽台、烽堠、墩台、狼烟台、亭燧等，指用烽火、烟气传递军情的一种建筑，是最早的军事防御设施。

金家井乡地势北高南低，北部为高山，南部为盆地。旅游资源有空中草原景区和牛栏朝阳洞、斜山大南沟等景点，其中空中草原景区游览面积达13平方千米。野生中草药有知母、黄芩、柴胡等。

2. 张家铺村

张家铺村位于乡人民政府驻地留家庄村南偏西2.5千米处，地处山谷。明永乐年间建村。张姓从河南安阳市彰德府小张村迁居至此，此地曾是飞狐古道上的驿铺之一，故名张家铺。[1]

3. 留家庄村

留家庄村位于县城北13.5千米处，建于宋代，原名长箭（亦称常建）村，村址位于现址以北500米处，因河水侵袭搬至现址。据光绪元年（1875）《广昌县志》记载，此地有宋朝刘皇后墓，故取名刘家庄。靖康之难中，周围村庄皆毁，而此庄独留，故更名为留家庄。

留家庄乡地势北高南低，海拔950～1839米。主要山峰有黄花梁、马蹄梁、老虎山、三摩尖等。有两条主沟，一条经四角台入灵丘，另一条经伊家铺去蔚县。主要特产有榛子、黄花、蘑菇、蕨菜等，后形成以农业为主导、畜牧业为补充的产业格局。

4. 团圆村

团圆村位于乡人民政府驻地留家庄村北偏东4.5千米处，地处山谷。宋代淳熙年间建村。传说朱、杨、墨三姓人逃荒到这长满树木的深山老峪，一看有山有水，是个好地方，就决定在这里生活，原名叫团业村，以示团结，清光绪元年（1875）改名团圆，曾是飞狐古道上的驿铺之一。

5. 石片村

石片村位于乡人民政府驻地留家庄村北偏东6.7千米处，地处深山。宋淳熙年间建村。因村西北山脚下片石很多，故名石片，曾是飞狐

---

[1] 河北省涞源县地名办公室. 涞源县地名资料汇编[Z]. 1985.

古道上的驿铺之一。

6. 烧车村

烧车村位于乡人民政府驻地留家庄村北偏西 3.4 千米处，地处山谷。宋天圣年间建村。该地曾为一柴场，一次火灾将柴草、鞍架、绳稍全部烧毁，当地人为吸取教训，取名为烧车（车即驼架之意）。

7. 坡水村

坡水村位于乡人民政府驻地留家庄村北偏西 2.5 千米处，唐代建村。相传该地曾有一柴场发生火灾，用水泼灭，故名泼水，后书写为坡水。

8. 四角台村

四角台村位于乡人民政府驻地留家庄村西北 11.3 千米处，元初建村，初名桥台。因聚落建在一块四方台上，后改名四角台。

9. 水石塘村

水石塘村位于乡人民政府驻地留家庄村西 6.5 千米处，宋建隆年间建村。因该地有个石塘向外流水，故名水石塘。

10. 马圈沟门村

马圈沟门村位于乡人民政府驻地留家庄村东北 7.3 千米处，清代建村，初名满井沟门。据传八国联军进北京时，在此圈放过马，后改为马圈沟门。

11. 郑漕沟村

郑漕沟村位于留家庄乡人民政府驻地留家庄村北偏东 8 千米处，清康熙年间建村。因地处两山间的河谷地带，得名正漕沟，后演变为郑漕沟。

12. 伊家铺村

伊家铺村位于乡人民政府驻地留家庄村北 10.5 千米处，明代建村，因最早为伊姓一户，又因曾是飞狐古道上的驿铺之一，故名伊家铺。[1]

---

[1] 河北省涞源县地名办公室. 涞源县地名资料汇编[Z]. 1985：7.

（二）东线村庄

由于伊家铺到黑石岭的道路非常艰难，因此历史上除了金家井—伊家铺—黑石岭—北口一线，进入飞狐峪通往蔚县的道路还有涞源县城向东经百泉路，取路今天的112国道，分别经过冯村、曲村、狮子峪村、中庄村、黄郊村、上庄村、窑子沟村、东泉头村、西泉头村、横山岭村、衙廷村汇入黑石岭进入蔚县。本书将其列为东线。

1. 冯村

冯村位于甲村乡，是距涞源县城东三里的一个小村庄，京（北京）原（山西省原平市）铁路线上涞源火车站所在地。明永乐年间建村，因当时冯姓居多，故取名冯村。有露骨崖传说。

2. 曲村

曲村位于乡人民政府驻地甲村西偏北1.5千米处，明永乐年间建村，因地形弯曲而得名曲村。有飞狐城传说。

3. 狮子峪村

狮子峪村地处涞源县北部，距县城12千米，明成化年间建村。因吴姓先居于此，取名吴家庄。后借村东山上一狮形石为名，改称狮子峪。

4. 中庄村

中庄村位于县城北15千米处，明永乐年间建村。因所处山谷中有上、中、下三庄，该庄居中，故名中庄，与白阳、东岭共三个自然村组成一个行政村。

5. 黄郊村

黄郊村位于县城东北方向25千米处，明正德年间建村。因此地原很荒凉，故初名荒郊，后于崇祯元年（1628）改名黄郊。

6. 上庄村

上庄村位于县城北偏东20.6千米处，明崇祯年间建村。白姓先居于此，因此处山谷依次有三个村庄，此庄位于上首，故名上庄。上庄小泉头村保存有百年不腐的李进道肉身。

7. 窑子沟村

窑子沟村位于乡人民政府驻地上庄村西北 5.5 千米处，清嘉庆年间建村。因四周是森林，有人在此挖窑烧炭为生，故得名窑子沟。

8. 东泉头村

东泉头村位于乡人民政府驻地上庄村西偏北 2 千米处，清天聪年间（1627—1636）建村，因位于泉水东，与西泉头村相对，故名东泉头。

9. 西泉头村

西泉头村位于县城西北方向 29 千米处，清天聪年间（1627—1636）建村。因该地西南半坡上有一水泉，取名大水泉。1938 年以泉水为界分成两个村，因此村位于泉水西，故名西泉头。

10. 横山岭村

横山岭村位于县城西北方向 32 千米处，距乡政府 3 千米，辖 7 个自然村，分别为庄伙台村、黄食堂村、黄崖根村、羊圈村、黑狐子沟门村、道辽沟村、龙盘沟村。

11. 衙廷村

衙廷村位于涞源县北部 50 千米处，清朝末年建村。但当地传说中"衙廷"二字是李世民 24 位开国功臣之一李世绩所取，就是衙门变朝廷的意思，也叫作牙庭，即口腔，有的地图标注为衙廷，有的地图标注为牙庭。

二、飞狐古道蔚县段村庄概况

1. 黑石岭村

黑石岭村位于岔道乡政府驻地南偏东 3.6 千米处，居恒山余脉黑石岭山梁上，属深山区。明正德二年（1507）建村于黑石岭山上。因此山上曾设把总，置教场，并建有驿站，故取村名黑石城，后更为黑石岭。清康熙五十九年（1720）蔚县地震，黑石岭城毁于一旦，此后清政府不再重修，黑石岭村遂渐渐衰落。

2. 嗅水盆村

嗅水盆村位于蔚县县城西南方向的南山区 38 千米、岔道乡政府驻地西南偏北 7.3 千米处，居恒山余脉西甸子山沟东南梁，属深山区，该村紧临蔚县空中草原景区，旅游业开发潜力巨大。

3. 大宁村

大宁村位于岔道乡政府驻地东南偏南 3 千米处，居恒山余脉南林子山脚下，四十里峪北坡，属深山区。清道光年间（1821—1850）建村。清康熙时发生地震，将黑石岭堡城墙震塌，不再设置把总衙门，因此将衙门下移至此，这里曾置教场，并建有驿站，供南来北往的官员休息，名曰待宁。建村后亦随冠村名为待宁，后讹传为大宁。

4. 对臼沟村

对臼沟村位于岔道乡政府驻地东南偏南 3.4 千米处，居恒山余脉北梁山脚下，属深山区。明末（1620—1643）建村于山沟中。因村内井旁曾有一捣面用的石钵，故取名对臼沟。

5. 岔道村

岔道村位于蔚县城南偏东 24.6 千米处的南部深山处，居恒山余脉八仙洞山东坡三岔路口，属深山区，北靠四十里峪，是蔚县和涞源县的交通要道口，明天顺、成化间（1459—1480）建村，由曹、徐、陈三户建村于三岔路口，故取名岔道。

6. 北口村

北口村位于蔚县城南 15 千米、宋庄镇政府驻地东南偏南 7.5 千米处的北口峪口处，因飞狐口位于飞狐峪北端出口处，得名"北口"。北口南连飞狐峪，北接蔚萝川，是历史上华北平原通往山西高原、蒙古大草原之要塞。据史料记载，北口在南宋末年至元朝初年（1237—1261）正式建村。2016 年 10 月被评定为第四批中国传统村落。

7. 明铺村

明铺村位于岔道村北偏西 2.6 千米太行山脉摆宴坨山脚下的西峪沟，属飞狐古道宽敞处，属深山区。地势南高北低。为沙土质。

据传，明万历年间（1573—1620），有两个姓田的人从南方逃荒到这里，以开饭店为生，取店名明铺。建村后，村名亦随之称明铺。

1938 年，八路军曾在此大败日军，获得大捷。明铺切断了敌人的交通要道，推迟了敌人南北联合进攻晋察冀的阴谋，对整个晋察冀边区的抗战和根据地的开辟、发展、巩固有重大意义。此地现立有《明铺伏击战战场遗址》纪念碑。

8. 上苏庄村[①]

上苏庄村位于蔚县宋庄镇东南 7 千米处的莲花山脚下，北距县城仅 10 千米，是蔚县历史上的八百庄堡之一，也是保存最完好的一座古堡。村民在建房或田间劳作时曾挖掘出石磨、灶台、盆碗、钱币等文物。据有关资料记载，北魏时期，上苏庄已是县境内一个人丁兴旺、生活富庶的村庄了，当时的村址位于该村西部的洼地处，称底村。随着时代的变迁和环境的变化，植被遭到破坏，山洪时有暴发，威胁着底村人的生命安全。明嘉靖二十二年（1543）中秋，苏姓人氏在村东高坡处选了新的村址建起庄堡，取名上苏庄。"上"与原来的"底"相对，取"上走"之意，即风水向上的意思；"苏"指苏姓人氏建的村庄，故名上苏庄。2016 年 10 月被评定为第四批中国传统村落，是电视剧《敌后武工队》《亮剑》《狼毒花》的拍摄地。

9. 邀渠村

邀渠村位于宋庄镇驻地东南偏南 3.9 千米处，属丘陵区。元末建村时取名邀渠里，因村中间原有一道水渠而得名，后简称为邀渠。邀渠村堡分为南、北二堡，北堡规模较小，两堡内各有南北向主街一条。北堡有三官庙一座，南堡有古戏楼一座，两堡中间有古井一口。2016 年 10 月被评定为第四批中国传统村落。

10. 郑家庄村

郑家庄村属宋庄镇辖区，位于飞狐峪北口的偏东方向，距县城 16 千米。据说始建于元代。开始叫"正家庄"，取意于村民"正直、正派、正气"之风范。正者，郑也，久而久之，习惯以姓氏命名村名的人们索性以"郑"姓为村名，便成了郑家庄。后来，为避洪水泛滥，清乾隆五十九年（1794）时，将原朝南的堡门改建为朝西，在堡门楼上嵌镶了"郑家庄"三个大字，此后便成为名正言顺的郑家庄堡了。不过虽然村

[①] 摘选自《张家口传统村落》《蔚州志》等。

名叫郑家庄，但是村堡里并没有姓郑的人家。2016年10月被评定为第四批中国传统村落。

11. 邢家庄村

邢家庄村位于县城西南部，地处南山脚下，距县城8.5千米，距宋庄镇4千米，村内地势为丘陵区，是蔚县历史上八百庄堡中农耕历史较长、成村建堡较早的一个古村堡。元朝中统年间（1260—1264）建村，2016年10月被评定为第四批中国传统村落。

12. 宋家庄村

宋家庄村是蔚县境内八百庄堡中最具古文化色彩的村堡，也是宋庄镇政府所在地。该村位于蔚县城南端的河川地带，东临南杨庄乡，南与保定的涞源接壤，西与下宫村乡毗邻，北距县城仅3千米。据传，元末明初（1354—1372）宋姓人家在此建村，故取名宋家庄。[①] 明朝以前，宋家庄的村址在现在的村堡东约1千米、县城至蔚涞旅游公路的路东处。旧村堡由宋姓人家始建，故名"宋家庄"。宋家庄堡始建于明洪武初年（1372），四墙高围，一门独出，街道和古民居群呈"主人"字型布局，村名仍然沿用了"宋家庄"的称谓。2016年10月被评定为第四批中国传统村落。

13. 南张庄村

南张庄村位于城关镇驻地南偏西2.4千米处，属平川区。地势平坦。为沙土质。

明初（1368）建村于蔚州城之南。因张姓占多数，故取名南张庄。民间剪纸艺人王老赏出生在该村。被誉为"中国剪纸第一村"。

---

① 蔚县地名资料汇编，1981.

第二节 飞狐传统村落的形成

一、传统村落形成的因素

村落作为我国乡土社区的单位,是我国传统文化的重要发祥地之一。传统村落以其久远的建村历史和丰厚的历史文化留存、极具中华文化的本源性和历史传承性,彰显了中华民族悠久的历史与精神特质。按照聚落地理学理论,自然地理因素(主要是地形和气候)、人文因素(包括历史、民族、人口、交通、产业)都会对聚落形态产生影响。在传统村落的历史生成中,天然地理和独特的自然资源优势奠定了村落生成的基础,文化资源优势凝固了村落生成的根基,特定历史空间的屯田聚落以及由血缘关系连接而成的宗族聚落等是我国传统村落独特的形成方式。我国传统村落的生成与变迁史既是丰富多样的中华文化不断厚积与传承的表现,也是中华文明不断发展的彰显与昭示。①

自然形成的农家聚落叫自然村,俗称"村落"或"村庄",是与城邑相对应的社会单位概念,源于龙山时代聚落分化中的普通聚落是一个连续发展的乡村基本聚居形态。② 这种聚居形态在秦汉时期主要称为"庐""丘""聚",以"村"来命名人们自由集聚而成的聚落始于东汉中后期。③ 而自魏晋南北朝隋唐逐渐形成以"村"称乡间聚落以来,乡间的大小聚居地通常都可称为"村落"或"村庄"。④

自然村落是人们定居的主要社区形态,也是文明的重要载体。由于天灾人祸、人口流动等原因,历史上的村落时有兴废,能持续者极少。因此村落体现了各个历史阶段的文化传承,也体现了乡村居民和居住习俗的具体情况。

---

① 曲凯音. 我国传统村落的历史生成[J]. 学术探索, 2017(1): 51-56.
② 马新, 齐涛. 汉唐村落形态略论[J]. 中国史研究, 2006(2): 85-100.
③ 刘再聪. 村的起源及"村"概念的泛化——立足于唐以前的考察[J]. 史学月刊, 2006(12): 5-12.
④ 王庆成. 晚清华北乡村: 历史与规模[J]. 历史研究, 2007(2): 78-87.

传统村落的历史成因往往还能从村名中体现出来。村名是代表聚落实体的一种语言符号，同时也蕴含着浓厚的历史文化和复杂的民俗传承，与居民、民居和居住民俗都有相当大的关系。在聚落的形成过程中，某姓最早落户，人口由少变多，聚族而居，为了区分与其他村庄的不同，往往以其姓氏为村庄命名。也有以奇闻轶事、历史传说、历史事件命名的，多与帝王将相、英雄名士、神奇故事有联系。此外物产、特殊职业、河流地势、方位数字、名胜古迹、交通设施、地方风物、吉祥嘉言、传闻轶事等因素或者综合这些因素为村庄取名也是村子形成的原因。

飞狐古村落的生成也是多种因素综合作用的结果，宋晓英等（2015）[①]曾用 GIS 方法、核密度估计法总结了蔚县古村落聚落演化的自然条件、军事历史条件、人口迁移和经济贸易发展四个方面的驱动因素。虽然其采用的资料很多都来自当地的文史资料，准确性存在一定的偏差，但基本能够解释飞狐古村落的成因。

二、自然因素

人文地理学较早地将聚落成因与地理环境联系在一起，20 世纪 40 年代，德国地理学家科尔在《人类居住与交通及地形的关系》中着重研究了地理交通和地形环境对聚落分布的影响。村落中所有的房屋、房屋的布置方式，以及其他与社团生活相关的建筑物的性质和处理方式都可以直观地反映人类对生态环境的适应，同时也是自然环境和生态因素对人类行为的影响。[②]

地理、自然资源优势是奠定村落生成的重要基础。

涞源、蔚县处于太行山、燕山、恒山山脉围成的山间盆地，有山就有水，正是受到河水的切割和冲积才形成了峡谷陉道、断陷盆地和小块平原。这样的地理环境既适于在山间盆地和小平原地区种植农作物，同时也可以在山地丘陵地带从事畜牧业。因此飞狐古道沿线很早就自发产生了农业聚落。如团圆村是宋代三姓人家逃荒至此因有山有水而落脚于

[①] 宋晓英，李仁杰，傅学庆，等. 基于 GIS 的蔚县乡村聚落空间格局演化与驱动机制分析 [J]. 人文地理，2015，30（3）：79-84.

[②] 王巍. 聚落形态研究与文明探源 [J]. 郑州大学学报（哲学社会科学版），2003（3）：9-13.

此渐渐发展起来的，坡水村、留家庄村、石片村、四角台村、水石塘村、郑漕沟村、曲村、上庄村、东西泉头村、北口村、上苏庄村、邀渠村、宋家庄村等皆有自然地理条件适宜人类居住而形成聚落的因素。

三、戍边军屯

我国历代政府素有采用招募兵士、无地农民、谪戍罪徒等到边境或宽乡（即人少地多的乡）进行屯垦戍边、开荒植地的做法，这样既能为军队提供补给，又可以让农民发展生产，安居乐业。历史上的屯田聚落主要有三种形式，即军屯聚落、民屯聚落和商屯聚落。自汉代以来，我国历史上较大的屯田有千次以上，其中军屯667次，民屯337次，商屯150次。但是从村落的形成来看，军屯和民屯对特定空间村落的形成起到了一定的作用。①

军屯制在我国最早可追溯到汉文帝时期的西域屯田。东汉时期曾把屯田立为国策，在今辽宁，内蒙古，冀、晋、陕三省东北和青海河西走廊以及新疆等地建立屯垦区。②此后有三国时期曹操在许下屯田，两晋、南北朝、隋、唐等都沿边界兴屯。元朝时屯垦兴盛，军屯遍布全国。至明朝，以戍边、防控加强王朝统治为主要目的的军屯成为特定的村落聚居形态，军屯被作为强兵富国的一项重要措施，确立了戍兵屯田制，卫所遍设全国，至此形成了较前代更为完备的军屯制度。明朝时期的军屯"东自辽东，北抵宣、大，西至甘肃，南尽滇、蜀……在兴屯矣"③。

在中国乃至世界范围内，北纬三十八度线与四十二度线之间是农耕民族与游牧民族长期进行拉锯战的区域。涞源、蔚县恰好处于这个地带之间。这里四周群山环抱，水草丰美，冬无严寒，夏无酷暑，实为屯田驻军理想之地。战国、先秦、两汉以来，历代在此广设关隘，派驻重兵把守。这里东有紫荆关，西有马头关、平型关、雁门关，北有飞狐陉，南有倒马关，明代长城在这里横亘绵延，彰显着这里是兵家必争之地的

---

① 曲凯音. 我国传统村落的历史生成 [J]. 学术探索，2017 (1)：51—56.
② 沈益民. 中国人口迁移 [M]. 北京：中国统计出版社，1992：101.
③ 许立坤. 明代移民政策及其对边疆民族地区的影响 [J]. 广西民族学院学报（哲学社会科学版），1998 (5)：19—21.

重要地位。

飞狐连接了蔚县和涞源，也连接了高原民族与中原民族、草原文化与平原文化。在飞狐口及飞狐古道沿线驻兵把守乃是必然。无论是驻守烽火台还是驻守长城，抑或是把守要道出入口，均要设有屯戍的兵丁和军队，为军队军需提供补给及生活保障，军人在此成家的也不在少数，即使军队撤离，这些军人的家人及后代仍留守在此，由此形成了聚落。巨大的烽燧、堡垒，独特的民俗、传说，见证着这里曾是边关重地、军事重地的过往。如黑石岭村因曾设把总，军屯于此而建成聚落，后把总衙署移到大宁而形成大宁村。

四、人口迁徙与民屯

早期村落的形成主要取决于自然条件，此外因开荒屯田、开发资源、方便劳动及躲避兵乱、远离灾害等而形成的人口迁移也是村落形成的重要因素。随着人口的增加和土地承载力的限制，人们的生产和生活受到影响，不得不另寻新址，分户析村，于是就形成了新的聚落。蔚县上苏庄村、邢家庄村、乜门子村、明铺村，涞源的张家铺村、团圆村等即为此例。

此外，在飞狐古村落中，明代民屯政策导致的人口迁移占了重要比例。我国的民屯制可以追溯到汉代。民屯即由于战乱、自然灾害、经济和政治形势等多重原因，封建统治者有目的地组织民间劳动力，以开垦耕种为主要目的进行的迁徙。到明朝初年，受连年战乱和自然灾害影响，有些地区人口稀少，为此明政府进行了大规模的移民。由于农民在迁入地一般集中居住在某一地区，因此形成了我国历史上数目众多的民屯村落，对初元村落的形成具有一定的影响。

涞源移民以洪武、永乐朝为多。涞源是明朝北方边境，是明朝国都的外围，边防前线，广袤大地人烟稀少，"有可耕之田，而无耕田之民"，十分荒凉，因此自然成为明初移民的重点地区。此外，涞源移民与靖康之难有直接关系。在靖康之难后，各地官民对燕王朱棣进行了顽强的抵抗。由于各地人民的奋力抵抗，朱棣的军队连受挫折，引起他的极大愤怒，于是每攻一地便屠其城，赤其地，惨无人道地屠杀老百姓。当时涞源战乱严重，村民非死即逃，如北石佛乡张家峪村在那次战乱中仅存一户人家；下北头村当时叫上北头，大部分村民在战乱被杀，幸存下来的人迁至村头，才留下下北头村。战后的涞源村落十村九空。据县地名办提供的资料，留家庄乡留家庄村等村在那次战乱中经历了全村逃亡或被杀的劫难后，山西移民重新建立了村子。

据《明史》《明实录》以及大量的家谱、碑文记载，涞源的移民大部分来自洪洞县，许多家谱、碑文直接言明迁自洪洞。明初从山西洪洞等地迁出的移民多选择地势平坦、土地肥沃的地方建村。涞源盆地自然成为安置移民的好地方，明朝时共建村126个，大部分移民分布在今天县城周边地带，其中有明文记载的永乐年间山西移民建村就有47个。据载留家庄便因靖康之难，周围村庄尽毁此庄独留而得名。

五、驿传系统的结果

驿站是古代驿传制度的主要组成部分。作为官府设置的陆路服务机构，驿站的主要职能是传递官方文书、递送国家物资、招待过往官员及公差，供给其食宿、车辆、人轿及马匹、饲料等，并兼管道路维修。驿站机构不仅接送往来官员，也为平民百姓提供行旅食宿。官吏调迁、商旅往来等都可以在驿站停留。驿站在一定程度上创造了人员、物资的聚集，为聚落的产生创造了条件，因此驿站制度从一个侧面反映了道路交通建设的发展情况，也是促使村庄聚落形成的因素和条件。

飞狐古道上的一些村落即由明代驿站演化而来。明代在延袤万里的长城防线设立了多条驿道和众多驿站，可以说是星罗棋布、纵横交织。这些驿道和驿站串缀在长城千百座雄关险隘之间，构成了使明王朝朝廷与边塞之间血脉畅通的驿传系统。

明代的驿站下设有铺、亭、台等，有的还有递运所。驿城规模与屯兵的堡城相似，城为四方形，有与驿路平行的两个门。每条驿站线上都设有供递送公文的人员或往来官员暂住、换马以及保障军事物资运送安全等的驿路城、递运所和驿站（也称铺站）。急递铺专职向朝廷递送公文，大致每十里一铺，设铺司一人，管理铺事。要路每铺编铺兵十人，僻路编五人。每铺备有一个十二时日晷以验时刻，此外还备有其他物品，其目的是将驿、铺、递分离而又相连，以减轻相互干扰。这些驿站对于沟通中央与地方、地方与地方之间的信息起到了非常重要的作用。

此外，由于当时民间商道和铺路在某些路段重合，一些驿铺也是商业来往和货物的集散地，在这些交通要道的沿线也逐渐孕育了各具特点的聚落类型。张家铺、伊家铺就是当年飞狐古道的古急递铺。

涞源是交通枢纽，五道并出，即向北经飞狐关到蔚县，向西经石门关到灵丘，向东经子庄关到易县，向东南经五阮关到蒲阴（今保定、顺平之间），向西南经倒马关到定州，五道所通都是边塞要地。清代，随着涞源军事地位的变化，清政府对驿传系统进行裁拨，雍正十三年（1735）改驿为递，红火一时的涞源长城驿站才渐渐衰落。

六、贸易往来的结果

驿递系统在长城九边地区设置的主要目的是服务军政，但在客观上也促进了长城内外文化的传播交流、物资的交换和经济的发展。长城内的汉族与长城外的少数民族（主要是蒙古族和女真族）与内地进行贸易，输入当地缺乏的茶叶、布帛、铁器和耕牛，中原地区则输入所需的牛、羊、貂皮和人参等。这些商品的输出输入都离不开畅通的驿递系统，驿道为贸易交换提供了方便。无论是直接利用驿递系统进行贸易，还是使用驿递提供的交通工具或人力负载商品货物，都会影响驿递系统的正常运行，违背了明朝统治者设置驿递只是为了军政服务的目的，受到明朝政府的严厉禁止，然而，严厉的惩罚仍然阻挡不住物资的交换和流通，驿道沿线的商贸禁而不止。及至明中后期，手工业产品日益增多，大量产品需要广阔的市场。但是，交通要道税卡林立，行走一日，纳税多达五六次，商业运输昂贵。而利用驿递系统运输商品，进行贸易，降低了运输成本，对商品流通有促进作用。

飞狐古道沿途有许多村庄是由于贸易形成的，尤其处在飞狐峪两头的村庄，这些痕迹至今仍相当明显。古道北面可以东去辽东，西去甘绥，北上太原，越过沙漠大碛，直达蒙古和贝加尔湖，南面可以东下江浙，南去中州湘楚，西赴陕川，蔚县和涞源无疑处于这条延伸线路的枢纽地位，再加上蔚县很早以前就是州府之地，而涞源又是铸币重地，矿产富足，物产丰富，交通位置十分重要。和平时期，飞狐古道就是一条沟通南北货物的民间商道，崇山峻岭，道路崎岖难行，加之路途遥远，由集镇出发后天黑之前很难到达下一个集镇，往来其间的商贾以及托运货物的马匹首先需要解决的便是食宿问题,因此客商一般会选取沿线地势较平坦,连接东西且有水源的地方休整、停留,久而久之,这些地方便形成了一些供民间商贾在途中歇脚打尖的车马店。随着时间的推移,车马店逐渐汇集演变成村落,涞源方面的留家庄、团圆、伊家铺以及蔚县方面的郑家庄、上苏庄北口、宋各庄就是这些村庄的代表。这些村许多人家养有骡子,从事赶脚的行当,一般五头算一帮,拥有一帮已很不简单,有的村子甚至出现了拥有上百头骡子的骡帮大户。团圆村残破的堡门上镶嵌的两块汉玉匾额仍可见证当年的辉煌,匾额正面书"通天衢",背面书"携辰",为清乾隆三十七年(1772)重建,落款为"团圆村士民商贾公企",一座门楼标示了城堡和时通商、战时拱卫的鲜明特征。

第三节　飞狐传统村落的现状

笔者多年前曾多次走过飞狐古道,感叹于大自然的鬼斧神工,但没有关注过其间的村落。为了深入了解飞狐古道沿线的资源和现状,了解古村与古道之间的关系,笔者在 2017 年 8 月、2018 年 1 月及 2018 年 6 月至 7 月间,以涞源县城为驻地多次多日走访飞狐古道,通过对当地乡镇部门的工作人员、村支书、村民、游客、旅游开发部门、文物文史部门的深度访谈以及参与观察,了解飞狐古村的情况,形成了几万字的田野调查笔记,获得了一些认识。

一、萧瑟冷寂的荒野古道

张石高速的通车让飞狐古道失去了交通优势,被滚滚车轮甩在后面的古道变得寂寞孤独,尤其在寒冷的冬季。2018 年 1 月 9 日,天气晴好,笔者驱车前去体悟冬日的飞狐。

风很大,气象局发布了偏北风 7—8 级蓝色大风预警,听着窗外嘶吼的风声,望着窗外萧瑟的草木,"北风卷地白草折""三更雪压飞狐城"等诗句涌入脑海,便再也坐不住。飞狐古道,兵家必争,而苦寒地区的苦寒天气给诗人们留下了深刻的印象,因此,仅有夏日的飞狐之行是不够的,"三九"时节的飞狐绝对不能缺席,于是毅然驱车向着涞源出发。老母亲担心我一人出行不安全,执意同行,想想仓促间也无法叫上同事或研究生,为了让她放心,也为了让她了解我所钟爱的地方,就带她一同前往吧!

在这苦寒而孤寂的日子里,飞狐村落显得更加落寞。从张石高速涞源北驶出高速,跟着导航来到第一个村子金家井村,村口空无一人,有点茫然地顺着村路进去,道路有些坑洼,两旁的村房不太统一,有太行山区常见的石头垒砌的房子,也有新修的砖房,错落无序地分布在道路两旁,向外延展出去,可见这里曾经是个大村,人口似乎不少。

在一个庙前终于看到几个老人家或蹲或坐在新砌的水泥台上,他们穿着厚厚的棉袄,戴着厚厚的帽子,吸着烟闲聊着,几个老汉在打牌。下了车前去打问,才知道这是村里的观音庙,眼见得红漆发出油亮的光,显见是刚刚修葺一新。随口问起村里的历史,他们都说不太清,说村里年轻人都进城了,读书人少,不太了解,但是他们都提到我可以去看看老戏台子,这也是我第一次感受到戏台在村民心目中的重要地位。也许是因为苦于没有其他消遣,听戏看戏已经融入了他们的生活,成为生活的一部分,也许是因为外面来的人常常寻访这些老建筑和老房子,他们已经知道如何熟练地将这些人指引到他们感兴趣的地方去。

老戏台在村里显得比较特殊,虽然看起来有点残破,但是磨砖对缝的青砖规矩而齐整,高大的山墙和巍峨的屋顶在一众民房中显得很有些气象。戏台梁栋上依稀还可见油漆彩画,内侧的白墙上还可见壁画,砖雕依旧精致,可以想见往昔出将入相的热闹繁华。

再往村里走,满是垃圾和土堆,前面一处房子吸引了我,很多车停在门前,还有几辆外地车,原来是有人家里老了人(有人去世),一时的忙乱景象让村子不再那么死气沉沉,却增添了几分难言的冷寂。

转了一圈,没见到几个人,一时间找不到什么有价值的线索,于是开车出村,重新上了古道。此时的古道更加苍茫,茫茫大地,见不到几个人影和车辆,回头望去,远处田野上添了一座新坟,一队乡民披麻戴孝刚刚离去,坟上插着的鲜艳的红色绿色的纸幡在狂风中飘摇。

接下来的几个村子仍是没有什么人。留家庄村显得热闹些,依稀有点像我多年前经过的样子。团圆村被蓝色围板拦了起来,不知道要做什么用途。在伊家铺村跟着导航竟然没找到村子的入口，于是就开始了上山的攀升。

过了伊家铺村就开始翻越黑石岭，这里是最高最陡的一段路。寒风裹着砂石敲在车窗、车身上嘎啦作响，狂风阵阵把车子撼地一晃一晃的。一些路段有大块石头吹落，散在路中央，前几日的残雪仍随处可见，阵风吹过，随风而起。当地百姓说飞狐峪中冬季十分寒冷，下雪的时候加上大风会形成白毛风，夜晚者不能出峪必死无疑，心下十分恐惧。一些朝阳的路段雪还未化，显见气温寒冷、车辆稀少。爬坡倒还好些，匀速慢慢爬行，不过担心落石和路滑。山谷时窄时宽，道路逶迤回转。路两边群山苍黄莽莽，白雪斑斑，又有一座山横亘在眼前，好像老虎张开口等你进去探险。来到黑石岭的高处，黄花梁风电场巨大的风力发电叶片快速转动着，下坡的路更加惊险，30千米的时速稍踩刹车就会一路打滑，难以控制方向，好在一路车辆极少，只听得轮下刹车不住地碾过积雪发出咯吱咯吱的声音。心里有些后悔自己的莽撞，专门挑这样一个天气出门，真担心此行如果出事，恐怕有来无回了。侧眼偷瞧老母亲的神色，怕惊吓到她老人家，却见她十分笃定，一面惊叹着大自然的造化，一面忙不迭地用手机拍着照，心里稍安，实际上后来她才告诉我她内心的惊惧，真怕一辆车、两个人就被这么恶劣的天气和路况抛在路上，要知道有的路段是没有手机信号的，但内心又坚信我们不会如此倒霉，一定能走出去。

古往今来，这条通道连接河北与山西高原、蒙古大草原，曾历经无数次大军过峪、战马嘶鸣、英雄折戟、美人垂泪……一路行一路险一路叹，金戈铁马的古代，士兵们要穿着厚重的铁甲，守候、跋涉在这寂寞苦寒的雄险之地，即使通商的商队也要赶着骡马克服恶劣的天气和山路，在艰难里讨生活，何其苦哉！抬头见张石高速高高架起，穿山而过，省去了蜿蜒逶迤和跋山涉水，也避开了多少艰难凶险。

到了岔道村，终于进入平缓的谷底，心情渐渐放松下来。午后时分，村口的饭铺和商店大门紧闭，毕竟冬天来这里的人车极少，因此这些店铺冬天就不做生意了。导航上看到大名鼎鼎的黑石岭村离这里不远，刚放下的心不免又开始莽撞起来，一心想去探访一下传说中的黑石岭村。

岔道村果然在岔道上，一边指向飞狐峪，一边通往黑石岭村。拐上岔道，沿着张石高速高架桥下的石子路，一路颠簸，荒无人烟的前路让人很是担心。硬着头皮往里开，见到一个牧羊人赶着几只羊行色匆匆，心里稍安。但是再往里走就不免害怕起来，这边积雪未化，雪深处可没脚踝，再往远处似乎竟没有了像样的路，满是乱石子和垃圾，就在这狭窄的路上又走了三四千米，见到房屋密集起来，有几户人家的烟囱冒出一缕缕烟火，才让人感觉这里还有人居住。一个大姐裹得严严实实地出来倒垃圾，向她打听去黑石岭村的路，她说这村叫大宁，黑石岭村离这不远但很难走，她很奇怪为什么会有人在这种天气到黑石岭去，那上面已经没有几户人家了。

考虑到车况和天气状况，我决定还是稳妥一些为好。调转车头，拐回省道，渐渐进入飞狐峪。

飞狐古道最险峻的地段在飞狐峪，典型的北方山脉特征，粗犷、冷峻、坚韧，野性十足，让人看了生畏、震撼。两壁山峰幽奇，如剑如戟。狭路盘旋蜿蜒，山谷幽深。快出谷口时一个老汉穿着大棉袄戴着大棉帽迎面徒步而来，真有点担心他一个人在寒风中踽踽独行，这里往来车辆罕见，出了问题无法施救。

到北口村就基本上结束了飞狐古道的艰险之旅。北口因位于古道北端而得名。这是一个大村子，还未来得及细细打望，一大群羊便迎面而来堵住了去路，羊从车旁咩咩而过。心里有了几分欣喜，这可是冬日荒村里的生动景观，赶紧拿起相机狂拍一气。

时候不早，已是下午三四点钟，没有再去其他村庄，直接奔往蔚县县城，吃了一顿当地特色的莜面卷和黄糕，当地人说"三十里的莜面四十里的糕，二十里的饸饹饿断腰"，这下应该不会再饿了吧。

二、人去屋空的驿外古村

因为没有找到相关的知情人，无法获得有价值的信息，2018年1月的走访并不算成功，颇没有章法。于是6月间，经过保定民建市委领导联络涞源县组织部，联系到留家庄乡的乡长和蔚县飞狐空中草原的负责人，笔者和他们于6月23日、24日一起到飞狐古道考察。考察期间，大家对飞狐古道都很有兴趣，认为今后将大有可为。同时，笔者通过走访涞源县旅发委主任刘春阳，通过保定市政协联系到涞源政协文史委的高树英主任，又通过朋友联系到蔚县宋庄镇的领导以及文史旅游办公室的主任陈建军，为以后的调查奠定了基础。而在这些日子的调查中，了解到与"三空"问题相伴相生的贫困正在吞噬着飞狐村落。

（一）"三空"问题的概念

"三空"问题是对农村空心化、空壳化和空白化问题的简称，指农村地区人口流失，房屋、土地空置（空心村），发展党员没有后备力量，党组织不健全（空白村），村集体没有任何收入（空壳村）等问题。在城镇化、新型工业化、信息化、农业现代化进程下，"三空"问题深刻地影响着农村的自然生态和人文生态，也在间接地影响着城乡结构，埋下了一定的社会隐患，引发了一些社会问题，如何看待并正确处理十分重要。

（二）飞狐"三空"问题的表现

如很多乡村一样，飞狐村落也在快速城镇化的过程中受到"三空"问题的影响。在对这些村落的走访中，笔者发现这些村庄老龄化情况非常严重，在另一项针对"三空"问题与乡村脱贫的课题调研中，笔者了解到的《留家庄乡2017年基本情况统计表》也用数据验证了这个问题。

留家庄乡乡域139.7平方千米，其中耕地12716亩、荒山146785亩、林地93120亩。全乡辖12个行政村（含两个自然村），有10个贫困村，两个非贫困村，为省级深度贫困村。截止到2017年年底，全乡总人口2682户，7460人，建档立卡贫困人口760户、1519人（一般贫困户351户，799人，占比52.6%，低保贫困户323户，601人，占比39.5%，五保贫困户86户，119人，占比7.9%），贫困发生率20.36%，脱贫攻坚任务十分艰巨。留家庄贫困村共有1389户4315人，劳动力总数2580人（男劳动力1440人，占比55.81%，女劳动力1140人，占比44.12%）。村民文化水平较低，接受高中及以上教育人口只占1.47%，绝大多数的村民理解能力较差，有的村民甚至不识字。

随着城镇化的发展，很多有劳动能力的青壮年涌入城市打工，留家庄乡开始出现不同程度的空心化。伊家铺村空心化问题最为严重，总人口305人，劳动力180人，现在村里剩余10余人，剩余人口不足总人口的3%。团圆村空心化程度相对较轻，村里总人口1020人，劳动力

700人，现在村里剩余300余人，剩余人口仍不足总人口的1/4。村里剩余劳动力严重不足是留家庄乡生产建设的主要障碍，因缺乏劳动力致贫占比高达10%。一些村落大量劳动力流失，甚至由原来的"386170部队"现象（妇孺老留守人员）变为只剩老弱病残人员，妇女和儿童也移往外地或城市，农村失去生机，一片凋敝。

（三）"三空"问题带来的后果

"三空"问题带来的影响不只是墙倒屋塌。除了人口流失造成的空心化、失去有劳动能力的发展主体、土地资源抛荒无法得到整合利用之外，伴生的还有空白化、空壳化。农村大量青壮年劳动力大批外出，留守人员多为鳏寡孤独，在飞狐村落农村党组织中存在一定程度的"七个党员八颗牙"现象，同时农村发展党员工作也面临后继无人、党员工作无人可选、无人可育的问题，村组织发展落后，农村社区治理水平不高，村民自治进入低水平重复，民主监督和民主管理难以执行，村民难以合作，各种合作组织成长缓慢。

"三空"问题带来的后果较为严重。第一，造成农村土地资源严重浪费，城乡差距进一步扩大。一些村庄在村外新批宅基地，新建民房，使农民居住地分散，村落分布面积过大，村庄外延线拉得过长，增加了农村水、电、路、通信等基础设施统一建设的难度。第二，青壮年流失使劳动力严重不足，建设新农村，缺乏新农民已成为普遍现象。空落的街道、四处可见的垃圾、坍塌的院墙里倾颓的房屋、遍地的瓦砾石块、透风的窗棂、荒蛮的野草，使村子显得荒废无力，十分冷寂，失去了生机。第三，治理难度大。农民守土观念强，视宅基地为祖业，不愿轻易放弃，尤其是人数较多的村整体搬迁难度很大；进城农民由于没有保障，也不愿意轻易放弃宅基地；农民收入低，无力承担搬迁新居的经济负担；地方财政捉襟见肘，村集体积累有限，无法拿出较多的建设资金。第四，党组织、自治组织缺乏后备力量，村中现存人口没有能力或没有热情参与组织建设，导致村民整体话语权偏弱，外来开发公司处于绝对优势，极易导致村民进一步损失赖以生存的生计资本和资源，脱贫又返贫。而村集体更是捉襟见肘，依靠上级扶贫款和专项拨款维持，失去了发展的资本，也缺乏发展的方向。尽管一些地方采取了"合作社＋

农民+公司""政府+市场+社会+社区+农户"的方式,仍然无法有效调动社区参与的内生动力。

(四)"三空"问题出现的原因

乡村青壮年流失、农业生产者缺失、土地和房屋闲置、经济发展乏力、基层自治虚置、乡土文化变质、基础设施和公共服务匮乏、留守群体压力过大、生态环境恶化、治安隐患增多等问题在飞狐村落都有不同程度的反映,涉及人口、空间、经济、政治、文化、社会、生态、法治等内容。导致飞狐村落"三空"问题出现的原因有很多,大致可以从天、人两方面分析。可以说乡村人口逃离乡村是城市吸引性拉力、农村排斥性推力共同作用下农民向往美好生活的理性选择。

首先,工业化、城镇化导致了生活、教育、医疗水平等城乡差异,使得人口向城市转移。在城乡收入差距不断扩大、农业产值过低的背景下,农民选择进城务工,一开始是青壮男性劳动力进城,把妻儿留在家里,演变到后来携带妻儿进城,有一部分则是孩子留守在老家,目前连孩子也一起带到城内,农村人口老龄化严重。此外,村庄布局散乱、人居环境落后也让农民开始羡慕城市生活的便利和繁华。现在的村庄布局很多处于自发、零散和无序的状态,形不成居住规模,村庄布局规划、基础设施规划、生态环境规划等无从谈起。人口向城镇聚集,村庄人去屋空。

其次,规模办学、撤点并校带来的求学危机使得农村人口向教育便利地区和教育地区转移。1986年《中华人民共和国义务教育法》颁布后,我国进行了第一次较大规模的农村中小学布局调整,各级地方政府以农村初、高中为重点,撤并了一批规模过小的学校,2001年《国务院关于基础教育与发展的决定》将调整农村义务教育学校布局列为一项重要工作,并指出应"因地制宜调整农村义务教育学校布局。按照小学就近入学、初中相对集中、优化教育资源配置的原则,合理规划和调整学校布局。农村小学和教学点要在方便学生就近入学的前提下适当合并,在交通不便的地区仍需保留必要的教学点,防止因布局调整造成学生辍学"。第二次农村中小学布局调整工作在全国范围内广泛开展。2002年和2003年,国务院和财政部分别下达了《关于完善农村义务教育管理体制的通知》和《中小学布局调整专项资金管理办法》，进一步推动了农村中小学布局调整工作。但是缺乏因地制宜的调整政策，没有充分考虑当地的人口密度、地理交通、农民经济负担等实际情况，也忽略了许多中心学校在财政、教育、师资及配套设施等方面根本无法满足大规模集中办学的需求的事实，其结果便是农村小学生上学路程遥远、困难，且存在严重的安全隐患，农村子女不得不选择寄宿在学校，从而产生教育费用骤增、卫生隐患堪忧、中心学校教师工作繁重、教育质量难以有效保证等种种问题。在衡量农村求学和城市求学的种种利弊之后，农民选择了用脚投票的方式，离开乡土。

此外，由于地处偏僻、海拔高、气候寒冷、无霜期短、水资源缺乏、土地贫瘠等自然条件的限制，再加上信息不顺畅，缺少创业带头人以及先进理念，缺少主导产业，农民以传统种植业、养殖业为主，"靠天吃饭"现象普遍存在，只能维持自给自足的温饱型农业，来源单一，收入微薄，封山禁牧、矿区停产等政策因素更限制了农民的生计来源，大量农民选择外出务工。涞源人自己笑称，涞源县27.5万人口，现在有一半人住在县城。

整村搬迁的做法也是促成古村旧村空心的原因。如在涞源留家庄乡、伊家铺村、黑石沟村、四角台村、石片村、衙廷村、郑漕沟村等村落都已整村搬迁或在拆迁之列。搬迁之后的村庄空置房屋很多，由于一些村民搬迁之后离土地太远或者已经找到了其他更为稳定的谋生方式，主动放弃土地耕种，土地撂荒情况也很常见。

三、脱贫背景下的拯救还是毁灭

（一）飞狐村落面临艰巨的扶贫脱贫任务[①]

反贫困是古今中外治国理政的一件大事。中华人民共和国成立以

[①] 就在本书写作期间，2020年2月29日，河北省人民政府发布通知，经河北省扶贫开发和脱贫工作领导小组同意，围场满族蒙古族自治县、丰宁满族自治县、隆化县、康保县、沽源县、张北县、尚义县、阳原县、赤城县、怀安县、蔚县、阜平县、涞源县等13个县和涿鹿县赵家蓬区，经县级申请、市级初审、省级验收检查评估、社会公示等程序，均达到了贫困县退出标准，符合贫困县退出条件，经省扶贫开发和脱贫工作领导小组同意，现批准退出。标志着河北省贫困县全部"摘帽"，从此告别区域性整体贫困。

来，消除贫困、改善民生、逐步实现共同富裕一直是我国政府的重大使命。

涞源、蔚县地处太行山区，既是革命老区，又是国家扶贫开发工作三合一（国家新十年扶贫开发、太行山—燕山连片特困地区、全省环首都扶贫攻坚示范区）重点县，具有"两高、一低、一差、三重"等深度贫困的特点。"两高"即贫困人口占比高、贫困发生率高。"一低"即人均可支配收入低。"一差"即基础设施和住房差。深度贫困县的贫困村中，村内道路、入户路、危房需要维修和重建。"三重"即低保五保贫困人口脱贫任务重、因病致贫返贫人口脱贫任务重、贫困老人脱贫任务重。[①] 飞狐村落更是因为地处两县交界处、生态环境脆弱、自然灾害频发、贫困户文化水平低、土地贫瘠、生产条件落后、产业薄弱、贫困户可参与性低、病发率高、医疗条件有限等，而贫困情况较为严重。截至2020年，已采取过以工代赈、财政扶贫、温饱工程、移民搬迁、智力扶贫、对口帮扶、产业扶贫等模式，但脱贫任务仍很艰巨。

（二）脱贫工作对传统村落的影响

易地扶贫搬迁是国家为尽快解决贫困地区贫困群众的温饱、实现脱贫致富奔小康而采取的扶贫举措和开展大扶贫的一个重要内容，指的是将生活在缺乏生存条件地区的贫困人口搬迁安置到具有生存条件的地区，并通过改善安置区群众的生产生活条件、调整经济结构和拓展增收渠道，帮助搬迁群众发展生产，尽快摆脱贫困，进而实现致富奔小康。2012年，国家发改委正式将河北省列入全国易地扶贫搬迁试点工程实施范围。

2015年召开的中共中央扶贫开发工作会议制定了"五个一批"战略，即"发展生产脱贫一批、易地搬迁脱贫一批、生态补偿脱贫一批、发展教育脱贫一批、社会保障兜底一批"。涞源、蔚县两地由于空心村情况较为严重，针对一些自然条件恶劣、生产生活条件较差、基础设施和公共服务设施难以全面覆盖的空心村，两县实施了大规模整体搬迁，将劳动人口聚集到生产、生活、生态条件较好的区域，促进土地节约集

---

① 孙轶，范露. 涞源县贫困状况分析报告 [J]. 统计与管理，2018（2）：45—47.

约利用，基础设施、公共设施统建共享。但是在这一过程中也出现了很多问题。

2015年夏，笔者曾取道飞狐，那时候虽然张石高速已全线开通，飞狐古道已逐渐沉寂，但仍可见村民、过客，驿铺、宅院仍可见生机。2018年1月，笔者在狂风凛冽中路过团圆村，那时村子已被蓝色围挡遮住，等待拆迁。2018年6月再次到访时，却已不见团圆村，这一宋代始建的古村已被夷为平地。那些记录在资料、史籍中的牌匾、阁洞、城堡、庙宇、古井已成为一片废墟，只有远处几户还未迁走的农屋。站在废墟上环顾四周，让人痛心疾首。

据村书记马TQ说，这个以前有一千多人口的大村，如今只剩下三四百人，团圆村是此次整体搬迁的集中地，目前除了两家坚持不搬的农户，老旧房都已拆平。拆迁补偿标准是要么要房，要么拿钱。要钱的话每人补助3.5万元，要房的话每人补25平方米，每户超过四口人100平方米以上的住两层小楼，不够的住平房。有的村民早就在县城安了家，除了本村的人，今后石片村、伊家铺村等也要搬迁到这里集中居住。

马书记说去年（2017）12月就拆了村子，给每家4000元安置费，说很快就会建好，等建好后再迁回。村民们或者选择投亲靠友，或者选择去别的村子租房。有些村民虽然在县城安了家，仍愿意保留村里的房子。据说会沿街布置二层小楼，再向里走布置平房。如果出于古村落风貌的考虑，难道不应该沿街布置平房或者院落，里面再建二层楼吗？马书记对此没有作出解释，他说这要看HXXF怎么定。

除了整体拆迁，在美丽乡村建设的总体要求下，在农民提升居住环境的内在需求下，很多古村进行了整体面貌提升建设。在留家庄村，笔者见到施工队伍正在施工中。在经过查访登记之后，施工队伍对一些用泥巴和石块糊起来的透风漏雨的危房进行修整，屋主暂时搬到其他地方居住；对重要建筑物，如庙宇、戏台进行修葺整理；沿街房屋外立面刷成土黄色，抹平，框以青灰色，勾出砖缝，中间是白色矩形方框，以便在框内写字、画画。提升方案遵循了修旧如旧的原则，在功能和安全性方面有了很大的提升，基本满足了农民的生活需求，但是站在历史文化风貌保护的角度来说，总体感觉起来却过于整齐划一，而且各个村庄都是一个风貌，失去了特色。

  涞源县的易地搬迁工作由 HXXF 公司负责。HXXF 第一期出资 2 亿元、第二期出资 1.5 亿元对口帮扶涞源县整县脱贫。按照首期帮扶计划，HXXF 将利用 3 年时间，对涞源县 188 个村庄的贫困户实施安置房建设、危旧房屋改造提升，面积达 100 万平方米。3 月 31 日，由国务院扶贫办社会扶贫司、中国社会责任百人论坛联合主办的首届"中国企业精准扶贫优秀案例（2018）发布会"召开，HXXF"涞源一家亲，扶贫显真情"案例入选《中国企业精准扶贫 50 佳案例（2018）》，一同入选的还包括华润集团、中国移动、三星中国、京东集团等企业的精准扶贫案例。① 笔者在涞源调研期间，发现涞源县易地搬迁及村庄面貌提升工作在紧张进行中，但正如在留家庄村看到的那样，村庄基础设施和公共服务设施得到了提升，但各村风貌的高度一致性也让其失去了识别度。这恐怕也是所有大规模集中治理工程不可避免的一个问题吧。先不要说在这场脱贫攻坚"大战役"中，尤其是"易地搬迁脱贫一批"是否"搬得走、留得住、能制富、真脱贫"，易地搬迁后留下的古村落如何处置、其建筑地理嵌入性及传统文化如何保护传承和发扬等问题令人心有余虑。

  烧车、坡水等村也在整体面貌提升计划中。那一日午后到坡水村调研，远远看到乌云携着白色的雨带由北向南从山谷中一溜烟地袭来，我们几个人赶紧找地方避雨。坡水的村门保持得比较完好，门里是一个龙王庙，庙对面的戏楼也比较完好。就在龙王庙屋檐下，背着风的地方，我们和村主任派来的会计进行了简单的交谈。雨越下越大，几个村民疾跑上来热络地打着招呼，一条狗也过来趴下躲雨。雨顺着屋檐瓦当滴下一条条水线，终于将屋檐下一只正在努力织补网子的大蜘蛛冲跑。很快雨点便狂打在屋顶和田间，村里的路坡度很大，雨水从两条街汇集成一股迅速从阁洞奔流而下，黄泥汤卷着草根和些许垃圾匆匆滚过。再看看同在屋檐下避雨的村里的会计、一条土狗和几个村的村貌，复杂的心绪浮上心头，不知道这些古村将何去何从。他们说涞源县旅发委的副主任

---

  ① http://sh.qihoo.com/pc/990f0655d803b7d16?cota=3&sign=360_57c3bbd1&refer_scene=so_1.

便是这个村子的,但是他也无能为力,在政策的大势所趋下,谁也无法抵抗。也许这些人的心里也有不舍,但是恐怕他们也在盼望着能借此改变居住环境和生活条件,即便村子改变了容貌,失去了特色。

　　蔚县、涞源是河北省19个环京津休闲旅游产业带重点县,飞狐村落地处河北、山西两省交界,太行山、恒山、燕山三山在这里交汇,自然风貌优美奇特,因地处偏远、条件恶劣、交通不畅、经济落后,较少受到外界的干扰,保留了鲜明有趣的地域文化和传统文化形式,歌舞、民风民俗、民族器乐、民间技艺、村落建筑风格等极具特色。但随着社会的不断发展,当地人民生活贫困,资源枯竭,这些古村落和民族传统文化的传承也面临着前所未有的挑战。如果因善意的脱贫致富、改善生活而致使传统文化受到割裂,没有暂缓或回还的机会,实在过于可惜。尤其对飞狐村落来说,旅游开发具有很大的市场潜力,但是如果因为要完成脱贫指标、做面子工程而简单粗暴地将易地搬迁后的古村落一拆了之或复制粉饰,无疑是破坏了其已经留存不多的生计资本,失去了今后产业发展的条件。因此将保护传统村落的责任义务纳入乡村规划建设管理条例,建立监测监管系统,实施警示和退出机制,坚决制止大拆大建和传统村落易地搬迁便显得尤为重要。

四、困顿坚守中滋生的希望

(一)懵懂中唤醒的自觉

　　笔者在对各村的走访中常常遇到缺乏知情人的问题。一是因为有知识、有文化、有能力的人口外迁到城市,剩下的人口中老弱病残居多,了解情况的人不多;二是因为这些村落大多不注重村史的整理,对文化处于不自觉状态。

　　为了方便我们到村中调查,留家庄乡乡长特意安排了张家铺村支书张HQ做联络人并一路陪同,他对各村情况比较了解,也熟悉各村支书。即使这样,在走访中仍然碰到很多无从下手的状况,而且张HQ本人也十分年轻,30岁左右,对村中的很多情况并不了解,这就为调查带来了一点难度。

　　在金家井村,在张HQ的带领下联系到村支书范YQ之后,我们仔细勘察了村子的布局、现存的古建，但是对涉及村历史和文化的部分就不甚了解了。听庙门口抽烟打牌（冬天也在此聚集了几个老汉）的人介绍，具体情况可能只有本村郭石岭老人了解一些，因为在他们心中，村里只有他一个文化人，但他早已不在此居住。打听到郭老曾经做过涞源一中的校长，笔者又通过涞源县文教局几经周折才打听到他的电话和在县城的住址，走访才得以进行下去。

别的村子情况也大多如此，一些村民对我们这些外来的人打问他们的村史轶事很感兴趣，但是实在不能提供什么有价值的线索。在后面的走访中，张 HQ 还带上了村里与他同龄的王 LX，是他的小伙伴，也是村里所剩不多的年轻人之一。他对我们的走访很热心，搜肠刮肚地想着他认为可以作为旅游资源的对象，绘声绘色但又有所夸张地描绘村里求雨的场面。当听说我们想看看村里的老照片时，又赶紧带我们到亲戚家翻找老照片。在他以及村中那些热心的老乡身上，可以看得出山村人渴望与外界的交流，渴望看到山村的改变。

有意思的是，山村人也在这样的与外界接触中有所觉醒。在张家铺采访张 HQ 一个亲戚的时候，老人家拿出了家谱，这也是张 HQ 第一次见到这个简单的家谱。不同于那些纵排线装、毛笔登录的家谱，这是一张画有祖庙、祭台、供品、牌位的轴装裱纸，用毛笔简单登录了四代人，即使这样张 HQ 都已经有点分不清家族的分支了。老人还发现了一些错误，趴在地上用黑色水笔改正，这也引起张 HQ 的极大兴趣，拿出手机来给家谱拍了照。

（二）驻村帮扶干部的努力

在"三空"问题普遍、村人文化水平较低的情况下，驻村扶贫工作组在村子的扶贫及后续发展中起到了重要的作用。在留家庄村的采访过程中，笔者接触了来自河北钢铁集团的扶贫工作组董 YS 等人，除了立档建卡等扶贫工作，他们还注意留心留家庄的发展潜力及产业调查。董 YS 详细研究并总结梳理了留家庄村的自然资源、历史文化资源，他介绍说工作组来了之后，因为考虑到这里光照充足、温差较大，就帮村里做了一个 40 亩的苹果采摘园，但现在还没有接待设施，只限于采摘活动；原来村里只种植玉米，亩产 1200 斤，每斤 1 块钱，效益不好，为了改善种植结构,工作组支持村里种了256亩"张杂五号"小米,每亩产量在700斤左右,每斤可卖到五块多,还为其注册了"源北金穗"商标,计划投放到高碑店新发地市场销售;拟引进天津的宝迪养猪扶贫项目,由公司提供饲料和猪崽,计划建可养1000多头猪的自动化猪舍,只需两人即可操作,五个半月可出栏,毛收入40万元,村集体留一部分,贫困户分一部分。此外还计划用国家扶贫基金引进定兴玖星养鸡项目,建5个鸡舍,一个鸡舍28000只鸡,一只售价2元,42天出栏,一年可以养6批,毛收入170万~180万元。太行山区光伏发电扶贫方式较为常见,村里提供山坡地由外面企业铺设光伏,纳入电网,1度电售价1.03元,华夏幸福集团在涞源投入33.7亿元扶贫;还筹划了木耳产业,但连片土地不好找,因此木耳产业不乐观。

对于旅游产业扶贫,他们也和省旅游局接洽过,但没有什么实质性的结果。董YS对历史文化颇为感兴趣,他注意到村门楼永和门上面的文昌阁有块碑,碑文已不甚清晰,他把碑文拓下来,整理如下:

重修文昌阁碑记

尝谓道统之兴丧系乎天心文风之盛衰由于教养而吾□文昌帝君位列三台文光射与北斗笔□?青云斯文借乎灵佑且能悯人之急救人之难狪软休哉功何伟与然神既有莫大之功而人岂无报□?答之意本邑文昌阁一座位镇离宫诚为村中之保障久□有年矣自庚寅年间荫雨连绵大我崩塌□?栋宇摧残往来者莫不目睹而心伤居是村者岂可听其废坠乎于是合村公议重为补茸费用之□?悉出于会中土木之兴仍因乎旧制数月之间诸工尽起虽曰人力实由于神灵之默佑功成告竣矣□?予为文予本庸陋焉为文不过略记其事以垂于后耳

儒学邑庠生徐呈瑞薰沐撰文并书丹

大清光绪十七年十一月榖旦

碑上还显示为了筹集重修资金,村里曾变卖村产,还记载了集资人的姓名,不只留家庄村,烧车村、坡水村、人泉头西村、张家铺村等上下邻村的村民也参与了捐款。工匠姓名、写碑文的人、刻碑人的姓名也都一一记录。

出于对历史文化的兴趣及保护责任,2019年秋季,河北钢铁集团出资,将破烂不堪严重影响行人安全的永和门修缮一新。

扶贫工作组为三空村注入了外部智力支援,当然这也依赖于工作组的工作能力和个人知识储备。但总的来说,空心化笼罩着飞狐古村,带来了巨大的负面影响和阻碍。

(三) 文化人的情怀

外力还来自文化人的认识和情怀。在蔚县段落调查过程中,由于有了宋庄镇文旅办公室陈主任的带领和介绍,很多问题迎刃而解。说起宋庄镇各村情况及蔚县古村由来,陈主任如数家珍。他拿出了几本宋庄镇、蔚县传统古村的书,还有大量各村景观、历史的图片和电子版文字说明。惊诧之余,他说在他的努力搜集、整理下,宋庄镇的十个老村子全部申请并列入了全国传统村落,其中上苏庄2012年第一批入选,宋家庄村、邢家庄村、郑家庄村、王良庄村、大固城村、吕家庄村、邀渠村、大探口村、北口村等村落2016年第四批入选。这与蔚县整体申请环境和氛围分不开,据统计,蔚县5批次共有40个村落入选,可谓传统村落大县。当然这与陈主任精细的工作和不懈的努力密不可分。他说他以前做过企业,还办过药材基地,因为工作需要,又来到镇里从事文史资料的搜集整理。因为对工作的兴趣和热爱,又由于精湛的摄影技术和扎实的文字功底,他硬是将看起来已经残破不堪的村子的材料整理地扎扎实实通过了评审,功不可没。

(四) 山村人的淳朴和坚守

同样给人带来希望的还有山村人的淳朴和坚守。伊家铺这个昔日热闹的驿铺村落是出入黑石岭的重要节点,曾经是络绎不绝商道上的繁华之所,如今空心化最为严重,村内大多数村民在2010年以前就通过涞源县整村推进扶贫开发规划搬到了离县城2.5千米远的新村,村里仅剩十几人。新修的省道改道后高出了村子,开车的时候很容易不经意间错过。我们通过张HQ联系到了伊家铺的杨书记。由于村里没有什么生计,也没有什么村民,又由于子女的教育和就业问题,和许多村民一样,杨书记也选择了到县城居住、谋生,接到我的电话后他提早从县城来到村里等候,也顺便来看看他即将开办的养鹅场。

第三章 飞狐古道传统村落的前世今生

杨书记人看起来敦厚淳朴，他简单介绍了伊家铺村的情况，为我们指点了从伊家铺村到黑石岭的翻山老路，看我们对黑石岭很感兴趣，主动提出来带我们去走一走。考虑到我们的车底盘低，他主动提出用他的普桑带我们上山。

普桑飞快地沿山路盘旋而上，一路崇山峻岭，大开大合，风景甚是优美，令人心旷神怡，路过黄花梁风电基地，越过山岭，又盘旋而下到达岔道村。岔道村的路仍然坑洼不平，但接下来的路更加破碎颠簸，过了大宁村似乎没有了路，就连杨书记也迟疑着不太确定应该走哪条小路。终于试探着走上了一条泥泞坑洼、破碎颠簸的路，满是石子，到处是水坑，狭窄弯曲，人迹罕至，让人怀疑汽车能否爬上去，又怕万一这老爷车在路上抛锚，眼看着山雨欲来，黑云翻滚，我们又四顾无援，岂不是要陷在这里。但是杨书记很坚定，一路换着挡紧把着方向盘，轰着油门一往直前，直到看到远处有牧羊人挥着羊鞭赶着羊群，我们才放下心来。而眼前的美景也让人忘了一路的艰险。这里海拔1600余米，站在梁头上可以看出北侧山势较平缓，汽车能够开上来，而南侧是一条急速下降的大深沟，沟东侧就是原来的古道，偏坡而上，路面上还铺着古时的块石。风吹散了乌云，绿草萋萋，白云悠悠，白羊成群，天空碧蓝如洗，远处的风车悠悠转着，好一派山地风光。

杨书记也很享受这一路的风景，从不多的话语间可以感受到他对这里的眷恋，他也很高兴我们对这里的欣赏，感到很自豪。与很多我们见过的四五十岁的山里人不同，他没有腻烦我们的"好奇心"，也没有推脱说我们这儿什么都没有，而是一任我们赞叹，憨憨地笑着，给我们介绍一些当地的情况。

黑石岭位于太行山、恒山两山交汇处，距蔚县、涞源均为70里，是飞狐陉南北两条大沟峪的分水岭，是飞狐古道的最高点，《两镇三关志》中这样记载："宣大通中原有二门，居庸关当其后，紫荆关置其前；走居庸关者必经鸡鸣山，走紫荆者必经黑石岭。"也就是说，守住黑石岭就等于守住了飞狐陉这条长达140里的南北大通道。这里地势十分险要，而位置也过于偏僻，如果没有杨书记带领，真想不到会有一条上山的路，也绝不会想到这条坑坑洼洼的路能将车开上来，而山上竟然还有村庄！村堡里依旧是没有人烟的感觉，要不是杨书记凭着记忆找到村支书的家,支书家的狗受到惊扰狂吠起来,我们不敢相信在这村里还有人居住。支书说村里只有四五个人了,有时会有放羊人临时上来住一下,说话间带我们去找黑石岭衙门的旧址。

黑石岭堡建于明正德三年(1508),嘉靖十年(1531)御史刘源又上疏请筑建,万历年间(1573—1620)又用片石甃筑,成为守备城堡。《大清一统志》载黑石岭"石黑色,势绝险,明嘉靖中始筑城戍守",又载黑石岭堡"在蔚州东南黑石岭上,接广昌县界,明正德三年筑堡,周二百四十步,本朝设把总驻此"。历史上的黑石岭堡堡墙高8米,墙厚6米,堡墙上共开有三个门,东门、西门、南门,在东、南二门上建有门楼两座,过关之人多由东门进、南门出,或反之行走。城堡不开北门是因为北面地势开阔,而建堡的主要原因就是为了防御北方的敌人。城堡南临深壑,南门外的壑口处架有吊桥,大有"一夫当关,万夫莫开"之势。因此堡位于黑石岭下,故得名黑石岭堡,又因城堡和堡内的建筑材质多为石块,因此又叫石头堡。康熙五十九年(1720)发生的一次地震导致黑石岭城堡毁塌,雍正末年,知县王育源曾上表朝廷,请求重建黑石岭城堡及把总衙署,却并未得到批准,而是将衙署改到了大宁村,如今的黑石岭堡,庙宇、衙署、堡墙早就坍塌荒废,仅北墙及东西两侧残留部分土墙,高约3米,南部已看不出轮廓。从卫星图上看,依稀是个半圆形或梯形的城堡。几十年前,村里还有百八十人居住,多是当年守关人的后代,因年代久远,爷爷的爷爷的事到了他们这一代只剩下了传说,那传说既有自豪,也有伤感。由于此地偏僻,路途艰险,气候严寒,交通不便,再加上黑石岭严重缺水,村里人吃水要从古堡西北方向将近一里远的一水窖内挑来,而干旱时节水窖的水也不够吃,他们不得不到下边的大宁村去买水吃。到了近几年,村里人就纷纷下山,村子几乎废弃。

时间已不早,告别支书下山,回望时支书依旧蹲在残垣上吸着烟,夕阳中如剪影一般,瑟瑟的风吹过,冷寂寒凉。

杨书记似乎真的懂我们的心情,又开车带我们去走黄花梁,指点间可以想见他对家乡的热爱与钟情,他还与我们相约天气好的时候去走石门峪,说那才叫真的好看。对旅游者心情的理解、对家乡的热爱与了解就是最好的开始。

(五)游子的乡愁

机缘巧合,住在涞源的那几天,笔者在朋友圈看到闪保利老师发了一条消息,说在金家井乡岳家庄村参观了一个先农俗文化博物馆。恰好正困扰于村里没有积极性,或拆或搬,大家对自己生活的环境没有了解,似乎也并不珍惜,偶然看见这样一条消息,感到很好奇,究竟是什么样的人热衷于做这样的事,把我好几年前的想法付诸实施了呢?于是赶紧联系了一下闪老先生,要到号码就找人家去了。

到县城接上主人,见面后才知道主人张英武先生原来是河北软件学院的教授,生于斯长于斯,高中毕业后离开家乡,退休后一直惦念着家乡和老宅,终于在2016年决心回来重修重建,为家乡做点事情,也让自己的乡愁有点寄托。一路上张教授还为我指点了离家1千米的两口老井,原来岳家庄村一直缺水,清乾隆年间村里人到离这1千米的王家井村买了一块地挖井取水吃,他家祖上曾主导买水井的事宜,因此在村上颇得人心。20世纪80年代村里打了机井,这两口老井便废弃了,井还在,却覆上了石板和树枝,据说井沿的绳痕深深,见证了取水的艰辛和两村的友谊。

岳家庄村是个古村,张家便是明代大移民时从山西迁移而来的。村里的古戏楼还在,戏楼对面重建的老爷庙却显得狭促简陋。一些村民坐在戏楼前拉家常,张教授说戏楼下面原来是可以走人的,后来路垫高了就显不出戏楼的高大了……

一路的走走停停和讲解介绍,足见张教授对家乡的感情。为了重修老宅,张教授颇费心思,历时两年之久,花费15万元,重新整治了门楣,修缮了墙屋,新刷了外墙,将屋内布置成他小时候的样子,还亲手制作了窗花和吊灯,盘了火炕,搜集了各种老物件,放在自己动手做的展柜里,有的还特意制作了解说牌,张教授还为此次重修特意刻碑说明。他本想将前后院子一同买下,但邻居虽不住也不转让,只好因陋就简,因此院子显得有些狭促。

说到今后博物馆的去处,张教授还是有点遗憾,他邀请了县旅游局的工作人员来考察,却因不成规模且比较孤立而不能得到重视。诚然,在偏僻的小山村,以一己之力修缮起来的小型私人博物馆没有概念炒作，交通不便，又没有其他景点和吸引物，也没有业态支撑，谈何发展。他将钥匙给了居住在房后的侄儿，以便有人来参观而他不在的时候由侄儿负责开门并解说，但是他也说，他的举动很多村民并不理解，周围的很多村子都在谈拆迁，因为扶贫，政府希望他们能整体搬迁到集中居住点，这个村子本来也在搬迁范围之内，只是村民们不愿意搬到那么远的地方，种地要来回跑那么远，50平方米的补偿让他们那么多农具放在哪？牲口养在哪？加上他的力争，这个村子终于还是没有搬迁。但是村民们对他的这种做法还是不理解，人都进城了，还要这老房子干什么呢？又不在这儿住，图什么呢！但是，正是张老先生的这一份游子的乡愁，给乡村带来了不一样的希望和生机。

（六）新"上山下乡"人的热忱

城镇化带来了乡村人口向城市的转移，但是也促生了逆城镇化的潮流。为了追求新的生活方式、为了回归田园、为了寻找新的投资热点，一些城镇人口开始向乡村流动，从而带来了新的城乡关系，形成新的乡村景观、新的社会形态、新的经济模式等。这些人被叫作新的"上山下乡"（相对于20世纪50年代中期到70年代末的上山下乡而言）人口。

在石片村的采访中，通过史书记的介绍我们了解到有一家公司在郑漕沟村建了猪苓基地，于是驱车前往。郑漕沟村也属于整体搬迁村落，残败的土房夹杂着几间半新不旧的砖房，几个老汉在街边打着扑克聊着天。顺着一条小路往山里走，走着走着竟然出现了一条平坦的崭新的水泥路，顺路而上，半山建有一家公司。公司里有人笑意盈盈地迎出来，我们说明来意，他让我们进去，并给老板打电话请老板回来。老板就在附近山上，很快就回来了，我们攀谈起来。

这是一家叫作"欽釜猪苓种植场"的太行山农业创新驿站，老板李ZY是涞源人，原来从事别的行业，这些年才转向农业，他从河北农业大学聘请了专家团队帮他搞药材种植，一开始接待我们的是李老板从陕西汉中请来的技术人员。李总细致耐心地给我们介绍了猪苓的药性和基地的情况。

欽釜公司于2013年成立，用十万元在郑漕沟村包下2000亩山地种植猪苓，租期50年。已经投入2000多万元用于种子、基础设施及人工等支出。公司每年扩种四五百亩，到今年都没见到效益，他感慨农业不好搞。猪苓的种植一开始投入比较大，一斤种子在七八十元，涞源的猪苓属于道地药材，产量高，一斤种子能出9斤猪苓，一斤湿猪苓晒出半斤干货，药效也非常好，而陕西的才能晒出3两。干货价格每千克两三百元，极品的每千克四五百元左右。

说到道地药材，李总说除了猪苓，涞源的柴胡也是道地药材，只不过柴胡价钱低，所以不愿种植。黄芩也不错，他还拿出当地农民用古法炒的茶，这倒是个意外的惊喜，因为多日以来探访乡民的生活习俗基本没有什么收获，反而今天从一个村外人口中知道了一些。问李总以后有没有打算开展旅游业，他说这山上资源倒真多，白桦树、红桦树、油松都很多，但是因为种植的是猪苓，生长在土里，而地上没有叶子，缺乏观赏性，而且猪苓按穴种植，一旦旅游者上山来挖走，损失会很大。

问及公司对村里的扶贫措施，李总说猪苓种子成本高，而且后期的看护、技术问题都不适合农民自己种。因为当地剩下的村民大多在五六十岁左右，也无力外出打工，公司雇用了郑草沟村、烧车村、团圆村二三十个村民，男日工资100元，女日工资80元，这样可为当地人增加一部分收入，公司每年的工资支出为20多万元。李总同意我们说的合作社模式，但是目前村里都是老人，没有壮劳力，也没有主心骨，这种情况下很难实施。

李总热情地留我们吃饭，感觉冒昧上山已经很打扰，辞谢出来，他特意留了名片，告诉我们说下次来可以吃住在公司里，公司有多个标准间，足够我们住的。

下山的路上心情格外舒畅，一个外乡人对这些山、这片土地充满了热情，能够坚守自己的梦想，这不就是新的希望吗？

（七）产业反哺乡里的希望

飞狐的美粗犷苍凉，像一块璞玉，未经雕琢。虽然近些年来蔚县对暖泉古镇、蔚县古城进行了开发，涞源的白石山也晋级为国家AAAAA级景区，河北省首届旅游发展大会的召开也带来了一系列的项目，但总的来说，业态和理念的不足仍制约着飞狐的发展和形象的传播。因此南塘仙谷的出现，无疑为飞狐带来了清新的气息。

初识南塘仙谷,是和朋友一起参加涞源"瓷窑节"首窑的开窑仪式。那天天气晴好,招牌式的涞源蓝和飞狐云让人心旷神怡。车子在涞源县走马驿镇拐进一个山村,狭仄的村路蜿蜒而上,沿途的建筑和布局未见鲜明特色,暗自怀疑这里能有什么"仙谷"? 但当山路就要走到尽头时,眼前却豁然开朗,陡然间换了气象:草木葱茏、红花绿树间掩映的亭台、白墙黛瓦、石阶茅檐间飘逸的白色缦纱,散落在庭院中的各式座椅,精致的石子路和恣意绽放的波斯菊,还有几个衣袂飘飘的美女在花前树下拍照、品茶,恍如仙境。这对我来说是一个意外的发现。在粗犷苍凉的飞狐山村,也有如此精致、诗意的栖居,这打破了我对山村的成见。

　　我们在南塘仙谷参观,会议室、录音棚、书吧、工作室、茶银行、葡萄酒银行、白瓷工作室、禅修室、书画室等配置让人感受到这里可能不只是民宿那么简单。果然,经了解,我们得知"南塘仙谷"民宿综合体是瑞德堡集团打造的"醉美107"品牌产品之一。瑞德堡集团总裁罗浩女士是土生土长的涞源人。她15岁时因家贫辍学,为了生存离开小山村,到北京大兴打工,成了一名纺织女工,用挣来的工资学习驾照,拿到驾照后开始做大货车司机,带领乡亲们脱贫谋出路。后来她投身医美行业,开办了自己的医美企业,于2015年成立了保定市瑞德堡商贸有限公司,致力于将其打造成集吃、住、行、娱、购、游、养殖、种植于一体的多元化连锁机构。而后又在海南一龄生命养护中心的大力支持下,做起了健康旅游项目,旗下有"醉美107""南塘仙谷"两大品牌,下设食品加工厂2家,化妆品工厂3家,医美医院1家,民宿30家,白茶种植园1560亩,产业链条延伸到茶叶、红酒、旅游等,在业界受到越来越多的关注。如今,瑞德堡集团的会员客户早已超过6000人,遍布云南、北京、浙江、广东、河北等地。

　　2016年春天,怀着对家乡的挚爱和惦念,罗浩女士回到她出生的小山村,投资7000多万元,找了最好的设计和施工公司,对南台村部分老屋旧房和空心房进行了改造升级,采用多种经营模式,打造了涞源的"107民宿"。她说:"最难忘的是困难时大爷、大娘、叔叔、婶子们给全家的帮助,最难忘的是你们鼓励的眼神和深情的嘱托,我要把最好的机会留给这里,让南塘仙谷在带给各地朋友美丽和健康的同时,也带给乡亲们一条脱贫致富的出路。"

　　南塘仙谷的美让人眼前一亮，而更让人感到振奋欣喜的是瑞德堡带来的新理念和产业链模式。南塘仙谷涵盖了旅游休闲、健康养生、文化经营和创作、文化体验等功能，游客和会员不仅可以在这里领略到精致典雅的建筑美，沉醉于秀丽的山水田园风光、山情野趣，呼吸清新的空气，还能够亲近自然，返璞归真，感受诗意的栖居，洗尽红尘的嘈杂；放松精神，感悟生命。

　　为了更好地反哺家乡，带动家乡人民脱贫致富，罗浩女士利用瑞德堡集团会员多、销量大、喜爱绿色农副产品的优势，通过"过新年、赶大集"活动，让涞源大山里的黄豆、黑豆、南瓜、白菜、萝卜、小米、棒碴、豆腐、黑猪肉、柴鸡蛋等农特产品都成了抢手货，来自北京、天津、上海、深圳等地的数百名会员乘兴而来，满载而归。这样不仅使父老乡亲的农副产品有了销路，还激发了他们脱贫致富的内生动力，同时也满足了来自全国各地的会员的消费需求，实现了企业发展和村民脱贫致富的"双赢"，让乡村里的农田变成了城里人的粮田。

　　除了向下延伸产业链，罗浩女士还向上搞研发、做加工、做销售、做服务、做体验。她利用自己在茶、酒领域的资源，联合浙江大学、中山大学科研团队研发了白茶系列产品，如白毫银针舒缓喷雾、白茶茶爽含片等。游客及会员在这里可以体验集团自产茶叶及副产品加工，如手工白茶、茶香皂等，也可以体验红酒窖藏、品鉴红酒。罗浩女士还利用大健康产业资源开展体检、理疗等服务，针对京津冀会员制定中医养生疗法，可以改善心脑血管疾病、免疫力低等。

　　除了振兴产业之外，罗浩女士还着眼于振兴文化。通过市场调研，她将涞源手工拉面制作技艺与现代食养理念相结合，在拉面中加入蒲公英，开发了蒲公英手工拉面，既是对非物质文化遗产的传承，又创造了良好的经济效益，还促进了健康事业的发展。在听说涞源盛产高岭土，考古也发现涞源有多处窑口，与辽白瓷的出产密切相关，周边还有久负盛名的定瓷后，她决定恢复白瓷制作技艺，为涞源文化事业的发展添砖加瓦，于是便有了涞源"瓷窑节"的开窑仪式。

　　罗浩女士在南塘仙谷设立了白瓷工作室和窑口，聘请了江西景德镇制瓷大师徐江波夫妇进行瓷器的开发制作，游客们既可以在此观赏、学习白瓷制作技艺,也可以体验广昌白瓷的手工拉坯、绘制等工序,还可以将自己心仪的作品带走。罗浩女士还为文创产品注册了"阁院天目"商标,希望尽可能地将涞源文化传播出去。这里出产的"孔雀蓝"低温彩釉瓷器,以铜元素为着色剂,烧制后呈现亮蓝色调,像孔雀开屏,绚烂鲜亮,神秘、沉静、高雅、亮丽、光彩照人,是收藏佳品。这里还定期根据会员的需要,聘请名师开展中国传统文化讲座。

  南塘仙谷为飞狐传统村落树立了乡村振兴的榜样,也正是借乡村振兴的春风,大山里的女孩子们走出了自己的一片天地。罗浩女士披荆斩棘的魄力、坚持不懈的毅力、谋篇布局的大气以及对家乡的拳拳之心,让我们看到了飞狐人的坚韧与执着,也看到了飞狐的美好明天。

第四章　解读飞狐传统村落

村落的生态过程及其文化意义、社会交流功能和社会文化意义、文化认同及特色、社区联系和信仰活动及精神意义是村落生命的五个方面的体现。[①] 了解古村落的内涵，其古老的建筑本身及布局，其信仰体系、生活习俗、生产习俗、物产风物等都是古村落内涵与价值的体现。飞狐古村的突出特征是防御性与外联性并存，防御性决定其布局及建筑多封闭，外联性又决定其功能多样化。另外飞狐古村的突出特征是庙多、戏台多，古戏台和古庙在默默不语地诉说着村民的敬畏和憧憬、悲欢与哀乐。本章从建筑、信仰、民俗等角度来对飞狐进行解读，因为信仰与寺庙密不可分，戏曲活动在飞狐历史上的突出性与戏楼密不可分，防御功能在飞狐历史上具有极大的重要性，故将此三类单独划分并重点介绍。

第一节　防御体系与建筑

一、飞狐古村建筑的地理嵌入性

传统村落是传统农耕文明的产物，其村落景观反映了当地地理环境的特征，即自然环境特征、经济发展水平和当地的风土民情。这种村落建筑形态差异体现了一种生态嵌入性或地理嵌入性，其建筑形式与结构

---

① 俞孔坚，等. 新农村建设规划与城市扩张的景观安全格局途径——以马岗村为例 [J]. 城市规划学刊，2006（5）.

受到当地自然环境的约束，从而与当地自然环境协调一致。① 这种村落形态的地理嵌入性体现了两个方面的特征：一方面体现了当时物流条件的落后，人居建筑的原材料只能就地取材，从外地取材既受运输条件的限制，也受建筑成本的制约；另一方面反映了农耕文明的需要，传统村落建筑的地理嵌入性不但体现在建筑材料的本地性，而且也体现在建筑功能必须适合小农式的农耕文明的需要。

飞狐古村落有自己的地理嵌入性。飞狐古村落位于燕山、恒山、太行山三山交界的峡谷，呈线性分布，高山险峻，交通阻隔，但也为此地提供了丰富的石材。因此，山村大多选择建在背山向阳而面阔、出路通达、水源充足的山脚下，也有部分村落在半山腰营建。从前的建筑用材多就地取材用石块垒屋，用石块砌根基、垒墙山，房顶用石板盖上，也有的用石块砌根基，用土坯垒前墙山，其余三面用石块砌，外墙再抹上一层土坯。北地严寒让村民必须考虑冬季的保暖问题，因此屋内多盘土炕。院落形式有四合院、三合院和独立房屋。旧时，官僚、地主、商贾、豪绅多住四合院或三合院，自给自足的农民多住三合院，贫苦农民一家几口居住在独立的一两间土坯房内，无院落、无门楼。

依山就势、就地取材、取于自然、融于自然的建筑选址和方法体现了村民对自然条件的尊重和适应。另外，村民也将对自然的欣赏、对美的理解和对美好生活的憧憬融入居所的建设和布置。在张家庄村的一处传统小院，小院内有一座别致的门楼，跨过门楼又是个小院，左右两边有两间破败的房子，院子与正房间唯一的联系便是一座拱形月亮门，月亮门不过是墙上开的洞口，但楣头却用精致的券接做成拱形。月亮门两边的下半部分是用大砖头堆砌而成的，上面的拱形是砖砌的，看似简单，用料一般，却很美，月亮门左右对称均衡却不死板，把已有材料的作用发挥到极致。穿过月亮门是主人活动的主要院落，方形的小院在新房的两侧点种蔬菜，地面是用石头拼出的花形。养驴的房子三分之二处有一个分隔，将屋子分为两间，小的屋子是驴槽，防止给驴喂草的时候受到伤害，在墙角有个 30 厘米见方的小洞，供鸡进出。屋顶上的瓦松

---

① 王宁. 传统村落的地理嵌入性、地理脱嵌性及其社会保护机制［J］. 旅游学刊，2017（2）：1—3.

不仅装饰了建筑，还是一种药材。插台放在屋檐下，既不影响美观，还可以防止被雨淋。把冬天烧火用的煤跟泥土混合，可以很好地保护煤，放在没有玻璃的窗台上，既方便又不浪费空间。用地窖来存储食物，既环保又健康，体现了人与自然环境的和谐相处。①

北纬三十八度线与四十二度线之间是农耕民族与游牧民族长期进行拉锯战的区域，涞源、蔚县地处其间，曾经是冷兵器时代战事频发的边地，历史上战乱频仍，为了防御北方少数民族的侵扰和土匪的劫掠，村民不得不加强防御系统，将村寨修得坚实可靠。明代为了防御蒙古入侵，在边境州县乡村驻军屯田，这一做法影响了当地民众。出于自守的需要，边境及附近的百姓开始自发修建城堡，"有警则入城堡，无事则耕，且种且守"，明朝官府也对民间自修城堡持鼓励态度。有的村庄筑有护村堰，有的筑有围墙，有的设有寨门，几乎每一个村庄都残留着犬牙交错般的土围子。蔚州历史上就有八百城堡之说。20 世纪 50 年代初进行的文物普查发现，蔚县有 738 个村庄，村村建有古城堡，形成了鲜明的边地村落格局特色。因此，飞狐古村的建筑形态无疑也具有鲜明的地理嵌入性，形成了独特的风格和魅力，其中地理位置、地质形态、气候因素、物产建材、交通条件、历史沿革、历代功能、人口因素等均在飞狐古村的居住形态和建筑风格中留下了鲜明的烙印。

当然，随着现代化进程的兴起，村落建筑的地理嵌入性往往也面临着地理脱嵌性的问题，即脱离当地地理条件与特色，呈现与外部环境的趋同性。飞狐村落也不同程度地呈现此类现象，如在南张庄村、金家井村等距离中心村镇和城区较近的村落，以及在脱贫扶持力度较大的村落，此类现象就较为明显。

二、村、堡合一的防御特征

如前所述，由于地理位置特殊加上连年征战以及土匪的侵扰，自发修建城堡式建筑加强防御便成为飞狐古村落在建造时的普遍做法。

---

① 苏晓，刘田洁. 保定传统民居现状调研——以涞源县张家庄为例 [J]. 环渤海经济瞭望，2018（5）.

(一)以军事、治安为主到后来地方"防匪盗"的转变

明清时期飞狐古村落定居方式以集居为主,为古堡修建创造了有利的条件,先有村后有堡,建堡之后堡、村合一的特征非常明显,且古堡经历了以军事、治安为主到后来地方"防匪盗"的转变。

飞狐古道是连接华北平原和张北高原的险关要冲,明初蒙古势力退居塞外,修筑城堡、修复长城成为明王朝巩固边防的重要任务,出于自守的需要,具有防卫能力的城堡成为居民安全的保障。明洪武七年(1374),朝廷设蔚州卫,下辖五个千户所,永乐朝之后增至八所。嘉靖时期,蒙古军队进犯,战火不断,地方上为了抵御和自卫掀起了建堡、修堡的高潮,为蔚县筑堡史上的鼎盛时期。从现存堡门上的石匾题字可以看出当时的这种社会状况,如上苏庄村堡门上石匾正中书"永安""上苏庄堡",旁书"嘉靖二十二年仲秋吉日建立"。

明万历之后,外患减弱,但地方动荡不安,盗、匪猖獗,袭民、扰民现象频发,在综合因素的作用下,村民加固、扩大或自建古堡仍较为普遍。清康熙年间及其后,经济、文化的发展为完善古村堡提供了条件,这时又出现了改建、完善村堡的新时期。

在当地很多乡村的村口都建有较高大的堡门,门楼上往往建有庙宇,既可护佑村庄的安宁,又可以作为观察敌情、防御侵扰的屏障。与堡门相连的一般是堡墙,环绕着村庄,堡墙上的有些地方还保留着垛口,有些堡门内还另建有瓮城。这些建筑设施无一不在昭示着堡寨的军事色彩。堡内的建筑布局大体类似,一般都在村堡的南入口建堡门,进入堡门,一条南北走向的大道通向村堡北端,但往往不建北堡门,而是修建庙宇,多为真武庙,因为真武大帝主镇北方,北建真武庙,主要是希望借助神力防御来自北方民族的侵扰。堡内布局一般以南北主街为界,划分为东西两大部分,东西走向的小道又将民居错落有致地区分开。①

---

① 邓庆平. 华北乡村的堡寨与明清边镇的社会变迁——以河北蔚县为中心的考察[J]. 清史研究,2009(8):19-27.

(二) 典型的防御性村堡

1. 黑石岭堡

黑石岭堡建在海拔 2000 米的黑石岭上，几千年来，为抵御外患和促进南北经济文化交流发挥了重要的作用。黑石岭堡北距蔚县城 35 千米，南距涞源城也是 35 千米。黑石岭堡是西北通大同，东南迈紫荆、倒马两关的必经之地。据《两镇三关志》记载，宣大通中原有二门，居庸关当其后，紫荆关置其前；走居庸者必经鸡鸣山，走紫荆者必过黑石岭。从东汉刘秀派骠骑将军杜茂元、魏柔然统兵把守黑石岭起，直到清末，这里一直是朝廷军事重地。明正德三年（1508）围城建堡，嘉靖十年（1531）御史刘源又上疏请筑建，万历年间（1573—1620）又用片石砌筑，成为守备城堡。城堡周长 500 米，堡墙高 8 米，墙厚 6 米，有堡门楼两座。城堡南临深壑，壑口架有吊桥，一旦军情紧急，便将吊桥拉起，以防敌方进入，大有"一夫当关，万夫莫开之势"。在遗址西北有练兵场，西边是将士住址，东山顶上是烽火台、古长城遗址。《大清一统志》载："黑石岭石黑色，势绝险，明嘉靖中始筑城戍守。"又载黑石岭堡"在蔚州东南黑石岭上，接广昌县界，明正德三年筑堡，周二百四十步，本朝设把总驻此"。清代的黑石岭把总署有大堂 3 间、大门 1 间、仪门 1 间、后宅 3 间、西房 2 间、书房 3 间、班房 2 间、书班房 2 间。

2. 宋家庄堡

北魏建村立寨，隋唐以后这里已是十里一堡、五里一庄的繁华之地。据《蔚县志》记载，宋家庄古堡长 168 米、宽 166 米，始建于明洪武初年（1372），坐落在蔚县盆地的南北通商大道上，来往的商旅昼夜穿梭，既给这里的人们带来生活所需，又带来物质和精神文明。虽说地处偏远，当时却客栈、茶楼、店铺、书场一应俱全。昔日的古庙古屋历经 600 多个春秋的风刀霜剑，虽然有所残损坍塌，古韵风貌依然不减当年。

3. 邢家庄堡

古堡始建于元朝延祐年间（1314—1320），由东堡、西堡、大南庄、小南庄、北庄、东庄组成，它是由王、马、乔、安、孟姓人家发迹后兴建的。为了纪念他们的创业史,庄堡仍沿用了邢家庄的称谓。《平原枪声》《烈火金刚》《小兵张嘎》《亮剑》《英雄之城》《狼毒花》等影视剧曾在这里拍摄。

(三)典型的飞狐村堡门楼

飞狐古村特别注重防御功能,因此往往各村都有围墙和门楼。涞源人把这些门楼叫作阁(音同"稿")洞①,这些门楼过去便是村堡的门户,人、车便从门洞里进入村堡,上面往往供有神明,寄托着村民保家护村、安乐康宁、多福添禄的希望。

1. 上苏庄堡门楼

位于古堡北偏西处,坐南朝北,砖石包土坯建筑,石基砖券拱门顶。券高 3.2 米,中置铁皮铁钉的大木板门。面北券门上方嵌有青石匾额一块,上刻"上苏庄堡,明嘉靖二十二年仲秋吉日立"字样。石匾两旁嵌石雕图饰。堡门上方两侧有用土石塑造的"毛笔头"和"砚台"模样的形象,寓意堡子重文重教,人才辈出。古堡墙用黄土夯筑,底阔 4 米,上宽 0.8 米,残高 5 米,周长 800 米,高大雄伟,既可防范兵祸匪患,又可阻挡风沙洪水的袭击。现除古堡南墙破损严重外,大部分保存完好。

2. 宋家庄堡门楼

位于宋家庄村古堡南门上,坐北朝南,堡墙下宽 4.5 米,上宽 1 米,残高 5 米。堡门上青石匾书"昌明"二字,落款时间为"嘉靖十三年辛丑孟月秋□吉日立造"。南门下部设横形券门,向上收分,中间置大板门,高 3.2 米。券门南侧上方左右两处分别嵌有砖雕两块,上建单檐硬山布瓦顶门楼一座,名魁星楼,其用意是希望借"魁星点状元"的神话传说为村堡造福,为子孙添禄。魁星楼为三架梁,前后各出单步廊,中置通天柱,中柱高 3.3 米,檐柱高 2.2 米,金柱高 2.6 米,女儿墙高 0.7 米。基座与其上的魁星楼整体比例协调,既高大雄伟,又细腻秀丽,结合了砖石与木材两种材料的工艺,艺术价值颇高。

---

① 在刚刚到涞源调查的时候,每次听到村民提到这个名字笔者总会迷惑于这个字怎么写,当地人也解释不清,直到有一天在保定街头看到"南阁"地名被念作"南稿"才豁然开朗。

3. 南张庄村堡门楼

位于蔚县蔚州镇南张庄村古堡南端，坐北朝南。堡墙用黄土夯筑，开南门，有两扇铁门。门前两侧凸处马面拱券为五伏五券，券门上镶石匾，砖雕竹节式匾框。石匾上书"堡长周贵"等字样，落款为"嘉靖十九年八月吉日创立"。城堡上建单檐悬山布瓦顶堡门楼一座，面宽一间，进深一间。三架梁前出单步廊，土坯墙，楼上供奉魁星。左右建有钟鼓二楼，单檐悬山布瓦顶。正房原面宽三间，进深一间，东西各一耳房，现存东耳房，仅存的两间半正房也已改建。三官庙大殿建筑保存较好，特别是观音殿内壁画画像内容丰富，人物众多，有较高的艺术价值。

4. 留家庄村永和门

位于留家庄乡留家庄村口，城堡长 7.7 米，宽 8 米，高 4 米。砖券门长 7.7 米，宽 2.23 米，高 3.3 米。古堡为三伏三券，南侧有吐水嘴两个。堡上原文昌阁已倒塌，现存清光绪十七年（1891）重修文昌阁碑文刻一通。始建于明末清初。永和门本已残破不堪，2019 年秋，在此扶贫的河北钢铁集团将之修葺一新，焕发新颜。

5. 团圆村古城堡（已拆毁）

位于留家庄乡团圆村口，堡门长 10.6 米，宽 11.0 米，高 4.2 米。砖券门长 10.6 米，宽 3.60 米，高 2.15 米。南门上有汉白玉质牌匾，上书"大清乾隆三十七年岁次壬辰夷则榖旦，拱辰，团圆村市民商贾公启"。

6. 郑家庄村古堡

明代筑堡，原南堡门后损坏严重，于清乾隆五十九年（1794）新开西堡门，并在堡门外修建了水塘，"倏见堡门整齐，门楼焕然，夜防盗贼，聚养风水"，此次新开堡门也是出于风水观念，而且"人之有户也，犹其有道也。人之由户也，犹其由道也。各修门口，人人皆然"[①]。

---

① 清乾隆五十九年（1794）《重修堡门楼碑记》碑，高 112 厘米，宽 57 厘米，厚 19 厘米。现存于宋家庄镇郑家村堡门外侧。

三、烟墩/烽燧/烽火台

涞源除了有长城和古城堡等军事防御设施外,给人感受最深并动人心魄的当属耸立在苍黄土地和高山之巅的高大烟墩,即承载着军情传递之重任的烽火台。烽燧报警在我国古代沿用的时间相当长,从西周到战国、秦汉时期逐步完善,到明代已成为一套完整的军事设施。在漫长的历史进程中,它与长城紧密地结合在一起,在军事防御体系方面起到了很大的作用。

涞源是个近塞边城,在中国古老的民族战争、民族融合中扮演过重要角色。战国、先秦、两汉以来,历代在此广设关隘,派驻重兵把守。该地区东有紫荆关,西有马头关、平型关、雁门关,北有飞狐陉,南有倒马关。明代长城纵贯县境,其所处的地理位置奠定了这个山野小邑是兵家必争之地和近塞边城的重要地位。浓烈的烽烟、摇曳的马铃和悠远的羌笛,在过去一直伴随着这个古老的边关小城。

涞源境内共有烽火台33座,但保存较好的为数不多。按烽火台的设置特点可将其分为四种类型:一是紧靠长城两侧,称为沿边烽火台;二是向长城内外延伸,称为腹外接火烽火台;三是向内地州府城深层延伸,成为腹内接火烽火台;四是沿交通线排列的,称为加道烽火台。加道烽火台距离城墙较远,有专门的道路与长城相通,根据军事需要,烽火台一般建在山巅之上,或者地势较高的地方,这样视野开阔,可以提高报警信号的准确性,赢得传递的时间。烽火台上的烽火一经点燃,就好似如山军令,丝毫不能延迟和大意。

从涞源县城出发,沿着飞狐大道向金家井、张家铺、留家庄方向一路北上行进,这些孤傲、冷寂的土堆和石台让人很容易联想到今天的信号塔,不难想象,在那漫长的农耕、游牧时期,烽火狼烟已经是很先进的信息传递工具了。《广昌县志》卷八对"汛地""墩铺"的设置和屯兵情况均有详细记述。涞源盆地的烽火是沿着两条路径传递的:一条是自马蹄梁方向,从伊家铺经石片铺、窝驼铺、卧兔汛到达县城;一条是自驿马岭方向,从红泉铺、艾河铺、上屯铺到达县城。然后再向烟墩坡会聚,最后从烟墩坡再向东、向南分别朝紫荆关、倒马关传递。

这些孤傲、冷寂的烽火台放出的烽火狼烟,在那漫长的农耕、游牧时期为每个王朝的疆土安全发挥了至关重要的作用。自秦至明清,除了少数和平时间外,飞狐古道、烟墩山上的滚滚狼烟从来就没有熄灭过,它每一次燃起都会让人惊心动魄,带来战马奔腾、烟尘滚滚、刀枪相碰、大声喊杀、血流成河的殊死拼杀。

第二节 信仰体系与寺庙

在中国传统的农村社会,以地方神灵崇拜、祭祀仪式、祭祀组织等形式存在的民间信仰是连结当地社会经济、民众精神生活的重要纽带,与乡村社会的整合有着密切的关系。飞狐古村地处偏僻,相对闭塞,保留了较为完整、原真的信仰体系,信仰活动成为人们日常生活的重要组成部分。

一、飞狐古村的信仰体系

表 4-1 飞狐古村信仰体系:庙宇主祀神及功能

庙宇	神祇	功能
真武庙	真武大帝	防火、镇守北方、城池监护、消灾神
三官庙	天官	赐福
	地官	赦罪
	水官	解厄
观音庙	观音菩萨	生育、人生平安
龙王庙	四海龙王	降雨、风调雨顺
关帝庙	关羽	护国、降魔、保平安、忠义、武财神、村落监护神
五道庙	五道爷	烧纸"送往生"、兼管土地资源
马王庙	马王爷	家畜兴旺、主管发财
奶奶庙	碧霞元君/嫘祖	送子、人生平安
土地庙	土地公	兼管土地资源、日常事务
文昌阁	张亚子	主管禄籍和孝道、主升迁

续表4-1

庙宇	神祇	功能
玉皇阁	玉皇大帝	统辖人间，兼管儒释道三教及其他诸神仙，天神、地祇、人鬼都归其管辖
财神庙	比干/关羽/沈万山	主管发财、生意兴隆

飞狐古村的每个村子都有大大小小体系齐全的寺庙，规模大多比较小，绝大部分都是普通规模或者单殿庙宇，从生活所需出发，涵盖了生活的方方面面。其一，居住在此地的各大家族有不同的宗教信仰，他们的偏好直接决定了村堡内宗教庙宇的建设和分布；其二，不同的社会群体对宗教信仰的需求有所不同，一般老百姓及穷苦农民也有自己的精神需求和信仰，宗教各派林立的情况便反映了这一社会现象；其三，在不同历史时期，官方支持的宗教派别有所差异，这也影响了飞狐古村宗教信仰的形成。

如上苏庄村现存的及村人能够回忆起来的庙宇有财神庙、福神庙、河神庙、山神庙、风神庙、龙王庙、土地庙、观音庙、五谷庙、奶奶庙、五道庙、三义庙、井神庙、关帝庙、三元宫、三清殿、阎王殿、释迦寺、同善寺等。除了财神庙、井神庙、龙王庙、奶奶庙和福神庙已成残垣败瓦之外，其他仍然保存完好，尤其是三义庙、关帝庙、三元宫、释迦寺中的壁画还栩栩如生、清晰可见。北口村的寺庙种类最为齐全，有地藏寺、观音庙、井神庙、泉神庙、真武庙、马王庙、龙王庙、五道庙、五谷庙、财神庙、城隍庙、雨神庙、雷神庙、老爷庙、七星庙、三官庙等。北口建村后，不少外地人迁徙到此安家落户，带来了不同地域的民风习俗，这些寺庙也是不同人家、不同信仰的结果。

从各个庙宇的不同功能来看，它们保佑了一个人一生所经历的重要节点的一帆风顺，如观音庙会对求子、出生、婴儿乃至孩子童年阶段的平安顺利做出承诺和保障；文昌阁、魁星阁会在孩子读书、求学、科考时为其提供保障；关帝庙和财神庙可以为经商的人提供自信和方向；土地庙与五道庙可以为人死后找到烧纸、报庙、安魂的地方。[①] 在这些村

---

① 谭立峰. 庙宇系统对长城军事城镇形态的影响——以河北蔚县为例[J]. 建筑学报，2016 (S2)：12-15.

子的庙宇中，真武庙、关帝庙、观音庙、龙王庙和五道庙是最为常见的几种，基本上占了神灵数量的百分之七八十。其中尤以真武庙和关帝庙最为重要。真武庙、关帝庙等与古堡安全"密切相关"，通常在建村的同时或之后较短时期内即建成，其他庙宇多属陆续修建。庙宇作为古村中公共建筑的重要组成部分，其样式、类型和位置受礼制、信仰的制约，而数量的多寡和规模又受其所处地理位置、村落人口等因素的影响而有些许差异。关帝庙大多承载着财神的职能，村民希望关帝能给他们带来财富的安全和增长。观音庙则会给村民带来子嗣的繁衍，同时满足村民希望百求百应的愿望。除了以上四类神灵之外，还有比较常见的三官庙、五道庙、马王庙等，值得注意的是这个区域财神庙比较多，这些财神庙的产生应该不会很早，多半是晚明以后。

有意思的是这里的魁星阁和文昌阁。虽然史料并未显示这里过去曾经文风鼎盛，但是对出人头地的渴望以及耕读传家的传承可能是全体中国人的诉求。留家庄乡留家庄村的永和门门楼上就建有文昌阁。这是一座南北两出水的小庙，庙堂中间用一面木板墙隔开，南面是面南背北骑着战马的文昌帝君像。北面是面对北方的魁星像，当地叫山影儿（即回音壁）。魁星一手拿墨斗、一手拿毛笔对着夜空中的北斗七星，取"魁星点斗"之意。北墙中间开有圆形窗口，村里只要一有风吹草动，声音就会从圆窗传到庙中的木板墙上，反射回来之后就会扩大好几倍。对于文昌阁，当地人理解为供奉的是文天祥，其实是主管文运的文昌帝君。现存修庙碑文显示，光绪十七年（1891）重修时不只留家庄村，坡水村、烧车村、张家铺村、人泉头西村都有村民出钱进行修葺，可见其影响之广。上苏庄堡门外左右有用石头和黄土垒砌的毛笔头和砚台模样的建筑物，现在仍然能看出其形状，据说这是村里人希望能多出一些文人和学子的意思。宋家庄村没有像别的村堡那样在堡门上刻上村名，而是刻上了"昌明"二字，所以宋家庄村又叫作"昌明堡"。"昌明"指政治、文化兴盛发达。最初建堡的人在堡门上凿刻昌明二字是希望村堡内多出些文臣武将，出人头地，光宗耀祖，振兴家园。村堡门楼上还建有魁星楼一座，其用意和"昌明"一样，希望借"魁星点状元"的神话传说为村堡造福，为子孙添禄。这些都寄托着村民的美好希望。

除了上述神灵之外，当地对奶奶庙和城隍庙、阎王殿的祭拜也十分普遍，这表明在古代国家权力的触角不能延伸到的乡村一层，庙宇承担着人们对生死的信仰与寄托。"在传统的乡土社会，一个人的一生，从孕育到诞生，从成年到结婚，再到死亡转生，都离不开信仰和仪式，都离不开神灵。民间信仰认为，奶奶庙管生，五道庙送死。从生到死，一生中离不开林林总总的神灵，可谓人与神终生相伴、生死相随，而人生历程也就在此相伴相随中获得了意义。"①

与庙宇所对应的是古戏台。有庙必有戏台，唱戏是对神灵的一种祭祀仪式，不仅娱乐了乡民大众，更是娱神酬神的必备配置。涞源、蔚县两县皆有很多古戏台。

二、真武庙

飞狐古村中几乎每个村都建有真武庙，供奉真武大帝。"（真武大）帝名曰玄，称玉虚真人，烈在天上，遁上帝之师相，主持北极。"② 民间称真武大帝为荡魔天尊，是道教神仙中赫赫有名的玉京尊神。

涞源、蔚县两地的真武信仰兴盛于明成祖时期。尤其在永乐十八年（1420）朱棣迁都北京之后，真武信仰传播到了明朝北部边塞的广大地区，至此真武大帝成为国家层面祭祀的神灵，民间开始了大规模的祭祀和修庙活动。清朝以后，虽然国家层面不再宣扬真武信仰，但经过长期发展，真武信仰已经深入人心，真武大帝继续享受着人们的供奉。

在飞狐人民心中，真武大帝主要为北方之神、战神和水神。由于飞狐古道历史上兵祸连绵，真武大帝作为战神的作用更为明显，各村建真武庙显然有保卫村庄的意味。有的村将真武庙建在北墙正中的高墙上，也有的将之建在村中心，以保佑村子平安。

三、龙王庙

龙王庙的兴盛反映出村民祈求风调雨顺的美好愿望和迫切希望。涞源流传甚久的一句古老乡谚"年年防旱、夜夜防贼"也反映了这个区域饱受旱灾的自然条件。这里是广阔的农牧区，尤以春旱和夏旱为主要气

---

① 王晶. 华北古村落与民间信仰研究——以张家口蔚县为例［J］. 法制社会，2017（5）下：193－194.

② 邓庆平. 蔚县碑铭辑录［M］. 桂林：广西师范大学出版社，2009：160.

候灾害。山中风雨无踪，有时干旱有时涝，靠天吃饭的山民寄希望于龙王，并形成了一套自己的祭祀求雨仪式。

求雨是一项具有普遍性、娱乐性的祭神活动。玉皇、雷公、风伯、雨师、龙王等神灵都主司降雨，而在飞狐地区，龙王庙是主要的祭祀场所和求雨对象。"二月二，龙抬头"之时是乡民祭祀龙王的日子。这天早上不能到井里打水，不能动刀杖械具。有的村子还会请戏班唱戏。春夏之际也是人们祈雨最为频繁的季节。农历六月十三是龙王生日，乡民在这一天举行祭神活动，通常有摆供、烧香、参拜、祷告、请神、游行以及高跷、锣鼓、舞狮、旱船、唱戏等娱神活动。游行是求雨活动的重头戏，笔者在涞源张家铺村走访时，村民绘声绘色地讲述了求雨游行的过程和习俗：人们将龙王塑像从庙里请出，戴着柳条帽子的寡妇（他特意强调是寡妇，通常是活动的组织联络者或专门伺候龙王的人，民俗中也有为龙王献奉童女或寡妇的说法）在前引路，众人抬着上路，前呼后拥，一路燃放鞭炮或敲锣打鼓。这种活动通常会得到临近村子的响应，这些村子备好祭礼，恭候神的到来。据说往往还没游行完，雨点就掉了下来。此外，本地还有"偷龙王"和"抢龙王"的民俗。遇到旱灾，就到雨水充足或龙王灵验的地方去偷或抢当地的龙王。被偷被抢的龙王一般是黑龙王，因为黑龙王下雨又大又急，而求雨成功后则要及时归还龙王，否则被"偷"被"抢"的地方会久旱成灾。[①]

四、三官庙

三官大帝是农业社会的信仰，是历史悠久的中国民间宗教信仰之一，属于道教尊奉的三位天神。三官指尧、舜、禹，即天官、地官、水官，天官赐福、地官赦罪、水官解厄，蕴含敬天、惜地和护水之意。

蔚县一带的三官信仰有自己的传说并衍化出一套祭祀仪式。相传唐朝魏徵的女婿奉命带家眷到洪州（即今阳原县）任知州，一日行至桑干河边求渡，遇见水贼刘洪，他见魏徵之女十分俊美，于是心生歹意，待船行至江心，将其夫推入河中，又将其婴儿玄奘（即后来的唐僧）放入木盆随流而去。然后抢其妻，假冒知州到洪州上任。魏徵的女婿被推入

[①] "六月十三"祈雨节的来历（涞源民间故事）。

河中后，恰好被正在河中游玩的龙王三女儿相救，将其带入龙宫，后成亲且生三子，这便是后来传说中的天官、地官、水官。三官所掌之权均与民间百姓的生活息息相关，拜三官为的是老天降福、风调雨顺、五谷丰登，所以，各地百姓纷纷捐资盖三官庙，为三官塑造金身。每至春节和元宵节，最先朝拜的就是三官庙，故三官庙在蔚州各地民间诸庙中数量居首位。后来，因为社火活动及表演形式逐渐发展，并能反映各种民间意愿，凡居住在乡村的各行各业的人都参与拜三官活动，也产生了利用社火活动进行的各种各样的祈祷，使得"拜三官"成为蔚州民间闹社火中很重要的一件事，其中"活马舞"等社火活动非常有特色。

五、五道庙信仰

按照道教的说法，五道将军是东岳大帝的属神，并且是重要助手，此外还有"五道神""五道真君""五道圣君""五道大神""五道轮转王""五道老爷"等名号。五道分别指："一天道，二人道，三地狱道，四饿鬼道，五禽兽道。"在涞源、蔚县，五道庙几乎散布在长城各关隘要塞和长城脚下的大小村庄，有的已辟为旅游景点。

飞狐古村的五道庙规模都不大，有时还具有复合功能，往往供奉着龙王、土地、山神、苗神、增福等五神，与土地庙并无太大区别，且年代久远，很多都不可考，常常只有一间，甚至一小间，连个小院也不圈，孤零零就一座小庙。其内有的是一尊泥塑，有的则只有一幅画像，作用是村里有人去世了，到庙里报庙烧纸。

报庙顾名思义就是死者家属到五道庙里摆上一桌供，把死者名氏和纸钱贴到墙上。民间认为亡魂无阳气，不得与人共处，自死者绝气时已入附近寺庙庵观栖身。因此，村里哪位老人一咽气，家人给死者穿好装老衣裳（寿衣）后，儿女们一路哭泣着到五道庙去"报庙"，焚香三炷，烧纸三份，击钟三响。只要是五道庙的钟声响了三下，村民便知道村里有人归天了。之后，儿女们手持黄纸沿着庙内的墙壁张贴，边贴边喊"爹（或娘），接纸来！"黄纸在没涂任何黏合剂的情况下，在哪里贴住就表示亡灵落在哪个位置、哪个方位。如在庙内神像边，就代表其死后给神当差，官位还不小，如贴在门边，就代表其死后是个看门的。办完这一切事宜，原路返回，归时不再哭泣。

农历三月十二是五道老爷的生日，村里老人们说，以前当天村里人都要在庙前摆设供品，焚烧纸马，顶礼膜拜。

六、奶奶庙

说到奶奶庙，一般指碧霞三姐妹，主要指老大碧霞元君，其主庙在泰山，各地的奶奶庙都是行祠。但是"也许在北方原本就有各种娘娘庙、奶奶庙，但当碧霞元君泰山娘娘在朝廷、文人的大力提倡与宣传下，她就逐渐取代了原先没有统一名称的各种娘娘、奶奶，成为北方地区惟一的娘娘与奶奶了"[①]。

不同地方的奶奶庙的神祇未必都是碧霞元君，河北的奶奶庙就有所不同。2017 年，清华大学建筑系在读博士徐腾在一席做了一场名为《热闹观察家》的演讲，使得河北易县后山奶奶庙一时间红遍网络。后山奶奶庙建筑群坐落在河北易县城北 15 千米的洪崖山上，始建于东汉，经过历代敕建和道教信徒的反复扩建维修，至中华人民共和国成立前，这里的宫殿庙宇已达五十多座，是一处规模宏大、规制完整的道教建筑群。1987 年，后山庙被确定为开放的道教活动场所，其影响更是广布河南、山西、京津等十多个省区，每年农历三月十五后山庙会前后，大量信众、游客纷至沓来。

后山奶奶庙的起源有王莽追刘秀，刘秀被老奶奶所救后修建了奶奶庙，以及黄帝之妻嫘祖之说。涞源和蔚县的奶奶庙有很多是碧霞元君的行祠，又或者是后山庙和碧霞元君的合体（甚至还有涞源县城的奶奶庙是碧霞元君和水母娘娘的合体祭祀之所之说），就其庙会时间为农历四月十八来看，当属碧霞元君之源。但是无论其本源是谁，奶奶庙早已成为一种乡土化的自我认知，成为乡民祈愿美好生活、健康、多子多福的寄托。

[①] 王晓莉，陈宏娜. 碧霞元君由来及演变［J］. 辽宁科技学院学报，2006（2）：65-67.

七、其他

（一）马王爷庙

马王爷即马神，一般俗称马王爷，全名叫"水草马明王"，是道教的神明，全称"灵官马元帅"，是汉族民间信奉的神仙之一。传说马王爷长有三只眼，又称"三眼灵光""三眼灵曜"，可保佑六畜兴旺与商业平安。如烧车村马王爷庙，因为烧车村位于古道，商旅辐辏，故作为商业重要运输工具的马就显得尤为重要，此地便有了对马王爷的崇拜。

（二）三义庙

上苏庄的堡墙北端建造的是三义庙，供奉刘备、关羽、张飞。庙门的楹联是：三人三姓三结义，一君一臣一圣人。相传刘备是压火水星，三义庙是为了与堡墙南端祭火神用的灯山楼遥相呼应，取水火平衡之寓意而建造的。此外，由于上苏庄是由张、田、柳、孟、王等姓氏族人协力建造的，其最大的寓意在于"义"，人们修建三义庙意在祈求刘、关、张三人同生死、共患难的侠风义骨能在上苏庄发扬光大。

（三）财神庙

我国财神信仰由来已久，且有文财神比干、武财神赵公明、义财神关公、富财神沈万三、偏财神苏福禄"文、武、义、富、偏"五路财神之说。而在涞源，人们信奉的财神是沈万山（并非明初江南巨富沈万三）。在当地的民间传说中，明朝修建内长城时财力空虚，广昌（今涞源）县令进京求援，得到皇帝御赐的刘伯温留下的锦囊，上书"欲求万两金，沈万山付清"。县令无奈之下回去查找，却只查到一个叫沈万山的乞丐，乞丐被逼无奈之下跺脚说地下有银子，在这里果真挖出了银子，修筑长城的经费得以解决，于是沈万山得到皇帝御典钦封，成为当地财神爷。其受封之日为正月初五，是当地民俗中的小年，家家户户放鞭炮，送穷土，祈求富贵平安。

（四）大中寺

大中寺位于涞源县城北25千米处中庄村西的山坡上，207国道西侧。中庄村历史上有两座寺院，分别为南寺和北寺。南寺为紫岩寺，《广昌县志》载其始建于唐代，据寺中遗留的碑文记载，明崇祯七年（1634）三月重修，初毁于抗日战争时期，20世纪60年代拆除。从2004年开始，中庄村及附近的居士筹资80余万元重建寺院，名中庄居士林。2006年7月由涞源县民族宗教局批准，改名为大中寺，占地面积9800平方米，建筑面积950平方米，建起大雄宝殿一座，南北寮房各一栋，另有山门、天王殿等建筑。佛节日举办法会，参加法会的信众多时有400余人，多为附近乡村的居士，也有少部分来自北京、张家口、石家庄等地的居士。

第三节 戏曲习俗与戏台

特殊的历史境遇和村落聚居的生活方式使得飞狐古道古堡多、庙宇多、戏台多，达到了令人瞠目结舌的地步，成为孕育戏剧的深厚土壤。据现存文献、碑刻和舞台题记等的记载，元宵节、春祈秋报、神灵庆典等都有演剧活动，种类有灯戏、秧歌戏、梆子戏、皮影戏、道情等，前两种尤为突出，因为它们是在本土成长起来的，范围广，参与者最多，最受欢迎，而村堡合一的特殊的空间格局决定了其展开的活动方式和类型。

一、独特的地理区位和历史衍演催生了独特的戏曲文化

进入涞源和蔚县，走村串堡，可以发现几乎村村堡堡有戏台。其中既有明、清、民国时期修建的年久失修的古戏楼，又有改革开放后兴建或改建的新戏台（剧院）。常言道，有台就有戏，所以这里逢年过节大戏活动频繁。究其原因，应从独特的地理位置和特殊的生存环境说起。

涞源、蔚县地处河北省西北部，南出飞狐关可达冀中平原，西与山西高原相邻，北上张家口可到大漠，是大西北少数民族部落进入中原的

咽喉地带。这里地貌复杂，关隘险要，自古便是兵家必争之地，也是南争北夺的古战场。历史上这里有数不清的征战和灾荒、瘟疫，再加上地处高寒、一年一茬单收，冬闲时节漫长，除少数人打柴狩猎外，大多数村民无所事事，物阜民淳、憨拘好客的山汉们自娱自乐习以为常。

这里还是中原与塞北、山陕与燕赵的交通枢纽与通商要道，在修筑京张铁路之前，华北平原与西北地区进行商品交流便是通过飞狐古道的衔接。特殊的地理位置、商贸的长足发展、客商的频繁往来，使南来北往、东来西去的各种外来文化在这里碰撞交融。受北方契丹、蒙古族等能歌善舞的影响，北方文化与汉族文化交流融通，在这里形成了多边文化的积淀，从而在民风、民情、文化、艺术、民俗等各个方面形成了独特的地域文化。特别是到了清代，神州大地实现了内外一统，环境相对和平，大批商人不断涌入，呈现出一片"歌舞升平"的景象。多边文化的深厚积淀和独特的高寒环境氛围为梆子、秧歌等戏种积累了丰富而深邃的内容，提供了肥沃的艺术土壤。各地民歌小调和戏曲声腔逐渐流入，戏剧、戏曲种类不断增多，戏班随之出现。加上这里村村有庙，有庙就有戏楼，形成了众多的寺庙戏楼建筑。及至改革开放，有些村庄也许没有村政府（村委会）办公场所，但不能没有大戏台。长期以来，古戏楼、新戏台成了一个村庄的百姓生活和谐、日子过得红火的标志。大多数戏台对面建有龙王庙、真武庙、财神庙等庙宇，俗称"村有好戏台，就有好风水"。

二、飞狐戏曲种类

受涞源、蔚县两县的双重影响，飞狐村落的戏曲种类有河北梆子、涞源梆子、山西梆子、灯戏、秧歌戏、道情、老调、皮影戏等。

（一）河北梆子

河北梆子大约诞生于1820年至1850年之间，据记载是由古老的昆曲、秦腔演变而来，当年盛行于京、津及河北平原，统称京梆子。1920年以前是京梆子的鼎盛时期，甚至传播到了河北周边省份及全国。

（二）涞源梆子

涞源梆子原本是京梆子。清光绪年间，京梆子流传到涞源县。涞源梆子类似河北梆子，但唱腔不如河北梆子丰富动听，只有头板、二六板、梆子穗及少数花腔。主要乐器武场有鼓、板、锣、镲、小锣、梆子，文场只有板胡、笛子。演员分须生、小生、武生、大黑、花脸、小旦、青衣、丑等行当。

（三）灯戏

灯戏是一种全体性的社火类活动，遍及每个村落，民国《察哈尔省通志》卷十五《户籍编之五·风俗》即有"上元张灯三夜，演戏祭三官神，有灯厂"的记载。灯厂即灯山楼，用来祭祀天、地、水三官，主要在每年元宵节前后三天举行祭祀活动，基本内容有点灯山、拜灯山、耍社火和唱大戏四部分，也有的村落并不唱戏。宋家庄镇的上苏庄村现存古堡与其他庄堡的建筑布局稍有差异，其堡门位于西北处，掩藏在戏楼的后边，灯山楼在堡南墙正中，坐南朝北，面对真武庙，拜灯神仪式结束之后，则到堡北门外的三元宫对面的戏台上献戏。这种活动在追求节庆娱乐功能的同时还具有抑阴扶阳、助行气的功能，其沿街串巷的模式也继承了"沿门逐疫"的仪式功能。

（四）秧歌戏

秧歌戏是在华北地区流传很广、很久的一个剧种，农民劳动一年之后，趁农活闲暇之时，村里好戏的青年人便学演起来。蔚县秧歌戏是本土成长起来的地方戏，与灯戏有着千丝万缕的联系，灯戏中有秧歌艺人的参与，秧歌班社也供奉"三官爷"，最初村落成立的戏班归三官社管理，戏班称为"社火班"。清道光年间以来，蔚县出现了许多优秀的班社和艺人，村落中多有"社火班""子弟班"，由本乡人组成，在农闲时演出，不收费；另外有散班，以营业获利为主，四处流动演出。正因为有了村落戏班的存在，蔚县八百古戏台才显得红火热闹，得以不断修葺。其实，"秧歌"自清道光以来已经脱离了民歌的范畴，不再是一种简单的民间歌舞小戏，而是声腔丰富、表演成熟的剧种，有"梆子秧腔"之称。

(五) 道情

道情，属曲艺类别之一，渊源于唐代的道士曲，以道教故事为题材，宣扬道家绝尘离俗的思想。宋代始称道情，明清以来，道情流布甚广。

蔚县道情的形成史无记载。但通过其在民间和其他剧种中遗留下来的音乐以及剧目中的一些线索，可以归纳出蔚县道情的形成与发展经过了两个阶段。一是说唱道情，或叫坐场。说唱道情在清代以前已经兴盛，与蔚县相邻的雁北各县就有十多种道情流传，蔚县道情受山西道情影响或与其相互影响是很自然的。二是戏曲道情。从清代开始，由于受昆腔弋曲的影响，蔚县道情由说唱道情发展为登台表演的戏曲道情。但说唱道情并未消失，而是两者并存；到清中后期，吸收了道情艺术元素的蔚县弦子腔和蔚县秧歌先后兴起，道情逐渐衰落。至 20 世纪中期，蔚县的说唱道情只在代王城以西一带流传。

三、好戏连台的幸福生活

在历史悠久的中国民俗崇拜和传统习俗中，唱戏是敬神、酬神、祭祀的传统形式，也是年节社火、婚嫁庆典、文化娱乐不可或缺的主要内容。

蔚县、涞源两地村村有寺庙，村村有戏楼。独特的地理区位和历史衍演让这里的人们喜好看戏，也有着自己的演戏习俗。人们常说"十里不同俗"，有时毗邻的村镇演戏的习俗也不尽相同，常常因为经济、文化等历史原因而各具特色。戏楼演戏的时间一般都按民间流传下来的寺庙祭神日和庙会时期，定期与不定期地开展，从农历正月初一可以排到十月中旬"神门"闭。[①]

(一) 神戏

神戏一般在新建戏台或庙会头一天上演。神戏过后方唱正本大戏。

---

① 河北省蔚县政协文史资料委员会. 蔚县文史资料选辑 第 16 辑 蔚县古戏楼 [M]. 2008：114－123.

神戏的唱法是三通锣鼓响毕，五人登台，天官道："远望一棵槐，槐上挂金牌，金牌写大字，天官赐福来。"状元道："斗大黄金印，天高拜玉堂，不读万卷书，焉能伴君王。"三位老道齐曰："西北天角一块云，上边罩着莲花盆，千军万马上不去，单等慈悲行善人。"之后正本戏开始。如逢正月十五唱神戏，一些人还往戏台上扔钱，算作布施。

（二）定期风俗戏

定期演出的日子：

（1）正月初一至初三，迎春戏。

（2）正月初十左右，开市戏和添仓戏。

（3）正月十五，元宵佳节演灯节戏。

（4）二月初二，太阳爷生日戏、龙王爷抬头戏。

（5）二月初三，文昌帝君生日戏。

（6）三月初三，王母娘娘生日戏。

（7）三月初八，三月二十，四月十八，奶奶庙会戏。

（8）三月二十八，天齐庙东岳大帝生日庙会戏。

（9）四月二十三，祭瘟戏。

（10）五月初五，端午节戏，姑奶奶生日庙会戏。

（11）五月十三，关老爷磨刀戏。

（12）五月二十七，城隍爷生日戏。

（13）五月至六月，祈雨戏，活日子。

（14）六月十三，龙王爷生日戏。

（15）六月二十，河神爷生日戏。

（16）七月初二，水母娘娘生日戏。

（17）七月初七，牛郎、织女相会戏。

（18）七月二十二，财神爷生日戏。

（19）八月十五，中秋佳节戏。

（20）九月开始唱游荶戏，庆丰收，活日子。

（21）十月中旬，过镖戏。

（三）不定期风俗戏

1. 开光戏

寺庙建成，佛像、神像塑就，或者为佛像、神像再塑金身，就要选择一个吉庆的日子，大肆庆祝，为佛像、神像"开光"。"开光"一要选良辰吉日，时辰也很重要，多在卯时（上午五点到七点），此时太阳微露金光，取其红日欲出，光芒天际之意。届时还要请来戏班独唱，以示庆贺。

2. 还愿戏

还愿戏是人们在神、佛前许愿，愿望达成后为感谢神、佛的护佑所唱的戏。你若心想事成、意愿得遂，就得讨他们欢心，给他们送点礼品，事先就要到观音殿、奶奶庙、财神庙、城隍庙、魁星楼等处虔诚膜拜、焚香、布施、添油、许愿。这种情况下唱的戏就是还愿戏。

3. 开市戏

开市戏是商行为庆祝"开市大吉"求佛（神）保佑演唱的一种吉祥戏。旧时的商行在每年农历正月初五前后．将店内一年所用的伙计、职员雇好后会稍微整顿几天，正月初十之后便陆续开市。开市时都要由行会组织，请戏班来演戏庆祝。

4. 庆婚戏、庆寿戏

庆婚戏是有钱人家迎亲嫁娶、庆祝花烛之喜唱的戏。届时会大摆宴席，大请宾客，为家中供奉的佛、神上大供、烧高香。

庆寿戏又叫"堂会戏"，是豪门巨室、官宦之家为祝贺祖父、祖母、父亲、母亲的五十大寿、六十大寿、七十大寿、八十大寿等唱的戏。

5. 开台戏

开台戏又叫打台戏，是旧时演戏的一种习俗。一个新舞台建成后，首场演出前都要举行这种仪式，目的是借用阿弥陀佛和梨园鼻祖老狼神或唐明皇的威力，通过打台，驱赶台上的妖魔鬼怪和各种邪气。

6. 庙会戏

庙会戏是赶庙会期间唱的戏。飞狐一带"庄堡多""寺庙多""戏楼多""庙会多",几乎村村赶庙会,月月有庙会,赶会就唱戏给佛(神)过节,也是为赶会的人们助兴取乐。

7. 祈雨戏

又叫"寻雨戏",也叫"求雨戏",目的是求得龙王爷、关老爷、姑奶奶和观世音菩萨的帮助。有时由一个村单独举行,有时邻近几个村联合举办。大都在农历四月初八开始祈雨,五月初五、六月十三、六月二十四、七月初七也是祈雨日,但各地也有不定期的求雨活动。祈雨结束,如果很灵验,开始下雨,老百姓就说"咱村的龙王爷发灵验!"就会唱祈雨戏来报答龙王爷;如果不灵验,老百姓就把它的塑像抬到院里或地里,把它全身脱得精光,让它晒太阳,让它尝尝赤日当头、火烧火燎的苦头,硬逼着龙王爷下雨,这叫作"晒神"祈雨。一旦下雨了老百姓就会集资筹款,请来两三班好戏,唱三五天贺雨戏感谢这些为民造福的龙王爷或关老爷。有的地方则在祈雨前就先唱一台,提前向龙王爷表示一番至诚至敬的心意。

8. 发丧戏

一般唱发丧戏的丧主为有钱人家,要请一两班鼓匠致哀,请 12 个和尚念经,请一班大戏追悼。一来报答死者生前的养育之恩,二来求得神佛保佑死者早升天界,三来借死人之灵显富露脸,炫耀门楣。

9. 死婚戏

死婚戏是为庆贺死人婚姻配偶而演的戏。旧时豪门富户家的未成年人夭折,死者的父母唯恐子女死后孤独,而为之觅寻异性对偶,按照活人婚俗嫁娶程序,邀请亲朋好友,雇来鼓匠、戏班,大肆庆贺。

10. 谢茬戏(秋报戏)

谢茬戏是飞狐风俗戏中最普遍、存在时间最长、规模最大的一种。若庄稼长势好,则在白露和立秋之间择吉日,请戏班子唱大戏三日,以谢五谷神灵。农民辛劳一年,喜获丰收,为了庆贺丰收,感谢龙王爷、关帝爷、风神、雹神诸神保佑,风调雨顺,普降甘霖,五谷丰登,酬谢诸神唱的戏就是谢茬戏,一般从农历九月初开始,一直唱到九月底。

11. 惩罚戏

惩罚戏有两种。一种是为了惩罚戏班和戏子而演的戏。比如戏班误了写戏者要求的应到时间,迟到一天或两天,特别是误了正日子,都要罚戏班唱戏。演员在演出中出了事故,丢了戏,诸如误场、笑场、上下楼梯、过河上船、武戏对打出了漏子,丢词减唱等也要罚戏班或演员演戏。

另一种是惩罚违反乡约的村民而唱的戏。如涉赌违反了乡约,就会"有犯,罚戏一台"。一般来说罚款不会倾家荡产,轻罚大概是一个月的平均收入,重罚则将近两三个月的收入。罚戏的风俗也反映了飞狐人民喜爱戏曲的程度。

12. 封箱戏

封箱戏也叫散班戏。中华人民共和国成立前的专业戏班一般从正月开台一直唱到十月中旬,奔波一年,天气转冷,实在不能再演了,戏班就要停止演出活动。所谓"关闭神门",即"封箱",这就要演最后一台封箱戏。

四、戏楼戏台

特殊的历史境遇和村落聚居的生活方式,加之信仰体系的多样化,农闲、商贸等因素促成的戏曲文化、戏剧文化的丰富,使得飞狐古村古堡多,庙宇多,戏台多,形成了鲜明的标志与特色。

(一)围绕神庙而建的戏楼

农村早期的戏台是全村祭典、议事、集会的场所,戏曲演出之外的所有的政治集会活动和社会集会活动,如村民大会、村委会选举、市集等,都要在戏台举办或举行。在1978年以前的整个农业社会,戏台是每个农村建设必需的配备。即使在当今机械生产与互通互联的时代,新农村建设也都规划了戏台。戏台作为农村的政治中心和文化中心,其建造选址肯定在全村的中心地带和开阔地带,一旦选定往往千年不变。一座戏台的寿命大多不过百年,只是屡坏屡修、屡毁屡建。即使该村的交通重心、商贸重心、人口重心转移,戏台的位置也很少变迁。这不是说戏曲娱乐的引导功能不强大,而是农业社会"祭台"的文化根基、文化精神亘古未变。但当今新农村建设的戏台普遍是迁址重建、异地新建,大多是农业社会向机械生产与互联互通社会的彻底转变和强制转变,戏台已不再是祭台。

飞狐古村的庙多，戏楼便多。飞狐的戏楼绝大多数是神庙戏楼。这里村村有戏楼戏台，有的村甚至不止一个，小小的戏台上展演着人生百态、才子佳人、悲欢离合，寄托着乡民对生活的理解和美好愿望。

（二）飞狐戏楼的形制

飞狐留存的戏楼多数兴建于明清时期，以建于清代的为多。这与庙宇系统的兴建有关。而戏台大量修建的高潮出现在清乾隆年间及其后，其内在推动力在于当地农、商的快速发展。这个时期是蔚县、涞源戏剧发展史上的高峰，也是戏楼兴建的高潮，几乎村村都有戏班和艺人。每逢过年、过节、赶集、赶庙会时，各村的戏楼前必是锣鼓喧天、热闹非凡。正月初一唱戏、正月十五唱戏、庙会唱戏、集市唱戏、办红白喜事唱戏、祭神祭祖唱戏、还愿唱戏、义赈唱戏、庭院唱戏、四月求雨唱戏、七月为河神唱戏……名目繁多。给神仙看戏，让神仙开心高兴，祈求神仙保佑普天下芸芸众生聚财得子，风调雨顺，五谷丰登……这是人们的美好愿望。

一般来说戏台都是面对庙门。在村里主干道的起点和终点附近会有庙宇，是村落的守护神和礼制的象征。为了酬神和自娱，村民在庙宇对面修建戏台、戏楼。先筑五六尺高的石台，台上盖三间戏楼，中间一间大，两边小。戏楼后半部打木隔扇分前后台，隔扇两边留小门，写"出将""入相"。戏楼的檐梁柱用油漆彩绘，中间高悬一木匾，题写戏楼名称，如"聚星邀月""奉扬仁风""海市蜃楼""和声名盛""宣德颂神"等。另外在挨近戏台处盖三间附属房屋，名曰"下处"，供演员演出时住宿。三间戏楼约50平方米。唱戏时，两明柱中间的一间为表演区，右侧是武场乐队，左侧是文场乐队。表演范围很小，铺一领五八尺席就行（那时无地毯）。那时演戏无任何布景，只有大小两个幔子，大幔子挂在后面当底景，小幔子活动使用，插在桌腿上当城楼、卧帐，搭起来当花轿。表演区靠后台摆一长桌（名"堂桌"）和几把椅子，金殿、大堂、客厅都以堂桌代替。演出时有一专人负责搬动桌椅、布置小道具，俗称"拉前场的"。演员唱起来时，拉前场的兼敲梆子。

戏楼的种类和形制各种各样、争奇斗艳。有一面观戏楼、两面观戏楼、三面观戏楼、台口作三面观戏楼、穿心戏楼、双棒戏楼、姊妹戏楼、排字戏楼及坐台戏楼、灯影台、庭院戏楼等十多种。建筑形制大体为硬山顶式、歇山顶式、卷棚顶式、单体式等，以及由此衍生的因地制宜的各种形式。砖雕木雕，栩栩如生，楹联题壁随处可见，绘画艺术精美绝伦……可称得上"古戏楼博物馆"。涞源、蔚县现存单体卷棚顶式戏楼较为普遍。

（三）典型的飞狐戏楼

1. 宋家庄穿心戏楼

位于蔚县宋家庄镇宋家庄村内，坐南朝北，明代万历年间所建。在堡门北 5 米处，居东西大街之中，与堡门真武庙遥相对应。面阔三间，进深四间，建筑面积 62 平方米。前四架梁的后三架中柱分心通体用四柱，戏楼中心开一条宽 2.20 米的通道，台基下为空心，平时是出入村堡的通道，唱戏时用木板盖住，上能文唱武打，下能行车过人，所以称为"穿心戏楼"。戏楼东侧有一条人行通道，供行人出入。在村堡有限的空间范围内，这种穿心造型巧妙地将戏楼置于堡门内主街路口之上，节约了用地面积，还使整个戏楼造型美观，充满想象力。

整座戏楼建筑工艺精湛，形制协调完美，呈卷棚式，为单檐硬山卷棚勾连搭式，硬山做后台，卷棚为前台。将硬山顶与卷棚顶巧妙地结合在一起，使得戏楼屋顶一波三折，富于变化，既增加了戏楼的纵深，也构成了戏楼的外在美。硬山顶部分与卷棚顶部分之间置金柱四根，唱戏时，戏台中间过道上加盖木板，在金柱旁置木制隔扇，隔扇两边设上下场门。戏楼正面椽头雕有狮子头和戏剧人物脸谱，正面前檩正中处雕有五条金龙，均为浮雕式，形态逼真，呼之欲出。楼台上设有明暗木柱，明柱上挂木制楹联。戏楼内壁绘有彩色壁画，东面是《拜寿图》，西面是《绿牡丹》，后面为木制装板，绘有《百古图》，图案精美，线条细腻。"文化大革命"期间，穿心戏楼的浮雕、彩绘遭到不同程度的破坏，但戏楼整体仍然保存完好。2018 年在河北博物院举办的《金声天韵——河北梆子艺术展》现场用于演出的穿心戏楼就是仿照宋家庄穿心戏楼搭建而成的。

2. 上苏庄戏楼①

坐落于堡门外，坐南朝北，与三元宫相对，建于明末清初。通高 7 米，台基 1.5 米，以青砖砌筑，条石压边，架梁有六柱，设明柱与暗柱。双檐硬山卷棚式，面阔三间，进深两间。木制隔扇，将舞台分为前台与后台。戏楼插坊布瓦，十分考究，楼前檐柱头用木雕龙头收边，阑额、雀替均为镂空雕饰，华丽中不失典雅，在戏楼现存题壁中，有 1918 年、1920 年演唱蔚县道情的记载。整座戏楼造型美观，古香古色。

3. 涞源县曲村两面戏台

位于涞源县涞源镇曲村，建于清代中期，形制为卷棚顶，砖木结构，面阔三间，进深两间，建筑面积为 103.04 平方米。戏台南为三官庙，北为观音庙，每年农历正月、二月庙会期间都要唱戏，故将戏台建为能两面唱戏，两庙共用，可谓别出心裁。抗日战争初期曾进行过维修，1995 年省文物局拨款重修。1988 年 1 月被列为县级文物保护单位。

4. 留家庄村古戏楼

位于涞源县留家庄乡留家庄村，坐北朝南，面阔三间 8.2 米，进深两间 7 米，通高 6 米，五架梁，素脊硬山顶。戏楼对面现有观音庙和财神庙，有两棵百年油松。属清代晚期建筑。

5. 黑石沟村古戏楼

位于涞源县留家庄乡黑石沟村北，坐南朝北，面阔三间 8 米，进深三间 7.5 米，通高 5.7 米，五架梁，素脊硬山顶。属清代晚期建筑。

6. 烧车村古戏楼

位于涞源县留家庄乡烧车村西，坐东朝西，面阔三间 7.9 米，进深两间 7.3 米，通高 7.15 米，五架梁，素脊硬山顶，前后檐破损严重，飞椽腐朽。属清代晚期建筑。

7. 坡水村古戏楼

位于涞源县留家庄乡坡水村南，坐南朝北，面阔三间 8.2 米，进深

---

① 李新威，吴素琴. 河北省传统村落图典，张家口 蔚县卷 [M]. 石家庄：河北教育出版社，2017：17.

两间 7 米，通高 6.5 米，六架梁，卷棚顶，壁画模糊不清。属清代晚期建筑。

8. 金家井村古戏楼

位于涞源县金家井乡金家井村北，坐南朝北，面阔三间 8.7 米，进深三间 8.3 米，通高 5.5 米，七架梁，素脊硬山顶，码头砖雕，图案为鹤和凤凰，除部分飞椽腐烂外，基本保存完好。始建于明代中期，清道光十四年（1834）重修，原有匾额，上书"政通人和"。

近些年戏台戏楼少了很多，究其原因有：一是日军侵略时拆毁一批；二是"文化大革命"中"破四旧"拆毁一批；三是城镇村庄建设拆毁改建其他建筑物；四是由于看戏人口日益减少，戏剧日益没落，戏台年久失修自然毁灭。

（四）村堡建筑、戏曲与戏台的关系

村、堡、信仰、戏曲、戏台，不仅在内在上是紧密相关的，在外在上也体现了密切相关与和谐。戏台与庙宇往往相对而建，它们之间往往用看楼、围墙或其他建筑构成相对闭合的观演空间，形成"庭院式"群体组合形式。作为演剧主体之一的庙宇是以共同的信仰和对神祇的情感依赖为纽带的，与传统庙宇、祠堂、会馆的剧场相比，村落戏剧演出空间具有鲜明的特点。从艺术价值来看，地方百姓在修筑村堡前后有效地利用了空间，出现了一种戏台、寺庙与古堡相结合的新形式和文化景观。戏台也有效地利用周围环境，高大的堡门、瓮城城墙和街道两侧的房屋能够形成很好的扩音效果，舞台上的动态变化与古堡景观以及周边等静态空间还可以形成强烈的对比，不仅能营造深远的艺术境界，还能发挥戏曲陶冶、净化心灵的功能。

村堡和庙宇、戏台等相结合所形成的公共空间在物质层面和精神层面构成了和谐统一，它们所形成的地方文化系统是人们调适与自然环境、社会的关系的产物，是人们的普遍情绪催生了共同的信仰。戏台与堡门及其内庙宇相对所表现的这种文化自觉来自中国古老的宇宙空间观念，它们以阴阳喻天地，诠宇宙。寺庙、戏台等公共建筑作为聚落的象征，在整个区域内具有普遍性和相似性，这种集体行为的产生也促使灯

戏、秧歌等戏剧在仪式之外具有了全体参与的狂欢性特征。①

第四节　生活与生计

人间烟火味，最抚凡人心。最深刻的哲学道理、最精髓的人生意蕴往往就藏在那些市井百态、寻常生活中。而日常的生活，一锅一镬，一茶一饭，一作一息，一忧一喜，都能体现出对世界和自己的理解、认识。

一、飞狐食俗

亚高原地势的冷凉气候赋予了飞狐虽不丰腴却独具特色的物产，独特的区域优势、曾经的近塞边城、南北贸易的往来、渐亲渐近的民族融合，形成了飞狐独特的交汇型、多元性饮食习俗和文化。

（一）飞狐特色小吃

首先，地势高燥、气候寒凉、无霜期短、雨少风多、土地不足使得飞狐地区的粮食作物品种少、产量低，以玉米、大豆、谷子、高粱、小麦、黍子、荞麦、莜麦等为主。为了让有限的粮食发挥最大的效用，当地百姓粗粮细作、变换花样，也为飞狐增添了很多特别的小吃和美食。

其次，飞狐蔬菜少，冬季不好保存，蔬菜晒干或腌渍后可留到冬季食用，而用粮食来制作或参与制作菜肴也是涞源、蔚县两县的普遍做法，这些做法颇有山西风味。

1. 黄米糕

飞狐的黄土地、沙土地和冷凉的气候很适宜黍子生长，用黍子推出的黄米粒大金黄，非常黏，是当地很受欢迎的主食之一。"三十里的莜面四十里的糕，二十里的荞麦饿断腰"，这是广泛流传在蔚县、涞源的一句俗语。可见莜面、荞面和糕在当地人们生活中的重要性。

---

① 王鹏龙，刘晋萍. 河北蔚县古堡与庙宇——民间演剧的空间阐释 [J]. 中国戏曲学院学报，2016（3）：45—52.

在涞源还有一种枣云糕，意思是像云朵一样加了枣的糕。正宗枣云糕在起卷的时候要从两边向中间一起卷，切开后称"如意卷"，象征吉祥如意，幸福美满。吃的时候过油炸一下，蘸着白糖入口，香甜软糯，外焦里嫩，是外地人到此必点的美食。

2. 莜面卷

莜麦是典型的高原作物，山西雁北地区、内蒙古地区、河北的张承地区都有种植，也是飞狐地区的特产。做莜面卷要用专门的砧板，这种砧板是用硬质木料做成的，据说最正宗的砧板是用蔚县大南山上才有的绵阳石做成的，色泽骨白，磨成斜面，制作莜面卷时，先将莜麦面用滚热的水泼开，揉好后团成塔形，揪下拇指端大的一小块，用右手在板上搓成椭圆形的片，左手随之将拇指和食指压在面片的顶端顺势麻利地一卷，一个有两层的小卷便卷成了。再把面卷挨个码到笼屉里上锅蒸熟，蘸上卤就可以吃了，卤可以是飞狐特有的山蘑肉丝卤、土豆条豆腐卤、西红柿鸡蛋卤等。

3. 饸饹

荞麦是飞狐传统作物，分白荞、黑荞两种，其营养价值高，性凉、味甘，可调治高血压、糖尿病等。用荞麦制成的饸饹是飞狐人民重要的日常食品和节日食品。

4. 八大碗

"八大碗"普遍流行于北方各地，菜肴品种可能不尽相同，但均为宴宾会客的保留菜式，这可能与旧时宴会时火力有限、人手有限，需要提前准备好半成品有关。飞狐的八大碗一般为丝子杂烩、炒肉、酌蒸肉、虎皮丸子、块子杂烩、浑煎鸡、清蒸丸子、银丝肚八类。有荤有素，烹饪精细，鲜美可口，不论婚配嫁娶、宴宾会客，上至官府，下至平民，都把"八大碗"视为特别讲究而又阔绰的名肴。

5. 豆腐

可能是因为水硬，也可能是因为豆腐原材料不挑季节好保存，蔚县、涞源人爱吃豆腐。这里的豆腐与众不同，是最具乡土气息的食材。此地豆腐的特殊之处在于点制过程，不同于其他地方用卤水或石膏点制，这里的豆腐用酸浆点成。酸浆就是把压豆腐沥下去的浆水放入缸中进行发酵而成的，因此豆腐带有一点酸味，而售卖的时候也要放在水桶中用清水泡着，将豆腐与空气隔离才能保持鲜嫩口感。这样的豆腐干非常有嚼劲，筋道，也是当地非常受外地人欢迎的食品和土特产品。

6. 煎饼

涞源煎饼有"四绝"，一是个大，煎饼铛子最大直径可达1米多，一般也不少于2尺；二是薄，每张煎饼薄如纸；三是金黄，用小米、玉米、黄豆为原料，还可以加上一点小麦使之更为筋道，佐以葱、姜、大料、花椒等，摊好后薄如纸、黄似金；四是筋道，每张煎饼均可以提起来，感觉如绸。概括地说"四绝"就是大如盖、薄如纸、色如金、筋如绸。

7. 腌菜

高原的冬季漫长而寒冷，过去在没有温室大棚的情况下，为了防备少有新鲜蔬菜的冬季，并不富裕的山区群众发明了用腌制储藏蔬菜的做法。与四川泡菜和朝鲜泡菜不同，飞狐泡菜有独特的风味，其中腌回回白和臭蘘菜极具特色。回回白是这里出产的一种大头圆白菜，以此为主要原料，配上姜山药（鬼子姜）、滴露、甘露、芹菜、青辣椒、绿西红柿等，切碎后加上生姜、花椒等佐料腌在一起，吃起来酸脆可口。臭蘘菜是用苦菜沤制而成的，有一股奇特的臭味，如同臭豆腐一样，极具风味。

除了以上这些，搅粥、豌豆粉、豆面糊糊、红豆饭、小米干饭等都是飞狐特色食品和小吃。食品和小吃往往是某地区别于其他地方的明显标志，甚至有很多人心目中的地图是以小吃为标记的，因此，这些都是飞狐今后的发展可资利用的宝贵特色，也是可以转化为资本变现盈利的独特卖点。

（二）节气与食俗

因为农业社会的传统节日往往与节气、农时相关，而不同节气的农产品收获不同，因此中国人的时令、节日与节庆往往反映在不同的地方。不同的节气饮食习惯不同，飞狐所在的蔚县、涞源亦是如此，由于气候、出产等原因，在节气食俗上也有自己的独特性（见表4－2）。

表 4-2　飞狐时令食俗

节气	食俗	来源
二月二龙展眉吃煎饼揭龙皮	荞面煎饼：荞面用凉水调搅成糊状，在里面加入盐面、葱花和花椒粉等佐料，然后在烧热的铁鏊子上抹烙，为防止粘锅，可在鏊上涂些麻油。为防止煎饼焦煳，可调成微微温火。经过反复翻烙，达到内熟而外不焦，韧软而形不变。	二月二是龙抬头、龙展眉的日子，冬去春来，万物复苏，揭去龙的老皮，好长出新皮，轻装上阵腾云治水，保障风调雨顺，五谷丰登。
三月中过清明甜馍馍羊角葱	用20%的红高粱取其红色和易发酵，10%的黄豆取其味甜和易疏松，加上小米混合磨成面后和面，捏成大馒头状，放在笼屉上慢慢蒸，边蒸边等其慢慢发酵以充分发挥其糖分，一夜的功夫才出锅，称为"啦甜馍馍"，切片冷食。	遵循清明节前一天寒食的传统，而此时羊角葱正当季，配着香甜的馍馍正可口。
四月八庙门开炸油糕敬奶奶	把蒸熟的黄米面糕捏成不同的形状，包上红糖、豆沙或豆腐等不同的馅料，放进热油锅里炸，炸得表面金黄酥脆膨起即可，有圆、扁、三角等不同的形状，吃起来内软外脆香甜适口。看起来金黄灿灿，是农村百姓理想的民俗饭食。每逢闺女出嫁、老人寿辰、小儿满月时，均以油炸糕待客，以示祝贺。蔚县地方流传着不少与油炸糕有关的口彩，如"油糕包糖，五世其昌""炸糕包葱，大运亨通""油糕蘸蜜，万事如意""油糕包菜馅，越老越强健"等，表现了对炸糕的情有独钟。	四月初八是佛诞节，在飞狐还是泰山圣母（奶奶）的诞辰，人们会到奶奶庙赶庙会，焚香烧纸，求儿祈子。油炸糕也是庙会小吃。
五月初五吃凉糕	以糯米或大黄米和红枣为原料，以苇叶为辅料。经过泡米、挑枣、捋苇叶，把米和枣一层层铺撒在苇叶上，再用苇叶覆盖，经过蒸煮即成凉糕。可切成块吃。这种凉糕简化了包粽子的步骤。	与纪念屈原过端午节有关。
八月里禾香飘中秋节吃新糕	将新收获的黍子不等晒干就推掉糠皮，趁湿连皮磨成面，蒸出的黏糕呈暗黄色，但是有新粮特有的香味随蒸汽冒出来，令人垂涎。	农历八月是秋收季节，新黍子已经收获，秋忙季节吃新打的黍子尝鲜，既香甜又解饥，还扛时候。

续表4-2

节气	食俗	来源
腊月八冰山赛红豆粥扎根菜	红豆粥又称腊八粥，以小米、豇豆、红枣为主要原料，有的还掺上大米和麦子等。做红豆粥时，须先将豇豆下锅煮沸，然后再放进小米和红枣，急火煮成软粥。吃腊八粥讲究颇多：一是拂晓做饭，黎明吃粥，日出前必须吃罢；二是吃腊八粥要就豆芽菜、莙荙菜（俗称根达菜）等扎根菜，祈求根深叶茂子孙繁衍；三是用腊八粥喂门铧，供井神，让它们与人共享。	腊月初八，释迦牟尼成道日。每逢此日，人们煮粥供佛，寺院施粥"放饭"。也与朱元璋年少讨饭吃腊八粥的故事有关。讲究在太阳升起之前吃完饭（特别是小孩和年轻人），不然有生"红眼"孩子的说法。
腊月末二十八摊发馍把家发	先将小米面加水搅和并使其发酵，再掺入小米米汤，兑入少许碱水，调成稠糊状。将铁鏊子（摊发馍专用工具）架在火炉上，等鏊子一热便将原料舀入鏊中，加盖后，一会便热。发馍呈圆饼状，味似馍而比馍酸甜，吃起来既香甜又爽口。	北方年俗俗语中有"二十八，把面发"的说法，一是要准备好过年的主食馒头，二是取"发财""发达"之意。馍馍还可馈赠亲友。
年三十旧岁除压饸饹燃爆竹	将揉好的面团用"饸饹床"直接轧在沸水桶里，稍等一会儿捞入冷水盆里即成熟食。优质饸饹柔韧纤长，色泽洁白，一次轧成，可多次调食。既可调以浓郁的荤汤，又有清香的素汤，冷吃热吃均可。	饸饹在蔚县乡民中被视为美食盛馔，在除夕、安棚（婚礼头一天）等日子一定要吃饸饹（而一山之隔的涞源则吃饺子），并流传着美好的谣谚"安棚饸饹，白头偕老""年终岁末，合家和（饸）乐（饹）"等。象征吉祥、顺利。

（三）土特产品

1. 杏干及杏扁

飞狐地处冀西北山区，具有栽植杏树的得天独厚的条件。近年来，种植杏树、开发深加工产品与农民脱贫致富、环京津生态环境建设、"四荒"开发结合起来，使杏树种植大面积推广，也使杏扁、杏干加工产业实现了跨越式发展。蔚州杏仁是蔚州名贵礼品之一。

2. 中药材

狭长的飞狐古道曾经也是北药换南药的通道，那些往返于冀中平原和塞外草原的驼帮、马帮、驴帮驮运的货物中就有来自蒙古草原和东北的药材，经飞狐古道卖到冀中平原，到四大药都之一的祁州（今河北安国），再从这里采购南方的药材，销往塞外。这些药材中有很多来自飞狐。飞狐辽阔的山场、茂密的植被给这里提供了丰富多样的纯绿色、无污染、无公害的中药材资源，其中知名中药材达350种，珍奇和稀有中药材有黄檗、刺五加、七叶一枝花、五味子、百里香、金莲花等数十种。[①] 这些药材中，沙棘是飞狐古道上随处可见的一种灌木果实。沙棘对心血管系统、呼吸道系统、消化系统等百样病症均有较为理想的疗效。每当秋后草枯叶落，一嘟噜一挂拉的杏黄色沙果耀人眼目。当地山民采沙棘放在缸里，搅烂成酱撒上白糖封闭数日，可食用一冬一春，对风寒感冒、咳嗽等颇有疗效。此外，涞源西北部和东北部与张家口市接壤的海拔2000米的东、西甸子梁生有麻黄科、草本状小小灌木草麻黄，棵高20～40厘米，小枝微曲、细纵植纹，常不明显。花期五六月，果期八九月，是民间治哮喘的得力药物。

3. 小米

涞源、蔚县昼夜温差大、海拔高，日照时间长，无霜期长，无雾霾，土壤富含硒、铁、锌等100多种微量元素，特别适宜谷子的生长发育。历史上蔚县的小米便被作为历代进贡朝廷的"四大贡米"之一，现在已成为地理标志产品。涞源小米虽一样优质，如金家井的小米就以颜色金黄，煮的粥黏稠拉丝、香甜可口著称，但由于不注重宣传、不成规模而缺少认证，但近些年来涞源的小米越来越受到市场的重视。

除了这些之外，飞狐地区出产的柴鸡、柴鸡蛋、玉米、黑木耳、野山蘑、核桃、野山榛、白麻、胡麻油等土特产品也因绿色、无公害、营养价值高等符合现代市场的需求，具有很大的市场潜力。

二、飞狐民间艺术

（一）剪纸

飞狐剪纸承自蔚县。蔚县剪纸源于明代。清代末年，蔚县剪纸工具改革，由"剪"变"刻"。20世纪初，蔚县剪纸在构图、造型和色彩上

---

① 孙晓福. 涞源"北药"话珍奇［A］//涞源风情［C］. 北京：冶金工业出版社，2016：75.

逐渐形成了独特的艺术风格，开创了独具一格的民间剪纸新流派。与其他地方的剪纸有所不同，蔚县剪纸是用上百把小巧玲珑的雕刀、刻刀（而不是其他地域剪纸用的剪刀）在白纸上雕刻出来各种形象，再用饱满、浓艳的大红大绿的色彩点染而成，造型生动，色彩绚丽，工艺奇特，艺术风格独树一帜。蔚县剪纸有画、浸、刻、剪、染、包六大工序，以阴刻为主，阳刻为辅，阴阳结合，复用多色点染彩绘，吸收了木版水印窗花以及河北雕刻刺绣花样等艺术特色，达到了工致传神、雅俗共赏的效果，有花卉、戏剧人物、脸谱四大类等3000多个品种。刀工既有北方民间剪纸粗犷、质朴的特性，又有南方剪纸细腻、秀丽的风格，色彩浓艳，对比强烈，装饰感强，民间味浓，富有韵味，呈现出妩媚娇艳、淳朴华美的艺术魅力，备受青睐。2006年5月20日，蔚县剪纸经中华人民共和国国务院批准列入第一批国家级非物质文化遗产名录，2009年10月，河北、辽宁、浙江、山西等14个省区市的剪纸捆绑联合申报世界非物质文化遗产，河北"蔚县剪纸"作为"中国剪纸"的一部分，成功入选联合国教科文组织非物质文化遗产名录。现蔚县剪纸从业人员有3万余人。

飞狐村落中的南张庄村就是蔚县剪纸的发源地，将剪纸艺术推向成熟的一代宗师王老赏及周永明等著名剪纸艺人就出自该村。该村有联合国教科文组织和中国民间文艺协会联合命名的一级民间工艺美术师1名（全县唯一的一名），工艺美术家2名；有省级工艺美术家（大师）5名，剪纸已成为全村的龙头产业，作品畅销全球70多个国家和地区，被称为中国剪纸第一村。

（二）炕围画

炕围画艺术始于宋代末期，据宋代墓葬考古发现，当时已有炕围画的雏形，明清时期北方民间就有炕围画这种艺术形式，民国年间开始受到重视，20世纪六七十年代最为盛行。历史上的涞源、蔚县行政上曾归属山西，与山西渊源颇深，因此在很多风土人情和习俗方面也与其有相似之处。流行于山西的炕围画艺术也被带入了飞狐地区。鼎盛时期，炕围画画匠与铁匠、木匠一起被推崇为农村的三大匠人。

炕围画是一种地域性很强的装饰性艺术，汲取了年画、壁画、建筑彩绘等艺术之所长，有明显的实用功能和审美功能，画风淳朴自然，贴近百姓生活，具有浓郁的乡土气息。其产生、流行与北方地区的生产生活方式以及周而复始播种希望的农耕文化有关。农村的土炕墙面极易脱落，经常蹭脏衣服，于是人们就用胶与矾水调以细黄土或土制色粉，顺着炕的四周涂上围子，既保护了墙面，又免遭炕围子落土之苦，后来为了增添生活情调，人们又在条形纸上用两种色彩绘制图画，张贴在炕的周围，并涂上一层保护色。慢慢地，又在白土围子上施以彩绘，加上简单的线条边饰，配以图案，并画上花花草草，再用桐油涂罩，既鲜亮又耐久。平日里脏了，用湿布擦拭一下便又光亮如新。最初形式的炕围画就这样出现了。

飞狐地区多为土坯平房，冬季寒冷，家家盘火炕，可供取暖御寒。为了不让家里显得过于简陋，也为了给家里增添一些光鲜色彩，在炕围子上作画便流行起来。谁家盖了新房，盘了新炕，总要请民间画匠来画一盘好看的炕围画，也总能引来乡里街坊欣赏效仿。因此，除了过年过节张贴年画外，家里的炕围画也成为飞狐独特的一景。

飞狐传统的炕围画一般由花边、画空子、妆台画三部分组成，内容广泛，寓情于景，生活气息浓郁，还有寓教于乐的作用，可以用来教育子孙后代学贤行孝，内容以戏曲人物、历史人物、神话传说、民间故事、自然风景、花鸟山水、吉祥图案等乡村画为主，可分为传统作品、近代作品、革命战争时期作品、现代作品几类。图案风格或古朴，或新颖，或简洁，或精细，或平面展开，或立体凸现，或强烈对比，或平和迷离。

炕围画也随时代经历了变革，"文化大革命"期间多了革命题材，大量使用火炬、红旗、灯笼、五星等题材，后来为了快捷方便，又将"画"改为"裱"；20世纪90年代开始，很多人家不再盘炕，炕围画便渐渐失去了生存空间。但是这种具有强烈地域色彩、浓缩了农耕社会精华的艺术形式仍为很多人所喜爱，正如笔者在金家井乡见到的那个退休老教授回乡重修的老屋中，其盘炕上靓丽的炕围画就是其乡愁和乡间文化的一种寄托。

三、节俗与庙会

飞狐地区的节俗兼具冀中平原与山西高原的特征,在相互融合的同时又体现了鲜明的地域性,如仅一山之隔的伊家铺村和岔道村所传承的节俗就不一样。丰富的节俗为深入了解这些村落提供了很好的视角,也为今后这些村落的传承与发展提供了丰富的素材与资源。

蔚县是我国北方民俗、节庆活动较为突出的地方,有着很多独特的节俗活动,其民俗活动也非常丰富。近年来,蔚县深入挖掘传统年节民俗文化,从 2011 年开始举办民俗文化旅游节,并将一系列传统民俗活动打造成文化旅游产品,被中国人类学民族学研究会、国际节庆协会、中国民族节庆峰会组委会授予"最具民族特色节庆"奖,蔚县也成为"中国北方年节文化之都""中国春节民俗名片"。[1]

除了节日活动,庙会也以一种节庆形式存在于广大的农村地区,虽然往往以宗教信仰和祭祀活动开始,但其物资交流以及狂欢娱乐的功能也使其成为农村地区必不可少的生活内容。

(一)节日与庙会

1. 腊八

除了吃腊八粥,在蔚县还有给门环、门锁喂粥菜,吃腊八冰,制冰山,撒土埋鸡等活动,极富地域色彩。给门环、门锁喂粥菜是为了防门环、门锁咬(粘)手,感谢门神保护宅院平安。吃腊八冰则是指初七下午,村民们一起身穿皮衣,头戴皮帽,到附近的河里寻找冰鼓刨下来运回家中,再将其弄成碎块,或者自家用水冻冰,用融化的冰水做饭,"吃了腊八冰,一年不肚疼"。还要将冰块投向米缸、面缸,以求来年常有米下锅,吃穿不愁。

腊八的另一项冰雪活动是制冰山。一进入腊月,村民便在当地寺庙僧人的主持下开始制作冰山,一种是固定的冰山,是村民用松树枝绑成山的形状,放在自家院内,固定在一个地方,然后每天浇水,逐渐冻成

---

[1] 蔚县民俗文化旅游节荣获最具特色民族节庆[EB/OL]. https://www.sohu.com/a/150514428_743882.

长短不齐、粗细各异的无数冰柱,形似钟乳,晶莹剔透,供腊八冰会时聚众观赏。另一种是移动的冰山,就是在一个可供人们抬着移动的四方木架上绑捆松树枝,然后浇水,形成冰柱,等腊八这天,八位农家壮汉抬着它在村里游行。游行队伍前面有吹吹打打的吹鼓手开道,冰山后面跟着的是附近寺庙身披袈裟的和尚。整个游行队伍笙管齐奏,诵经声悠扬,雪白冰山在人群中缓缓行进,宛如仙山临界,万众朝圣。

撒土埋鸡是从全村各家各户养的鸡里挑出五只长得最大最好的红公鸡,然后由村里德高望重的老人主持,放置在村外的田野,全村的男女老少围成一圈,将五只公鸡围在中间。一切准备就绪,便擂鼓敲锣惊吓公鸡,待五只大公鸡闻声起舞时,全村老少便一起呐喊助威,村里的成年人便用铁锹或其他工具挖土扬土,撒向蹦跳着的公鸡,围观的人们便趁机伸手抓鸡,相传谁抓住了鸡,来年就会大吉大利,行好运。①

2. 过年点旺火

腊月二十三祭灶、二十四扫房子、贴春联、贴福字、贴窗花、贴年画、守岁、放爆竹、拜年、给压岁钱、吃饺子、初四迎灶神、初五"送穷"迎财神、二月二龙头节吃煎饼……与我国很多地区一样,飞狐地区过年也会有这些习俗,不同的可能是一些细节。此外,在我国各地的过年习俗中,很多地方都有与"火"相关的活动,一可能是源于古老的原始崇拜火崇拜,二可能是因为"火"意味着希望与生命。飞狐属于北方地区,春节也有很多跟"火"相关的活动,如点旺火。过年"起五更、点旺火"是为了驱年兽、避邪气,寄托着人们对新一年的美好期望和深情向往,不仅形式独特,而且寓意吉祥。除夕的夜里准备好木头或煤或谷草等材料,大年初一的早上,家家户户凌晨五点钟左右起床,洗漱完毕,先在祖先的牌位前点灯上香,给各路神仙、列祖列宗叩头礼拜,然后在自家院子中心点旺火,旺火一定要烧得旺才行。点旺火的同时鸣放鞭炮,让鞭炮声响彻云霄,让熊熊烈火烧掉过去一年的晦气,烧出新的一年的瑞气。当火光升腾而起时,还要在火堆中放入一些柏树枝,一是能发出噼里啪啦的响声,二是说有辟邪的作用。点旺火的时候,全家人集中到院子里,长辈或小孩用三份黄纸将柴火引燃。本命年的老人要将

---

① 田永翔. 蔚县年俗掠影[A]//蔚县文史资料13辑.

春节时要穿的新衣服在火苗上烤一烤;旺火即将燃尽时,男女老少都要聚到火堆旁烤火,说是"烤百病""燎百病",寓意百病不得、平平安安,总之是为寄托美好的愿望。另外,旺火即将燃尽时,倒的方位就是来年进财之象,如果散开,则为八方来财。

3. 元宵节

在我国,元宵节燃灯是从汉代就已开始的节俗,至唐代更为盛行,"火树银花合,星桥铁锁开"之句描述的就是长安元宵节的盛况;明代元宵节已成为民众生活的重要组成部分,届时会连续赏灯10天;清代元宵节是全民共欢的一个民俗节日,赏灯活动中还会燃放烟花爆竹助兴。此外,猜灯谜、吃元宵(汤圆、浮圆子)、走百病(烤百病、散百病)等也属于元宵节的习俗,其间还伴有耍狮子、踩高跷、划旱船、扭秧歌等各种传统表演项目。

蔚县上苏庄的拜灯山习俗就属于元宵节燃灯、闹社火的节俗活动,现为国家级非物质文化遗产,在后面闹社火活动中会详细介绍。

4. 端午节

五月初五包粽子、吃粽子、挂艾蒿。此外,飞狐还有一种佩戴"端午线"的习俗,就是将五色线攒成绳结成环状戴在腕间,苏轼曾描述"彩线轻缠红玉臂,小符斜挂绿云鬓,佳人相见一千年",说的就是这种习俗。这种习俗应与契丹习俗有关,在农历五月初五,契丹人要采集艾叶做艾糕,还把五彩丝线缠在手臂上,谓之"合欢结",将彩色丝线盘绕成人状,谓之"长命缕"。

5. 六月十三庙会

六月十三在飞狐是一个重要的日子,因为这一天和雨水、收成有关系,与人们的生活密切相关。这一天的说法和过法又有几个源头。

祈雨节。春夏之交,小麦灌浆之时往往干旱少雨,因此求雨便成了此时的重头戏。涞源这边的各村会寻水源处向龙王祈雨,地点并不确定,灵验的话就多供奉几年,不灵则另寻他处供奉。祈雨时青壮年在烈日下抬着龙王敲锣打鼓沿街游行,老年人或去水源处或在村民房屋宽敞处设龙王牌位跪拜祈愿。供奉的食品多为面食制作的童男童女或鸡鸭猪牛鱼蟹等,统称为捏面人或白面人。而蔚县这边,郑家庄堡内的龙王庙会举行盛大的祭祀活动，村民自发集资购买一只整羊，供奉在龙王庙殿前，祈求风调雨顺、五谷丰登，并从老爷庙中抬出来用老杏木雕刻的关公像（二老爷）游街，并有锣鼓乐队伴行，游街至龙王庙门口，把二老爷放在太阳下曝晒，直到晒得"二老爷"受不了向"龙王爷求情下雨"。据说，村民在这天不准戴草帽，以避"旱怪"之嫌。

马王爷过生日。中华人民共和国成立前大户人家在年初就预备了一头没有杂毛的黑育肥猪（须为去势公猪），到了六月十三早上杀掉，去除内脏洗干净，用桌子抬到马王庙或土地庙（里面须供有马王爷牌位）供奉一会儿，当家人上香祷告祈求饲养的大牲畜兴旺，小户饲养大牲畜的人家杀不起猪，就买个猪头、猪尾巴收拾干净，把猪尾巴横着放在猪嘴里，用桌子抬到庙里供奉祈祷。

龙女回娘家。相传龙女和民间男子相爱结合后遭到龙王反对，将其逐出龙宫，取消仙籍。龙王奶奶思孙女心切，几番为其求情，龙王才允许龙女每年六月十三这天回龙宫探亲一次。这一天民间女子也要回娘家，家家户户炸油条迎接，嫁出去的女子也会带油条回家。

新麦节。六月十三刚收新麦子，蒸的馒头特别好吃，这天蒸馒头要先在箅子上放一层根达叶，然后将揉好的面团放在叶子上，据说这与王母娘娘有关。王母娘娘心爱的公主远嫁，她舍不得自己的女儿，一直落泪，泪水变成雨水落在人间。女儿出嫁时，王母娘娘配送很多金银首饰，看起来就像根达叶一样，于是老百姓就用根达叶蒸馒头送公主。蒸馒头的时候要蒸6锅，每箅13个馒头，第一锅馒头出锅时只能一个人吃，边吃边说"吃不完，太多了"，以此来预示好年景。吃过馒头后，全村男女要去将井里的水淘干，将平日打水时掉进去的东西打捞出来。

6. 七月十五

道家称七月十五为中元节，佛家称七月十五为盂兰盆节，是民间很重视的一个节日。本地还流传说有个善于搓麻制衣的女子，人称麻姑，某官为了将其占为己有杀害其夫，麻姑不肯屈从，将某官杀死后自刎，这天是七月十五，后人为了纪念麻姑，遂成节日。除了烧纸上香、纪念先人、祈愿野鬼不要骚扰之外，这天还有捏面人的习俗。据说元朝的统治极为残暴，各地官兵不但侵占耕地食粮，还占有新婚女子的初夜权，人人痛恨，七月十五这天家家户户捏面人，在面人内夹藏消息，约定起事，送面人以传递消息，就有了"七月十五捏面人，八月十五杀鞑子"的典故。

除了这些之外，各村还有二月二龙王庙会，二月十九观音庙会，三月三游春会，三月初八、十五、二十奶奶庙会，三月十二五道庙会，五月初五奶奶庙会，六月初六河神庙会等活动，并且各村时间不同，活动不同，可以相互过庙，也加强了人员与物资的交流。还有各村镇或逢三、六、九，或逢二、五、八，或逢一、四、七，或逢五、十等不同时间的集日，一起构成了飞狐地区农村乡居生活的一部分。

（二）闹社火活动

飞狐社火历史悠久，种类繁多，它是劳动人民庆丰收、欢度节日和寄托美好愿望的社会性民间娱乐活动形式，俗称"耍红火"。常见的民间社火形式现存22种。

1. 灯会

灯会是传统的自发性民间赛灯活动，一般有挂灯、提灯两种。挂灯是指用内燃蜡烛的花灯悬挂于大街小巷、庙门、户首，从而形成一种自然的赛灯形式。提灯是在春节和元宵节晚会上，大人小孩手提花灯集体游街串巷。花灯有花鸟灯、瓜菜灯、农作物灯、建工灯，还有宫灯、福字灯、河灯、对联灯等。

2. 摆灯展、拜灯山

兴起于清代，距今约200余年，主要流行于暖泉、桃花、吉家庄、宋家庄和柏树等乡镇，于元宵节前后举行。灯盏是用瓷盘或小瓷碗内放棉捻、食油，放置在圆形小薄木板上，外糊筒状彩条制作而成。灯盏摆置在墙头、井台、窗台为摆灯盏。此外还有摆灯山、布灯阵，并有平年摆360盏、闰年摆390盏的规定。灯山一般陈设于庙宇、戏楼前，在竖起的两根木杆上分层横搭数条木板，四周加灯框，形成4米宽、6米高的主体，各层横板陈设灯盏，摆出"天下太平""人寿年丰""天官赐福"等吉祥词语，前面再罩上黄纱布。布灯阵又称"九曲黄河图"，等距设木柱，驾起横杆，形成弯曲行道，各柱安放灯盏，图案可间插一根36尺高的木杆，上挂红灯，游者从入口弯曲转入大杆前，表达传统的

"抱抱杆，活一千"的美好愿望。

在飞狐的各种社火活动中，必须要大书特书的是"拜灯山"。"拜灯山"也是摆灯盏的一种，流传于蔚县一带，是一种古老的汉族民俗文化，留存了中亚草原"拜火教"的痕迹。所谓"拜灯山"，其实就是敬祀火神，是一种非常独特的民俗活动，曾经在蔚县的很多庄堡流行，但最为盛大、最有特色、保留最多原始风味的是上苏庄村的拜灯山。

上苏庄村每年正月十四、十五、十六三天都会举行拜灯山民俗活动。相传从明嘉靖二十二年（1543）建庄堡时就有了这一活动。经历了明朝嘉靖年间的孕育期、明末清初的成型期、清末民初与汉族民间社火和戏曲相结合的丰富完善期、中华人民共和国成立至今的兴衰更迭之曲折发展期，上苏庄村的拜灯山活动一直没有中断，传说有一年村里因为没有拜灯山，发生了火灾，烧死了一个小孩，村民相信是没有拜灯山造成的后果，因此，即使在"文化大革命"期间，老百姓在后半夜，等把守的红卫兵走后，也要偷偷地点上灯来拜，以祈求新的一年丰收、平安。[①]

拜灯山是敬祀火神。灯山指灯山楼，就是上苏庄堡南那个火神庙。相传南方属丙丁火，此方位可避免村里发生火灾，同时，堡内北边建有三义庙，传说刘备是压火水星，可以以水克火，保村民平安无事，安居乐业。

拜灯山的风俗分前后两部分。人们先要在灯山楼前举行奇特的敬神仪式，然后到村口戏台前的广场上看戏听曲，载歌载舞，大肆欢庆。冯骥才曾详细记述了上苏庄村的拜灯山仪式和盛况。[②]

上苏庄村的灯山活动每年都要吸引本村和十里八村的乡亲们5000多人前来观看。三个一群，两个一伙，看灯山，听大戏，在摇曳的灯光中，在优美的唱腔中，在虔诚的祈祷中，人们迎来了新的一年。

3. 焰火

焰火分简易焰火和架子焰火，在蔚县已有200多年的历史，主要流行于河川地区。简易焰火是指零星点燃的焰火。架子焰火又称"点杆"

---

① 蔚报. 上苏庄点灯山[A]//蔚县文史资料第十三辑，204—205.
② 冯骥才. 拜灯山[A]//蔚县文史资料第十五辑，152—156.

"响杆"，艺人将多种花炮组合成一个系列装置，通过四方斗、紫金树等支系，利用花炮的不同表现形式，交错有序地燃放半小时至一小时左右，环环紧扣，首尾呼应，场面极为壮观。

4. 牛斗虎

牛斗虎由5人表演，其中2人扮牛、2人扮虎、1人扮牧童。表演套路有牛吃草、喝水、跪卧、舔毛，虎吃飞食、伸腰、挠腮、掏耳、跳跃、翻滚等，而后牛、虎大战，以虎败结束，寄托了劳动人民对真善美战胜假恶丑的美好愿望。

5. 背阁

背阁是将扎好的背架捆在背者背上，并将一小孩捆绑在背架上的脚踏板和腰卡处，扮装成所需角色。上下两层人为一架背阁，一般平年12架，闰年13架，在打击乐的伴奏下，下层人按节奏迈方步变换队形，上层人摆动起舞，以悬险、奇妙、美观取胜。

6. 活马舞

"活马"，以竹条或河柳为原料，用蘸了糨糊的白麻将其编制捆绑成马的形状，再以各种色纸做单层糊裱（马的背、腹中间留空，为表演者架持位置），然后用彩笔画上马的眉眼鼻嘴和具有马的特征的部位，插上尾巴和各种必要的外观装饰品，挂上一小串铃，一匹精神抖擞的骏马就算制作完成。如夜间表演使用，还需在马的头、臀处（体内）各点一支蜡烛（现今可以用电池、灯泡代替），马形在灯光的映衬下更显得活灵活现。"活马"的数量一般是成双的，可以两对、四对或八对不等，要视活动规模而定。活马舞的表演适用于各种场地，如沿街表演、围场表演等。有时社首们为了筹粮集资，还要带领表演队深入富家、商家去表演，名曰"入宅表演"或"下帖"。

7. 地秧歌

地秧歌亦称"地蹦子"，是蔚县民间社火活动中群众性较强的一种，流行于各个乡镇，表演形式很多，主要有担挑姑娘、提灯人和身披鱼、虾、蚌道具的舞蹈等，最常见的是"老妈子"和"老王八"两个丑角，表演滑稽，风趣逗人。

除以上这些艺术形式外，打树花、踩高跷、大头人、打架人、老汉背妻、舞狮、跑驴、推车舞、独杆轿、晃、抬阁、扛阁、龙灯等社火活动也普遍流行或曾流行于涞源、蔚县地区，构成了飞狐艺术生活的多色底蕴。

四、老行当

除了耕地、赶脚送货、开铺经商、饲养牲畜，还有一些老行当也是飞狐人民赖以为生的手段，不过大多数今日已经失去生存环境，但是这些行当和生计也反映了飞狐曾经的岁月，并且在今后也会是理解飞狐、体验飞狐的重要内容。

1. 打更

"年年防旱，夜夜防贼"的俗语在飞狐流传久远。巡夜防盗，维护治安，"更夫"无疑是最古老的夜巡队，打更起到了重要作用。在动荡的年代，在没有时钟的年代，从立冬开始到翌年清明这一段时间，各村镇都会雇用更夫数人，每晚轮流在全村范围内穿街过巷，打更巡夜。打更人将入夜到黎明这一段时间分为五更[①]，从二更起，每更都要外出两次，一次称"打更"，一次称"巡更"。

2. 编笼箩

农耕时代，人们日常生活中用到的生产工具、生活用具要靠手工艺来完成，其中各种装东西、盛粮食、筛粮食用的箩筐、笼箩等是生活中的必需品，是一个比较大的产业。当时主要经营制作的东西有笼、马尾箩、挑箱、提盒、帽盒、鸟笼、饭盘子、担束、戏子胡须、妇女头上戴的扭架（现今的头饰）、万民伞等。中华人民共和国成立后，现代化米面加工场相继出现，取代了用石碾、石磨加工米面，笼箩生意才逐渐冷落。

3. 打疙瘩烧柏油

一方水土一方人，在几乎没有一块成形耕田、满是层峦叠嶂、悬崖峭壁、崖柏葱茏的山村里，人们从靠山吃山中悟出隆冬打柏木疙瘩烧柏

---

① 一更为一鼓，19点至21点之间，称为"黄昏"；二更为二鼓，21点至23点之间，称为"人定"；三更为三鼓，23点至1点之间，称为"夜半"；四更为四鼓，1点至3点之间，称为"鸡鸣"；五更为五鼓，3点至5点之间，称为"平旦"。

油的求生门路。大雪封山，除少数人走山狩猎糊口，大多数山民就靠打柏油过活。柏油熬化用水稀释后拌在莜麦种子里，这样长出的苗十分茁壮，秸秆挺直不易倒伏，麦穗数量多、籽粒密实饱满，每亩莜麦可增产二三成。①

4. 砍小木货旋制器具

山里老话说“水绕林转水不浑，山山都有养人的神”。山里有人们取之不竭的灌木、乔木资源，人们砍小木货建作坊，生产旋制茶碗、菜盘、烟锅杆、锹柄、镐把等日常生活和劳作用品。用白桦旋制成的大小木碗、盘、酒具、茶具，古朴结实耐用，常使用无异味，用六道木、鸡骨头（灌木）旋制的烟锅杆笔直光滑，永无裂纹，越使用越是油乎乎、锃亮；用苦枥和白草木旋制成的磕烟灰锅，用皮线穿在老汉们的旱烟袋上，成了耀人眼目的罕见工艺品。尤其用六道木条制成的筷子辟邪无杂味，更神奇的是，用六道木筷子吃饭菜，筷子头遇有毒食物会变黑色，有防毒功能。

5. 鞍子匠

从明朝开始，贩卖驴、骡、马等牲口要交重税，于是牲口贩子们便想出给光身的驴、骡、马备上鞍子变为役用牲口以逃税的办法。飞狐是口外到内地贩卖牲口的必经之地，于是制鞍业应运而生，鞍子匠便成为很好的职业。冷兵器时代与农耕时代，骡、马、驴是主要的战斗力与生产力，现代武器和生产交通运输工具飞速发展之后，其役用与战斗能力日益减弱，也使鞍子匠退出了社会生活。

6. 毛毛匠、皮匠

飞狐地处高海拔，冬季寒冷，需要头戴毡帽或棉帽、皮帽，身穿棉袄加皮袄，脚踏棉鞋、皮鞋或毡疙瘩，晚上睡觉要铺羊毛毡、皮褥子。装东西也要用毛口袋，加之与内蒙古临近，互贸往来，有丰富的原材料，因此产生了一批毛制品加工作坊和毛毛匠。手工缝制羊皮袄、皮裤、皮帽、做皮鞭、皮带、驴盘鞧、皮笼头等皮制品的匠人就叫皮匠。

除了这些，还有编席匠、染匠、荆编匠、纸匠（糊顶棚、炕厢、窗

---

① 孙晓福．涞源风情［M］．北京：冶金工业出版社，2016：105.

户以及殡葬用纸人、纸马花圈等）、钉马掌、铁匠、打土坯、打风箱、绳匠、石匠（加工石碾、石磨）等工匠和行当，都已为现代社会所淘汰，却又带着浓厚的乡村色彩留在人们的记忆里。

第五章 飞狐古道与传统村落的研究视角

对于道路的研究，往往是从工程学、生态学、历史学、交通经济学、地理学、文化遗产学、文化人类学角度进行。近些年针对古道及其引发的历史思考、文化溯源及功能，更加注重多种视角的运用，"路学"以综合多种视角的研究框架吸引了更多的研究者参与。

作为古道上重要节点的传统村落，一直以来都是地理学、人类学、民族学、建筑学、旅游学的研究重点。人类学、民族学更为注重关注传统村落的历史发展、村际关系、村落组织、宗教信仰等，多对具有典型性的村落开展个案研究，试图通过在"地方性知识"和"整体社会知识"之间找到结合点，建立具有广泛解释力的分析框架。地理学偏重于地理环境对村落与民居的影响及人地关系、地理空间分布规律等。建筑学和城乡规划研究视角主要从客观的角度出发，是从单体民居到整体村落的物质技术层面的研究，其关注的核心最终仍落在"建筑"的意义上，对传统建筑要素与人居环境的系统性分析十分深入。旅游研究领域对传统村落的研究更多的是探讨旅游开发对传统村落社会、经济、文化、环境等的影响，社区参与旅游及利益分配、能力建设、参与模式等方面。这些学科的研究成果多局限于单一视角，受制于自身的学科语言和思维视角、研究方法，也需要进行学科之间的知识整合和对话。

从空间上讲，飞狐古道与飞狐村落涉及蔚县、涞源两县，其影响可延及内蒙古、山西、北京及河北；从时间上来说，飞狐古道沿袭两千多年，而有据可考的飞狐村落也可追溯到唐代，跨越时间长；从涉及内容来看，古道和村落是一个动态的、交流的、连续的整体，历史学、地理学、社会学、文化学、生态学、经济学等相关学科都可找到相应的切入点，因此选择合适的视角显得尤为重要。

笔者认为，仅仅从历史学、地理学或经济学的角度对古道及村落进行研究无法适应其厚重性和复杂性，因此，本书提出综合文化、历史、地理、经济、社会等领域的古道路学视角，用文化人类学、文化遗产学、旅游经济学等理论来审视飞狐古道和村落，研究其发展的规律性和前景，从而为其发展把脉开方，对症下药。

第一节　交通地理学及交通经济学视角下的飞狐古道与传统村落

一、交通道路的功能与意义

"交通与经济运输、民族动态、文化交流、国防设备等，往往都有密切关系。"[①] 交通运输与人类的社会实践密不可分，具有重要的经济、社会、政治和国防意义。严耕望在《唐代交通图考》序言中指出："交通为空间发展之首要条件，盖无论政令推行，政情沟通，军事进退，经济开发，物资流通，与夫文化宗教之传播，民族感情之融合，国际关系之亲睦，皆受交通畅阻之影响，故交通发展为一切政治经济文化发展之基础，交通建设亦居诸般建设之首位。"李学勤在《秦汉交通史稿》序言里也说到交通与农业、工业、贸易、赋税等息息相关，和国家政治组织、文化传播、民族关系、对外交往都有着相当密切的联系。随着人类文明的不断进步，交通运输也在不断地向前发展，从某种意义上展示了人类文明的历史进程，揭示了社会经济文化的发展。

如果将国家比作一个人，那么文化是其骨骼，经济是其肌肤，上层统治是其大脑，交通和通信体系则是其血管和神经。强大的国家就像一个巨人，有着宽大的骨架、强健的肌肉、通畅的血管、灵敏的神经、清醒的头脑，其中任何一个部分发育不良，都会直接影响国家的寿命。

在现代，作为国民经济发展的一个重要物质生产部门，交通运输能够将社会的生产、交换、分配与消费等诸多环节联系在一起，是社会、经济生活各个方面能够正常运行的基础和前提。交通运输还能够促进社

---

① 岑仲勉.中外史地考证［M］.北京：中华书局，1962：2.

会、经济的发展,良好的交通运输与通信设施能够保证各地区潜在的资源得以顺利分配与交换,所以它对推动地区间的经济交流、发展起着决定性作用。

二、交通演变史反映了人类社会的进步历程

人类历史上曾有三次交通革命,每一次都深刻地改变了世界。最原始的运输方式主要是靠人自身的体力。最早出现的大规模交通工具是车、船。车、船的出现使交通运输进入了新的发展时期,实现了交通运输史上的第一次革命,开辟了人类大规模发展交通运输的先河,为封建主义生产方式的确立提供了交通条件。车、船的兴起促进了交通运输业的发展,并构筑了封建时期交通运输的基本格局。

第二次交通革命的标志是 15 世纪远程三桅帆船的出现。它的出现彻底改变了西方在造船技术上落后于东方的历史,使得 1492 年哥伦布发现美洲成为可能,也使西方渐渐地在世界贸易中占主要地位,使运输空间进一步扩大,东西方的交流更加频繁。14、15 世纪以西班牙、葡萄牙等欧洲各国为核心发展起来的航海交通体系,一方面方便了殖民掠夺,积累了原始资本;另一方面促进了世界市场的扩大,为欧洲资本主义生产方式的建立奠定了基础。

第三次交通革命在交通史上占有重要地位。1807 年世界上第一艘蒸汽船"克莱蒙特"号在纽约哈德逊河下水,1825 年英国斯托克顿至达灵顿的第一条铁路通车,宣告了第三次交通革命的来临。第三次交通革命由于实现了运输工具机械化,从而使原材料、商品和人员的运输交流大幅度扩大,对产业革命和近代工业文明产生了巨大的影响。[1]

三、交通与经济

交通运输是人类借助交通工具或交通手段实现空间位移的活动。很显然,交通工具、交通手段是决定交通运输发展的重要因素。交通运输的可移动性解决了生产与消费地理背离的矛盾,交通工具、交通手段、交通运输方式已经成为生产和消费的结合体,本身既是生产方式,又是

---

[1] 孙明贵. 交通经济学 [M]. 北京:中国物资出版社,1997:17.

消费对象,运输和沟通连接之外又成了被消费的对象。

交通对于一个地区、一个区域的发展是非常重要的,平常我们说的区位优势往往是指这一地区的交通优势。交通运输不是静态的,随着技术进步和管理科学化,交通运输会有质的飞跃,经济地理学在研究经济活动空间分布规律时不能不考虑这一动态变化所产生的影响。

现代,经济的发展与交通更加密不可分,所有的工业、商业经济活动的产生、发展和人口集聚等现象都位于运输线上,不是在沿海临江的港口城市,就是在有铁路连通的地方,要不就是坐落在几条运输线交汇的枢纽上。随着工商业活动的不断集聚,各级中心城市发展为条件好、效益高、人口和经济活动集中的轴线,逐渐形成"点—轴"系统的交通经济带经济地域组织系统。交通经济带的出现深刻地改变了世界生产力的分布格局和世界经济地图的面貌,甚至极大地改变了人们的生存和生活方式。① 而那些被现代交通抛弃的节点则面临衰败和重新寻找发展契机及发展重点的问题,因为"一个正在现代化的地区中具体市场的命运实质上要由交通现代化的空间模式和时间顺序来决定,被一条现代道路绕开的集镇不大可能发展成为现代市镇"②。

第二节 文化遗产学视角下的飞狐古道与传统村落

文化遗产学是文化学的分支,是传统史学、考古学、科技史学、公众教育学与经济管理、文化管理等学科混融交叉的学科。

一、文化景观与文化景观遗产

(一)文化景观

景观本身就是一个文化概念,文化景观是近代地理学家拉采尔首次提出的。索尔(Carl O. Sauer)指出,"人类按照文化的标准对天然环

---

① 张文尝. 交通经济带 [M]. 北京:科学出版社,2002:4.
② [美] 施坚雅. 中国农村的市场和社会结构 [M]. 史建云,徐秀丽,译. 北京:中国社会科学出版社,1998.

境中的自然和生物现象施加影响,并把它们变成文化景观",首次将"自然景观"和"文化景观"的概念引入美国,并把景观看成是地球表面的基本单元,并出版了标志文化地理学形成的《景观的形态》一书。第二次世界大战后新地理学强调"文化的政治",将景观与历史发展相联系,分析其符号学意义和关注景观的文化政治倾向,从而使景观研究从注重其本身转向更多地借助社会学、文化理论的应用。美国学者约翰·布林克霍夫·杰克逊也指出"景观"并非纯粹的自然之物,而是一个人与环境整合的空间,是社会生产的结构,是为人的集体服务的背景和舞台。① 景观将日常生活经验、环境、地域认同连接在一起,突出了文化与景观的情感交流与相互建构。

风光、田野、建筑、村落、厂矿、城市、交通工具和道路以及人物、服饰等所构成的文化现象都是文化景观。

(二) 文化景观遗产

1977 年,联合国教科文组织世界遗产委员会正式召开会议,评审世界遗产。其中世界文化遗产包括文物、建筑群及遗址,世界自然遗产包括地质和生物结构的自然面貌、濒危动植物生态区及天然名胜。此后,世界遗产的范围和类别不断演变,越来越强调历史环境的保护,保护范围也日益扩大,从单体到街区,由街区扩大到城镇,进而兼及文化景观 (cultural landscape)、遗产区域 (heritage area)。1992 年,在美国圣达菲举行的世界遗产委员会第 16 届大会提出了"文化景观"的概念,文化景观被正式列入世界遗产范畴。《保护世界文化和自然遗产公约》指出,文化景观属于文化遗产,"见证了人类社会和居住地在自然限制和/或自然环境的影响下随着时间的推移而产生的进化,也展示了社会、经济和文化外部和内部的发展力量"。针对"文化景观遗产"的文化属性和自然属性,世界遗产委员会将其分为四大类:文化景观、历史城镇和城镇中心、运河遗产、道路遗产。②

---

① [美] 约翰·布林克霍夫·杰克逊. 发现乡土景观 [M]. 俞孔坚,陈义勇,莫琳,宋丽青译. 北京:商务印书馆,2016.
② 中国古迹遗址保护协会 (ICOMOSCHINA). 实施《世界遗产公约》操作指南 [M]. 2016:65—70.

在文化景观遗产概念中,景观不仅仅是生态环境和视觉欣赏意义上的场所或自然栖息地,还包括古人的文化、劳作方式、生产方式、生产资料、气候等内容的"档案"。"文化景观"概念的提出扩大了文化遗产的认知范围,可以让我们更好地理解人、文化、自然三者之间互动后形成的某种创造性结果,同时对其地域性、时间性、结构性、目的性等差异所导致的文化特征的异同有更深刻的了解。

二、文化线路遗产

(一) 文化线路遗产概念的提出与成熟

文化线路成为一种遗产形式,从概念的提出到定义的完善和成熟,经历了20多年的理论研究和实践总结。欧洲文化线路委员会(European Institute of Cultural Routes)、国际古迹遗址理事会(ICOMOS)和世界遗产委员会这三大国际机构对此起到了重要的推进作用。[①]

欧盟委员会于1987年提出了"文化线路"一词,旨在以"时间范畴"与"空间范畴"上的旅游为手段,向社会展示欧洲不同国家和文化背景下的文化遗产如何构成一个有共同文化背景的整体。

1993年"圣地亚哥·德·孔波斯特拉——西班牙段"列入世界遗产,引起了世界范围内的广泛关注,世界遗产委员会认识到有必要成立相关研究工作组,修改《操作指南》。在世界遗产委员会的批准下,1994年,西班牙政府资助召开了马德里文化线路世界遗产专家会议,会议形成的《专家报告》指出文化线路是一种具体的动态的文化景观,认为文化线路"建立在动态的迁移和交流理念基础上,在时间和空间上都具有连续性","指的是一个整体,其价值大于组成它并使它获得文化意义的各个部分价值的总和",从而使文化遗产的保护范围由单体、街区、城镇、整个遗产区域扩展到文化遗产线路的范围。[②]

1997年,在欧盟的推动下,欧洲文化线路委员会成立,总部设于

---

① 郭璇,杨浩祥. 文化线路的概念比较——UNESCO WHC、ICOMOS、EICR 之间的不同 [J]. 西部人居环境学刊,2015,30 (2):44—48.

② CIIC. Reports of Experts. Madrid, Spain, 1994.

卢森堡（Luxembourg），接手欧盟已认定的欧洲文化线路项目，并为新认定的线路项目提供技术支持，特别是欧洲中东部国家的有关项目，此外还负责研究、制定欧洲文化线路的保护理念和原则，传播相关信息，为欧洲文化线路建立数据库。①

1998年，ICOMOS在特内里弗召开会议（Tenerife，西班牙），会上成立了国际古迹理事会文化线路科技委员会CIIC（The ICOMOS International Scientific Committee on Cultural Routes，CIIC），会议通过了《CIIC工作计划》《CIIC章程》等一系列文件。CIIC的成立标志着文化线路作为一种新型的遗产理念得到国际文化遗产保护界的全面认同，开始了对文化线路遗产理论的研究。2008年10月，ICOMOS第十六届大会在加拿大古城魁北克通过了《关于文化线路的国际古迹遗址理事会宪章》，即《文化线路宪章》，对文化线路的定义、识别、特征等基本概念作了界定，标志着文化线路正式成为世界遗产保护的新领域。由于ICOMOS是世界遗产评估和登录的主要咨询机构之一，其提出的保护理念和原则是世界遗产保护发展的风向标，更多地考虑文化及遗产的多样性，具有全球普遍适用性。

2005年，世界遗产委员会以"遗产线路"（Heritage Route）为名，将此类遗产列入《操作指南》中的世界遗产特殊类型，并且沿用至今。② 2013年世界遗产委员会修订了《实施〈世界遗产公约〉操作指南》。

这三大机构对文化线路的界定和认识各有侧重，如ICOMOS和世界遗产委员会的定义是以文化线路自身的"遗产属性"为出发点，进而详细界定文化线路的各项本质特性；欧洲文化线路委员会则在经过近30年的研究与实践之后，逐渐重视遗产保护与社会发展的关系，其定义以文化线路的"社会属性"为出发点，强调文化线路对欧洲当代社会发展的意义。

---

① http：//www.culture-routes.lu/php/fo_index.php?lng=en&dest=bd_pa_det&unv=qs.

② World Heritage Centre. Operational Guidelines for the Implementation of the World Heritage Convention [R]. Paris：UNESCO World Heritage Centre，2013：92-93.

(二) 文化线路的特征

(1) 线状或带状的文化遗产区域，范围大，包括的遗产种类多，反映的人类活动丰富，既有地域特点，也有相互交流和交融积淀的历史。

(2) 尺度较大，可以指跨越众多城镇的一条水系的整个流域，也可以指贯穿很多国家的某条贸易之路。

(3) 承载物质与非物质文化遗产的联系与变化，相互影响与交流，构成文化带上文化遗存的共性与特性、多样性和典型性，衍生出丰富多彩的面貌和内在的密切关联。

(4) 涉及巨大的经济价值和复杂的自然生态系统。

(三) 文化线路的评定标准

《文化线路宪章》规定，交通线路、具体的特定用途、特定的历史现象构成了文化线路作为遗产类型的三个基本要素，任何交通线路，无论是陆路、水路，还是其他形式，都拥有实体界限：以其自身所具有的特定发展动力和历史功能为特征，以服务于特定的十分明确的用途，强调文化线路使用所带来的文化上的反响和在文明传播上的贡献。

1. 文化交流

它必须是产生于、也反映了人们之间的相互往来，以及贯串重大历史时期的人类、国家、地区甚至大陆之间的货物、思想、知识和价值观的多维度的持续的相互交流。

2. 遗产要素体系

它必须促进了其所影响的文化在时间与空间上的杂交融合，并通过其有形的和无形的遗产反映出来。

3. 动态发展

与线路存在相关的文物和历史关系，必须已经组成了一个动态系统。线路的历史和它的文化遗产已经和线路自身的存在形成一个动态的系统。文化线路的动态性主要表示它是人类的某一过程或一种利益驱使形成的文化现象，而不是服从于自然法则偶尔形成的现象。也就是说，文化线路是动态变化的文化体系，在发展过程中它的功能、路径、传播的文化内容、价值趋向等都在不断地变化。遗产的动态性不但体现在文物或遗产的物质构成要素上,同时那些非物质要素,例如宗教、习惯、传统和风俗都将受到线路传播的影响,或融合发展,或逐渐消亡。①

4. 具体的特定用途,有特定的主题

2013年版《欧洲文化线路委员会对欧洲文化线路授予条件》指出欧洲文化线路必须要有一个特定的主题,该主题对欧洲的价值观念有一定的代表性,并且至少应普遍存在于三个国家;该主题必须由来自欧洲不同地区的不同学科的专家通过研究提出来,这样才能确保用以描述主题的事件、项目是有普遍性的;该主题能够阐释欧洲的记忆、历史和遗产,并且要有助于理解当今多样化的欧洲社会;该主题必须要能促进年轻人文化和教育的交流与对话,并在此方面给予足够的关注;该主题在与旅游机构或经营者合作的过程中要能促进旅游产品的发展。

5. 时间和空间上的连续性

世界遗产委员会在2013年版的《操作指南》中对文化线路有如下表述:基于动态性特征和思想的交流,在时间和空间上具有一定的连续性,是一个整体性概念,它的整体价值远远大于线路所有遗产要素的相加,这种价值使它具有文化上的重要意义;强调国家或地区之间的交流与对话是多重维度的,在线路形成的最初目的——宗教、商贸、行政等之外,可能形成不同的特征。

满足上述条件的交通线路就是文化线路。它是一个遗产体系,各遗产组成部分通过交通线路及其蕴含的历史关系联结起来。它产生于交通线路,它长时间地持续为某一特定的用途服务,因而在线路所联结、联系的不同地域之间产生了不同文化的交流,那些见证和反映了这一文化交流现象的物质载体及交通线路本身便构成了文化线路遗产体系的内容。

(四)文化线路的真实性

帕姆劳拉会议(Pamplona,2001,西班牙)的《决议》强调CIIC

---

① 王建波,阮仪三. 作为遗产类的文化线路——《文化线路宪章》解读[J]. 城市规划学刊,2009(4).

定义的文化线路必须要满足真实性标准。为了清晰地鉴别文化线路的真实性，在CIIC以前有关文件的基础上，2003年的《行动指南》修订计划讨论稿（5月30日、31日）再次明确强调应判别以下几个方面的真实性[①]：文化线路的物质形态，文化线路的历史感、文化线路所携带的信息及其重要的精神特征，应考虑相关时间因素及各个部分现在的使用状况，受线路影响人群的立法愿望。

如果一条线路的局部物质形态没有得到很好的保护，这也并不意味着文化线路就没有真实性，因为文化线路强调的是线路整体，其在物质形态上残缺的部分的真实性存在和价值可以通过非物质层面追溯出来。同时，文化线路强调社区参与，公众建立文化线路的愿望是文化线路真实性判别中的重要一环。这就意味着文化线路的世界遗产申报要建立在激起公众对遗产兴趣的基础上，这是文化线路理念提倡的中心目标之一。

（五）文化线路的界定和登记

文化线路包含的内容极为广泛，尺度极大，因此如何界定文化线路以对其进行必要的保护，首先要做的是确切地定义其范围。

文化线路保护的范围取决于其各重要遗产节点元素的保护范围，在这些遗产节点元素中，首先是其作为旅行线路的遗产节点元素。1994年马德里会议附加文件强调了以下几个方面[②]：中心点元素，包括旅行线路的出发点、到达点等；（2）宿营场所，旅行线路的驿站、商队旅店等；（3）饮水处，包括旅行线路中的井、泉等；（4）必须经过的场所，如涉水处、桥梁、山路、港口等。

这些遗产节点一般都会有建筑或考古遗存，也是线路整体的一部分。此外，还要对历史上文化线路的旅行、重要事件的记载及人员组成、旅行证件、文献等方面的资料进行统一整理。此外，文化线路不同于其他遗产类别的地方在于其强调线路为沿线文化社区带来的交流和相

---

① CIIC. Ibiza Declaration, Congress on Methodology, Definitions and Operative Aspects of Cultural Routes IBIZA, Spain. 1999.

② CIIC. Ibiza Conclusions, International Seminar on "Hispano—Por tuguese Bastioned Fortifications, a Cultural Route Across Five Continents". IBIZA, Spain, 1999.

互影响，包括物质的和非物质的影响，如宗教、思想、文化观念的传播等。这些影响和传播也会留有重要节点元素，如发源地、传播中的具体场所和地点等，这些也需要登记整理。

与历史遗迹同样重要的还有自然生态环境的演变，文化线路在长期的历史演变过程中，对区域生态起到了重要的廊道作用，运河有其景观生态效应，道路的变动导致山体、森林的变化甚至自然灾害，这些自然生态的影响及自然系统的运行变化也应在文化线路的登记、整理、记录中有所体现。

三、文化遗产学视角下的古道与村落

（一）文化遗产学的研究对象

由于文化遗产的内容非常丰富，既有物质的又有非物质的，既有可移动的又有不可移动的，既有单体的又有群体的，且不同类型的文化遗产产生的背景及价值不同、所属领域不同，因此文化遗产学的研究对象是文化遗产但并不限于文化遗产本身，它着重以整体的文化遗产为研究对象；既针对某一形态或种类的文化遗产作具体揭示或细微观照，又研究不同地域、不同时期、不同形态、不同种类的文化遗产的总体构成和相互关系；在研究这些文化遗产的综合价值的基础上还要阐发其可以充分利用的现实意义；强调文化遗产保护与利用的指导思想、一般原则、合理机制、基本方式、主要措施等；兼顾保护、利用与社会政治、经济和文化发展的关系以及相辅相成的发展规律。

（二）站在文化线路遗产的高度认识飞狐古道

根据以上有关文化线路的定义、认识及特征、评定条件，飞狐古道界限明确，呈线状分布，具有典型的线路连贯性；就其历史价值来看，沿袭两千年之久，其商贸、政治、文化、军事价值显而易见；就遗产的完整性而言，历史上作为军事、驿传、商贸要道，兼具文化交流功能，沟通了草原民族与中原民族，有大量军事设施、村庄、驿站等文化遗存及丰富的传说、习俗，非物质文化遗产特色鲜明，因此飞狐古道是一条当之无愧的文化线路，堪称河北的茶马古道、丝绸之路，虽然未能达到世界文化遗产的级别,但其影响深远,其主体部分没有太大改变,其迹可循,应该受到更多重视、保护和合理利用与传承。

(三)作为文化景观的飞狐村落

传统村落是全人类的宝贵遗产,是不同时代哲学、习俗、美学、科技、宗教、伦理等文化观念的反映,蕴含着独特的文化传统、生存理念、科学技术。这些村落往往要么环境优美、地形封闭便于防守,要么就是名臣、巨贾、硕儒后裔聚居地,或是少数民族及集群聚居区等[①],且大多分布在古代经济、交通相对发达的地区,但近代交通及经济格局的变化导致其一度衰退,也正因如此才得以保存其传统价值,对于研究传统建筑、传统民俗、传统社会形态、传统农业技术等诸多方面具有极大的价值,也因此具有独特的魅力,在今天旅游经济大发展的背景下有很高的旅游开发价值。

自古以来,太行山便是阻断山西与河北、河南交通往来的天险,在《苦寒行》等诗中,我们可以想见太行山的羊肠小路、树木萧瑟、虎豹出没、漫漫大雪等"艰险"。然而即使山高路险,"太行八陉"也以其特殊的地理位置和自然险要在实现跨区域的沟通与交流方面发挥了重要作用[②],也因其重要性而留下数不尽的千古名篇和特色鲜明的人文景观。尽管从晚清到民国再到今天的现代化历程中,很多关隘驿站、古道幽径早已被高速公路、高速铁路取代,这些文化景观和历史传说仍未消失,仍在以自己的方式述说着过往的故事。飞狐古道因其独特的地理位置、悠久的历史文化造就了大量的文化景观,在古道周围不仅产生了许多聚落,而且保存了许多古庙、古戏台、古堡、古驿站等建筑景观,还有大量的民间习俗、民间传统,构成了灿烂的古道非物质文化遗产。这些飞狐村落是飞狐古道悠久历史的见证,也是古道交通的重要节点,与自然融合、与生态融合是古道文化的一部分,具有很大的旅游吸引力。

---

① 赵勇,张捷,秦中. 我国历史文化村镇研究进展[J]. 城市规划学刊,2005(2):59-64.
② 王尚义. 刍议太行八陉及其历史变迁[J]. 地理研究,1997(1).

第三节　文化人类学视角下的飞狐古道与传统村落

道路是具有丰富内涵的文化产物，是技术与文化、社会与自然的融合和渗透，与经济、环境、生态、政治、日常生活及自然有着密切的联系，涉及生态学、地理学、历史学、工程学、文学、美学、社会学等多个学科，除了这些学科，人类学也越来越多地将其作为研究对象，以"路"为切入点，将研究视角拓展到人类学所关切的人、文化、社会等诸多领域，探讨其与全球化、经济发展、旅游、文化变迁、环境等的关系。

一、道路文化景观

景观进入人类学研究视角较晚。20世纪60—80年代，象征人类学和认知人类学开始关注景观问题，90年代，景观人类学在欧美确立，其研究主要有两个观点："一是以'空间'概念为基础的'生产论'；二是以'场所'概念为基础的'建构论'。"以往的人类学研究中，景观往往被作为背景，但人类学家逐渐意识到景观不仅是"客观"的存在，还是"人为地赋予了文化意义的环境"，反映了不同群体利用各自价值观、思维方式为环境赋予文化意义的过程。日本人类学家河合洋尚对历史性景观再生产的问题展开了研究，提出了"多相律"的概念并探索了研究路径。① "一方面，透过景观的变迁，可理解人类生存与改造世界的途径，亦可从中窥见人类文化内涵的丰富性；另一方面，景观也塑造着人群，一切景观都拥有着某种潜在的内涵，为社区提供认同感和利益。"② 作为一种"空间"，景观不应只是一种辅助物或背景，而应成为被研究的主角，它更多地融入了"人""社会""文化"的视角，嵌入了诸如历史记忆、社会网络、身份认同、价值理念、情感体验以及地方性知识等

---

① 河合洋尚. 景观人类学的动向和视野［J］. 周星，译. 广西民族大学学报（哲学社会科学版），2015（4）.
② 赵红梅，李庆雷. 旅游情境下的景观"制造"与地方认同［J］. 广西民族大学学报（哲学社会科学版），2011（3）.

要素，体现出生态—文化多样性的特征。景观成为人类学研究的一部分，拓展了现代人类学的边界。①

作为独特的景观，道路是人类在改造自然景观的基础上所构建的文化表达的媒介，也是塑造身份、激活记忆、延续信仰的重要工具。因此，在交通的功能之外，道路还具有构建景观、传承文化、达成认同的意味和作用。道路可以改变路线，道路景观也可以改变和重塑，同时带给人的感受和认同也会发生改变。

二、文化人类学视角下的道路交通

道路作为社会发展进程中的一个具象物，呈现出强烈的人文因素。它是人类与环境互动最为直接的产物，是人类社会及文化发展变迁的反映，是人类生活景观的重要组成部分。在历史地理学中，道路被视为一种地理坐标，道路地理范围内的文化事项与物质形态是其研究核心。与此不同，文化人类学关注的是道路的修建、改变、发展等及其背后所彰显和涉及的政治、经济、社会和文化议题。

道路与政治有着密不可分的关系，作为一种空间的联结和互通，道路也是一种控制权力的生产，作为国家统治的道路空间也有了工具性特征。自古至今、由内而外的统治者无一不重视道路的建设。道路的修筑与民族国家的构建、与民族国家化过程关系密切，也是政令下达的必需媒介；通过道路的联通，不同人群和区域实现了互通互动，也引起了权力控制和文化意识形态层面的碰撞，呈现出道路的修筑与空间、权力及文化观念等要素之间的关联。道路互通还与族群间的宗教等文化形态的交融与冲突相关。道路的核心功能是实现人员、物资的流动，在这一流动过程中，不同类型的文化有了交融与冲突。丝绸之路、茶马古道、唐蕃古道等无一不是中原王朝的强大政权向外扩张的发散轨道，同时也在跨区域商贸往来和文化交流中发挥了重要作用。

互通、联结与沟通是道路的首要特征，是建立社会和物质联系的工具，它们将过去未曾直接或紧密相连的地方、事物和人群连接在一起，既沟通了不同文化单元间的经济与文化，也实现了不同文化单元和人群

---

① 张杰.景观研究拓展人类学边界[N].中国社会科学报，2018-01-15.

的交流。同时，道路的开通和变革也对沿路生计方式、社区的经济模式和居民的职业结构产生了深刻的影响，"路的延伸方向在某种程度上引导了文化传播与经济流通的方向，由路的辐射力引致的通常是社区的整体变迁"[①]。因此，道路的功能、路线转变之后引起的发展问题及其渗透期间的权力关系也引发了极大的关注。

古道、驿道是历史上军事、社会、经济发展的产物，与政治控制和生计沟通有关，沿山顺水铺设而成，沟通了沿线文化单元与经济社会和不同民族，也由此诞生了相应的配套设施、村庄聚落和生计方式。但是当社会背景、经济条件和科技水平发生重大变化，人们的心理观念也发生改变之后，全球化、城镇化代替了地域性和小农社会的分散性，资本的、消费的心理欲求要求交通必须适应快速高效、网络化、系统化的空间连接需要，古道不再适应现代化的交通需要，转而被高速公路或高速铁路所替代，而附着其上的生计模式、生活空间、经营模式、市场、信息和发展理念都会随之改变，与更高速的交通沿线形成新旧对比和较大的反差，道路与社区发展之间的问题自然会引发关注和探讨，而此时对道路的关注便不能仅仅着眼于其功能和特征，而扩展至道路本身及扩散至空间的其他资源，以及由此拉伸开来的时空范畴和文化意象的应用和改变。

三、文化人类学视域下的古道村落

村庄是中国整体社会的窗口。从 20 世纪三四十年代人类学在我国肇始以来，"微型社区研究"就一直是我国人类学家民族研究的重要方法，通过观察宗族组织及其社会功能、宗族与家庭的连锁结构、亲属关系的作用以及乡村社区意识形态与生产生活、市场形态及其内部联系等来分析农村社区的社会结构及其运作关系，从而分析"地方"与"整体社会"之间的文化表述的结合点，通过村庄来认识中国整体社会。改革开放以来，农村现代化带来的中国农村社会结构、文化习俗以及生产生活方式的显著变化，让人类学家更加关注农村社会的发展变迁，村落自

[①] 张锦鹏，高孟然. 从生死相依到渐被离弃：云南昆曼公路沿线那柯里村的路人类学研究 [J]. 云南社会科学，2015（4）.

治制度、自治组织改革研究，村落人口流动和社会分层研究，村落宗族势力研究和村落文化变迁研究等不断开展，其中村落文化变迁研究更是吸引了普遍关注。

与其他村落文化变迁研究不同的是古道村落对古道的依赖性。文化人类学对聚落与外界如何连接沟通及社区如何与外界互动的问题一直很感兴趣，贸易、宗教、信仰、战争、婚姻等方式都是社区与外部连接的方式，但这些形式与内容的实现都不能脱离基本前提和客观载体——交通网络的连接，即道路。道路与河流是人类旅行和运输的最重要的交通载体，尤其在交通不便、科技落后的古代，它们形成一张张相对独立的区域网络，将人流、物流、信息流带往四面八方，并且由于道路与河流运输的兴盛带旺了这些网络和线条上的多个聚集点。如今我们仍能看到在运河、河流、古道旁曾经鼎盛一时的古镇、古村，尽管繁华不再，但从古老而坚实的建筑、讲究和繁杂的食材食物、丰富多样的习俗仍可见其曾经的热闹非凡，可觅其过往的车水马龙。对古道村落的变迁进行研究尤其要关注道路交通与村落的联系及影响，生计模式、生活习惯、生态变化、社区结构等方面均受其影响，文化人类学不仅要观察、记录这些变迁，分析其深层次的原因，同时还要为这些聚落社区的文化传承、生计出路做出考虑。

值得注意的是，人类学对村落、对社区的关注越来越多地赋予了发展人类学、应用人类学的思考与方法。应用人类学被视为人类学的一个分支学科，但也有人将其视为人类学的应用研究，其宗旨在于将人类学的知识和认知应用于改善人类社会现状和促进人类社会发展。19世纪80年代的英国人类学家泰勒就曾指出人类学应用来改善人类的生存条件，1896年美国人类学家布林顿首次提出这一名称之后，就获得了大多数学者的认同。20世纪20年代之后，在马林诺斯夫基与拉德克利夫·布朗的倡议下，应用人类学得到更为快速的发展，其间所形成的核心理念即发展的目的是改善社区的生活条件，提倡社区的全面参与，强调决策过程的公开透明和可持续发展理念等，这些都是人类学在关注社区问题时所提出的发展观和解决途径的恰当的注脚。

第四节　古道路学视角下的飞狐古道与传统村落

一、飞狐呼唤新的发展思路和研究视角

自 2016 年起，国际古道网联合《中国国家旅游》杂志、绿野网等专业媒体，组织了一批著名的户外、旅游等方面的专家成立评审组，采用网络投票占比 30%、媒体推选占比 30%、专家评选占比 40% 的方式，以《国际古道价值评定体系》中的 20 条评价细则为重要依据，开始了"中国十大古道"的评选。该组织计划在从 2016 年开始的 10 年中，每年推出 10 条具有旅游价值和文化内涵、值得向全球推介的中国古道，即共推出 100 条重点古道体系，并将与绿野网等具有影响力的机构共同组织"百万人走古道"活动。此一活动从一开始就得到了广大驴友和网友的关注。2016 年评选出婺源古道（最美森林古道）、梅关古道（最佳保护古道）、陆羽古道（最具内涵古道）、车师古道（最具挑战性古道）、京西古道（最具历史价值古道）、太行八陉（最佳徒步古道）、徐霞客古道（最具旅游价值古道）、八通关古道（最具地方特色古道）、泰顺古道（最佳风光摄影古道）、宁海古道（最具潜力古道）等。2017 年评选出墨脱古道（最具挑战性古道）、昆仑古道（最具潜质古道）、崤函古道（最佳保护古道）、连州古道（最具内涵古道）、卫河古道（最具历史价值古道）、元荃古道（最佳徒步古道）、西口古道（最具旅游价值古道）、潇贺古道（最具地方特色古道）、银巴古道（最佳风光摄影古道）、武当古道（最美森林古道）。2018 年评选出克里雅古道（最具挑战性古道）、瓜州古道（最具潜质古道）、剑门蜀道（最佳保护古道）、云台古道（最具内涵古道）、唐蕃古道（最具地方特色古道）、关山古道（最佳徒步古道）、西京古道（最具旅游价值古道）、阳壶古道（最具历史价值古道）、乌孙古道（最佳风光摄影古道）、吴越古道（最美森林古道）。[①]

---

① http://wemedia.ifeng.com/94640854/wemedia.shtml.

作为太行八陉之一的飞狐古道，在2016年首批入选中国十大古道之最佳徒步古道，可见其在历史上的重要作用及在古道爱好者和驴友心目中的重要地位。如前所述，飞狐古道是一条连接草原民族、中原民族的军事要道、商贸要道，同时也具有宗教文化传播、民族文化交融的意义和影响，应站在文化线路的角度研究。但是仅仅对飞狐古道及散落在其沿线的点（村落）进行历史文化和自然资源的记录，对其资源及价值进行分析从而进行技术上的保护是不够的。一方面，古道在高速公路的遮蔽下迅速衰落，代表其历史内涵及体现其价值的有形和无形的文化事象却在迅速消亡，古道的价值有待发掘；另一方面，以振兴和拯救为名的拆迁或重建并没有重视古道的价值，而是按照简单的经济规律和思路将古道变为普通的乡间公路，将古道村落变为千篇一律的山间乡村，或者直接拆掉了事。古道和村落需要一种全新的思路和视角来进行拯救。古道研究呼唤一种系统、整体的综合研究，但也不能过于宏观化，还需要从微观视角进行细致化、具体化的研究，在更广阔的视野中推进道路研究的深度和广度，更全面、更真实、更科学地揭示古道的风貌，更客观、更负责地规划古道的未来。

二、路学：综合研究视角的提出

对道路的研究可以基于不同的视角和出发点，比如将其作为一种基础设施、作为一种"物"、作为一种特殊的空间以及作为一种区域。

将之作为基础设施和"物"的研究多出于工程学与设计学，是与道路最直接的研究。人文社会学科对道路的关注将之放在一个政治、社会、经济、文化和时代背景下进行讨论，不仅限于基础设施和"物"，还将其作为一种特殊的空间，丰富了道路研究的内涵。但是以往的道路研究往往围绕道路本身的走向及路网、商贸交流、文化传播等方面的内容，或做"交通志"式的书写，或做单一、局部的研究，缺乏对路网体系、发展历史、文化传播与交流、民族融合、聚落结构等道路对于跨区域社会社区影响方面的整体综合研究，从而使得古道研究缺乏整体面貌。[①] 因此道路研究应跳出单一学科的限制，综合道路生态学、道路经

---

① 翟江玲. 古道研究应突破一般路学研究局限［N］. 中国社会科学报，2012-12-28（A05）.

济学、道路社会学视域，采取跨学科的角度来进行整体研究。

意识到以往道路研究的局限性，出于对道路研究空间范围、时间跨度、社会经济整体性的考虑，人类学家提出"路学"（Roadology）研究思路，旨在从跨学科的角度对道路及其沿线对整个区域社会、经济、文化和生态各方面的影响做全面综合的深入探讨，使道路研究突破线性和节点的工程建设，变为一种区域研究。

美国威斯康星大学的周永明教授是"路学"的倡导者，他认为道路是文化变化的催生者；道路也是一种媒介，反映着多种多样的变化，如社会、文化、环境；对于道路的研究，我们不仅要看到变化，还要看到它的稳定，以及稳定与变化间的张力、弹持。他提出要结合生物多样性和文化多样性，引入弹持论视角，解释关于道路、空间与文化的相关问题，包括道路史、道路的生态环境影响、道路与社会文化变化、道路与社会生态等。由于生物多样性与文化多样性在世界范围内的分布具有重叠性，特别是在语言多样性的表现上，所以，周教授把生物多样性和文化多样性结合起来进行研究，并提出了"社会—生态系统弹持力"理论，其研究重点在于功能主义的实证分析，关注道路建设涉及的社会、经济、技术和意识形态因素，以及道路的目的、功能、使用、后果和意义。现代性视野下的时空分析关注空间的生产和消费，比如他认为近年来背包客、骑行者、自驾游、大众游客入藏实质上是将藏区公路作为一个消费空间来消费，这也是消费主义对公路产生的影响。

2012年著名地理学刊《移动性》（Mobilities）出版了《道路与人类学》（Roads and Anthropology）专辑，收录了七篇专门研究道路的民族志（D. Dalakoglou & P. Harvey，2012）。2014年12月，重庆大学人文社会科学高等研究院人类学中心举办了首届国际路学工作坊，并于2016年11月出版了论文集《路学：道路、空间与文化》（周永明，2016）。这些信号很清楚地表明了当前"路学"研究的热度。

路学研究者提出并试图解答以往囿于单一学科视角不能得到满意回答的问题，包括道路史、道路的生态环境影响、道路与社会文化变化、道路与社会生态弹持；面对道路带来的变化，当地社区应采用何种应对策略适应并维持传统生计方式？传统知识体系在这一过程中起何种作用？道路被视为一种变化驱动者，在对当地语言、宗教、社会及文化状况有所了解的基础上,再着重考察近年来大规模的道路建设对它们带来了何种影响,从而掌握文化多样性变化的轨迹,从社会文化、经济生计、生态环境几方面对直观可察的影响进行概述。文化多样性包括当地的风俗习惯、艺术表现形式、社会组织形态、性别观念、本土知识体系等。

路学研究强调资料的搜集,第一应注重历史和档案资料;第二是政府主持的地方调查、人口普查和统计数据;第三是各种地图、航拍照片、卫星图像和地理信息系统材料;最后是田野调查材料,包括参与观察、深度访谈、问卷调查、口述历史、野外考察等一手资料。

三、古道路学的关注点

路学为道路研究提供了整体宏观的视角,对古道来说,其具有更加特殊的背景和发展需要,还需要考虑其遗产价值和经济开发价值,从而对古道的研究有更完整全面的视角。

(一) 对古道本身的研究

古道本身的起止、时空范围、演变、景观等是认识古道的基本要素,因此要厘清飞狐古道的发展脉络,对其历史上的重大事件进行回顾与总结,分析历史事件对古道的价值和意义,分析古道的地理环境,调查其今日的存续与变化。此外,作为独特的景观,道路是人类在改造自然景观的基础上所构建的文化表达的媒介,也是塑造身份、激活记忆、延续信仰的重要工具。道路、桥梁、运河、栈道、驿站、烽火台等交通和通信工程是社会经济发展的产物和独特的景观,"一方面,透过景观的变迁,可理解人类生存与改造世界的途径,亦可从中窥见人类文化内涵的丰富性;另一方面,景观也塑造着人群,一切景观都拥有着某种潜在的内涵,为社区提供认同感和利益"[①]。因此,关注古道景观,将其置于整体的、动态的、交流的、空间和时间上具有连续性的状况下进行考量,寻找其独特性与价值并进行开发与利用,对古道来说也是一种重

---

① 赵红梅,李庆雷. 旅游情境下的景观"制造"与地方认同 [J]. 广西民族大学学报(哲学社会科学版),2011 (3).

生和拯救。

(二) 古道演变对区域及社区的影响

聚落当是古道研究的重点。作为古道的重要节点，它们曾在古道的历史上发挥了重要的作用，因古道的兴衰而经历着命运的变迁。聚落与外界的连接一方面能够促进人流、物流、信息流的交换，为居民的生产生活带来诸多便利；另一方面，聚落严重依赖交通，其生计模式和生活方式都会受其影响，便捷的交通、频繁的贸易会带来聚落自主防御能力的下降，而交通流向和重点的改变也会让聚落从交通大潮中沉没。因此，古道对聚落的意义、聚落与外界的联系、现代快捷交通对聚落的影响、聚落在今天的应对等就成为研究中不可回避的问题。

周大鸣等[1]曾经指出，中国道路网络的快速发展，尤其是高速公路和高速铁路网络的井喷式发展对中国社会的城乡结构产生了广泛而深刻的影响。由于高速道路网络的快速发展，资源越来越集中于少数大城市，产生了强大的极化效应，大城市周边区域原有的串联格局往往会逐渐解体，形成以大城市为主导的并联式格局。这种并联式格局使得大靳村由中心村变为普通村，人口流失，生计模式发生转变，从"中心"走向"边缘"。

具体到飞狐的情况，要聚焦于沿线的聚落，分析其生计模式、景观变化、社会结构、精神信仰、生活娱乐与古道的联系，描述其生产、生活、生态图景，对其文化进行解读。同时还要关注道路格局变化与聚落古村的关系，将之放在大的社会背景下进行分析，分析其发展走向，提出发展建议。

(三) 古道今日之功能变异及各种可能性

由于更加快速、便捷、安全的交通方式的出现，古道大多已失去其交通运输的重要性，但进入消费社会，物质极大丰富，人们开始用符号来追求个性的满足，古道越来越成为一种符号被消费。

---

[1] 周大鸣，廖越. 聚落与交通："路学"视域下中国城乡社会结构变迁[J]. 广东社会科学，2018 (1): 179-191.

消费社会的实质是以广告、品牌为传播媒介的一种文化的消费。符号消费的实质便是文化消费，古道因其环境相对隔绝、意境悠远而吸引着大量的考古爱好者和户外爱好者。20世纪90年代以来，四川、云南茶马古道的价值得以发掘，古道开始被重新利用。在四川松潘古城、云南丽江古城，当地农民组成马队，采用一日游或几日游的形式，由几名马夫牵马，驮着帐篷、炊具等，带领游客重走一段古道，在古道途中安营扎寨、露宿，这种具有很强的符号性质的出游方式吸引了大量游客，受到国内外背包客的欢迎。在途中不仅可以欣赏到沿途美景，近距离接触骏马，还可以和当地人互动，更多地了解当地的风俗，感受当地的风土人情。当马夫兴之所至高歌一曲时，整个旅途便更加具有仪式感，而夜晚来临，篝火点起，一众来自世界各地不同角落的人们围着篝火席地而坐，用简陋的饭盆从一口锅中盛出马夫们用简单的锅灶、食材做就的简单的晚餐，茶马古道的符号化消费就更显得魅力无穷。事实上，松潘的茶马古道马帮游加入了许多外地人乃至外国人的视角，据说最初就是一个美国人慕名来到此地，雇用了马夫重走古道，以至于喜欢上此地，在此定居下来并开办了马帮。而这种形式也让很多外来人沉迷于此，由一次马帮之旅而在此做生意、定居，甚至有一个韩国女子来此旅游后和马夫相爱并结合，传为美谈，增加了此地的神秘感和风情。

作为北方重要的古道，太行八陉也在利用太行山独特的自然生态条件和陉道遗产进行旅游开发，发展地方经济。如军都陉有天下闻名的居庸关、八达岭，蒲阴陉近些年也整饬了紫荆关关城，井陉有秦皇古驿道、苍岩山景区，滏口陉有响堂山、磁州窑、鼓山等景区，白陉有双底村和古道景区，太行陉有沁阳丹河峡谷风景区、高平长平之战遗址、长治壶关太行山大峡谷景区等，轵关陉有王屋山景区，飞狐陉有空中草原景区。这些景区的开发大多是对自然景观和文化景观或"点"或"面"的保护和利用，有些则是"集群式"[①]的保护与利用，不免会有将太行八陉肢解、片面化的危险，使之失去整体的重要性和意义，而单一景点的开发往往各行其是，或纷纷争夺古道的标志性符号进行消费，或按照

---

① 何依，邓巍，李锦生，等. 山西古村镇区域类型与集群式保护策略[J]. 城市规划，2016(2).

自己的理解和需要对景点进行"美化"或"重整",使得线路的完整性遭到更多的破坏。近些年来,学者纷纷提出对道路遗产的文化景观不能采用传统的保护方式,而是应该开展"风景道建设",将环境资源保护、立体景观营造、道路设计规划、综合服务设施等结合起来,在保护文化遗产的原真性、完整性的同时,塑造乡村特色,提振地方经济,重塑族群认同。总之,文化景观不仅是适应当地自然环境的产物,也是区域历史再造与重塑的产物,对道路这样的特殊文化景观应该采取整体的、流动的、时空结合的遗产保护理念,同时也要开展"风景道"建设,探索道路景观的保护之路,总结维护文化景观遗产的经验,以加快乡村振兴与区域社会复兴。①

除了旅游开发之外,古道村落的发展有无其他可能性?随着城镇化的加速,扶贫脱贫的压力也在迫使古村落焕发新的生机,但是粗暴的拆与建与合并使大量的古村落迅速消失,如何寻找新的经济增长点,发展新的产业?每个古道村落都有自己不同的选择和命运。

---

① 郭永平. 太行八陉与山西传统文化景观构成探析 [J]. 广西民族大学学报(哲学社会科学版),2019,41(2):49—55.

第六章　飞狐古道及传统村落保护与发展的现实困境

第一节　古道难行

一、古道基址难寻

古道象征着历史的来处，绵延着往事和过往，却又通向现代和未来，因此说到古道就会引发许多联想。古道上有别离，"远芳侵古道，晴翠接荒城。又送王孙去，萋萋满别情"①，"长亭外，古道边，芳草碧连天"②，满怀的不舍与离愁；古道上有漂泊，"古道西风瘦马，夕阳西下，断肠人在天涯"③，满心的悲凉和惆怅；古道上有战火，"古道横边马，孤城闭水门。星含兵气动，月傍晓烟昏"④；古道也曾繁华，"万雉参差云雾开，四千里外客重来。平冈日出车牛喘，古道尘飞驿骑回"⑤，"古道伤行客……繁华一瞬，不堪思忆"⑥，古道连通了物资、信息交流，带来了商贾繁华；古道上有相逢，"马首分残雨，青齐古道迂。相逢何慷慨，言别亦须臾"⑦，"奈关愁不住，悠悠万里，浑恰似、天涯

---

① 白居易《赋得古原草送别》。
② 李叔同《送别》。
③ 马致远《天净沙·秋思》。
④ 朱彝尊《晓入郡城》。
⑤ 吴潜《通州道中》。
⑥ 曾觌《忆秦娥·邯郸道上望丛台有感》。
⑦ 陈衍《张德充别予之青州赋赠》。

草。不拟相逢古道。才疑梦、又还惊觉"[①]，透出一份意外的际遇；古道是古朴沧桑的，"古道松声暮，荒阡草色寒"[②]，暮色下，静谧、凄凉的古道带给人们历史的厚重感；古道是隐秘的、田园的，"田舍清江曲，柴门古道旁。草深迷市井，地僻懒衣裳"[③]，表达了归隐的悠然……古道总是带给人们悠远、古朴、沧桑、深沉的意境。但是如果古道没有了石梯万仞、曲折狭仄、车辙条条、痕迹深深，而是换作水泥、柏油路面，平直宽阔，又没有了沿路景观的幽深，便无法唤起这种意境。

飞狐古道如今就面临这种尴尬。长期以来，飞狐古道交通上的难以替代性让历朝历代都重视古道的修整，也因此保证了飞狐古道随着科技和社会的发展，经历了平整、扩宽、硬化、改道，最终成为省道。20世纪80年代修整涞蔚公路的时候，由于土石方用量大，地形复杂，沿线有荒山秃岭和茂密的灌木丛，有垭口、峭壁和蜿蜒的沙河，还有跨河多、满水路面长、受洪水冲刷威胁大、弯道多、地质情况复杂等施工难度，工程改变了原有路径，放弃了黑石岭，从伊家铺绕道马蹄梁至岔道村到飞狐峪，其通行安全性与便利性得到了很大的改善，但也使其失去了古道的路基和形态，等到高速公路横空而过，飞狐便为越来越多的人所遗忘，成为古不古、新不新，千万条普通公路中的一条。这令飞狐悠久的历史意蕴大打折扣，其符号意义也被极大地削弱。

二、偷采情况严重，山体破坏、生态恶化

涞源、蔚县地处偏僻，发展较为落后，是国家脱贫攻坚"三合一"重点县（国家脱贫攻坚工作重点县、燕山—太行山连片特困地区重点县、河北省环首都脱贫攻坚示范区重点县）。但两县矿产丰富，矿产资源不仅种类多、品位高，而且埋藏浅，储量大，因此历史上两县都曾以矿业为经济发展重点，如涞源的铁矿、蔚县的煤矿等。虽然近些年受清理过剩产能、矿业关停并转政策的影响，两县小型矿业企业大量关停，但矿业发展的惯性思维仍驱使一些人在开矿方面打主意。

近些年除了节假日，飞狐古道较少有车辆通行，尤其是进入十月之

[①] 张炎《水龙吟·乱红飞已无多》。
[②] 司空曙《哭王注》。
[③] 杜甫《田舍》。

后，天气开始转冷，游人稀少，路上行人多为当地人，到了冬季更是积雪难化，不利通行，因此相对来说管控力度较小。伊家铺村至马蹄梁沿线，由于伊家铺村整体搬迁，人烟更是稀少，而此段山体破坏十分严重。笔者几次行经此段，都发现山体有明显的开采过的痕迹，而且越来越严重，裸露的岩石、遍地的碎石，让本就容易落石的山间道路更是多了几分危险，而残败不堪的山体十分刺目，破坏了原本质朴静谧的景观。此外，虽然很少见到运石子的车辆出入，但想必还是会有大型载重车辆通过，因为维修不久的路面又出现了裂痕和坑洼，让人为通行的安全多了几分担心。

三、道路失修，破损严重

县域国省道公路的养护运行机制较落后，"重建轻养"的传统观念比较严重，对养护管理工作缺乏足够的法律认知，超载现象较为严重，对路面破坏极大。同时也由于公路里程不断增长、交通流量快速增加，公众对公路的需求日益提高，地方配套资金保障难，县域公路养护的任务重、资金缺口大，养护资金投入远远赶不上公路增长的速度，这种情况在我国大多数县域普遍存在，导致县域公路超期服役现象严重，路面老化、病害集中出现，预防性措施不够，资金多用于矫正性养护，养护部门疲于应付。此外，县域公路管养人员素质不高、施工马虎，标准规范体系不完善、操作不规范、养护专业化水平低等情况，都使得县域国省公路面临养护难的问题。

飞狐古道也是如此，20世纪50年代扩宽了飞狐古道，修通涞蔚公路，80年代进行大规模改道、修缮，此后进入定期维护。但是由于上述原因，维护工作存在较大困难，养护压力较大。2015年经过较大的一次封路维护重建之后不久，部分路面就又出现坑洼、裂缝等情况，尤其在伊家铺村至马蹄梁路段，由于处于涞源、蔚县两县交界处，养护工作存在监护不力、互相推诿的情况，导致路面破损严重。至蔚县空中草原的路更是破败不堪，让游人诟病不已，甚至有人就此折回，不再前往景区。

四、缺少公路服务设施

除了道路本身，公路还应有一系列设施，包括交通安全设施，如护栏、反光标志、防眩设施、危险路段的反光镜、警告标志等；交通管理设施，如交通标志、路面标线、紧急电话、公路通信、监控、收费设施等；防护设施，如在积雪、积沙、坠石等地段设置的防护设施；服务设施，如停车场地场所、汽车修理、加油站等；还有绿化设施、管理用房等设施。日益发达的公路运输对公路设施的要求越来越高，设施成为判断地方经济发达程度、公路交通便利程度、地方管理水平的指标。

为了推进交通运输与旅游融合发展，深化交通运输供给侧结构性改革，提升旅游交通服务品质，我国陆续出台了一系列政策来完善普通国省干线公路服务设施。如《2016年全国公路服务区工作要点》、2016年《关于实施绿色公路建设的指导意见》、2017年《关于促进交通运输与旅游融合发展的若干意见》都对公路设施提出了明确的要求。对比这些政策要求，飞狐古道的服务设施匮乏。尽管古道不长，只有70千米，但曲折难行，部分路段坡度较大，且沿路会有落石、阵风，存在一定的风险。路上风景虽好，常有游人在路边停车拍照，却很少有合适的停车场地，只能将车随意停在路边，造成安全隐患，也不方便游人休憩、观赏、拍照。虽有几处简易厕所，但只是简单围起几道墙，挖个坑搭上两块踏板，简陋、不卫生，且不安全，而且厕所标志不明显。由于车流、人流稀少，加油站、车辆维修设施也没有在此布局。在沿途几个村子可以找到小饭店，但除了为本地村民服务的小饭店，其他小饭店只在旺季开放，冬季全部关闭。总之，飞狐古道服务设施匮乏，基本处于原始状态，不方便行人、游客、自驾者休息、游览。

第二节　古村难觅

当前，中国传统村落大多年代久远，散落在相对偏僻、贫穷落后的地区。大多数传统村落仍得不到有效保护。传统村落的存续和保护面临多重危机。

一、"三空"问题吞噬下的传统村落

"三空"问题是对农村空心化、空壳化和空白化问题的简称,指农村地区人口流失,房屋、土地空置(空心村),发展党员没有后备力量,党组织不健全(空白村),村集体没有任何收入(空壳村)。在城镇化、新型工业化、信息化、农业现代化进程下,"三空"问题在深刻地影响着农村的自然生态和人文生态,也在间接地影响着城乡结构,埋下了一定的社会隐患,引发了一些社会问题,对村落尤其是传统村落来说更加突出、迫切。

2017年3月,笔者有幸随同河北省政府参事调研组赴张家口蔚县、康保县两地进行了为期6天的农村"三空"问题调研。调研组与蔚县及康保县农工部、组织部、住建局、发改局、农牧局、林业局、工信局等多个相关部门以及重点乡镇的领导,张家口市农工委、住建、林业、规划、发改、税务等各相关部门的工作人员进行了多次座谈,通过走访蔚县、康保县的7个村落,对重点人群进行入户调查,获得了一些基本认识。同年,笔者赴涞源留家庄乡调查,了解其"三空"问题。

从蔚县调研情况看,农村宅基地大量闲置,农村主要劳动力和资金、技术等生产要素不断流向城镇,一些村落大量劳动力流失,甚至由原来的"386170部队"现象(妇孺老留守人员)变为只剩老弱病残人员,妇女和儿童也移往外地或城市,农村失去生机,一片凋敝。涞源县的村落也存在空心化,且伴生着贫困。留家庄乡的贫困村各村开始出现不同程度的空心化。团圆村空心化程度相对较轻,村里总人口1020人,劳动力700人,现在村里剩余300余人,剩余人口仍不足总人口的1/4。伊家铺村则因整体搬迁至县城,村里仅剩10余人。村里剩余劳动力严重不足是留家庄乡生产建设的主要障碍,因缺乏劳动力致贫占比高达10%。

与"空心村"问题同时出现的还有"空白村",农村大量青壮年劳动力大批外出,留守人员多为鳏寡孤独者,"七个党员八颗牙"的现象在农村党组织中一定程度地存在,导致农村发展党员工作面临后继无人的问题,农村党员工作无人可选、无人可育。在村组织发展落后,村庄"空心化"背景下,农村社区治理水平不高,村民自治进入低水平重复,民主监督和民主管理难以执行，村民难以合作，各种合作组织成长缓慢。

管理组织的薄弱和缺失导致空心村集体经济实力普遍较为薄弱，大多数为建档立卡贫困村，农业产业化程度不高，农地产出低，农民基本上靠外出务工和农业种植维持生计，增收缓慢且不稳定，人均收入远远低于全市平均水平，加剧了经济的衰落和人口的外流。

造成"三空"问题的原因有很多，生活、教育、医疗等方面客观存在着城乡差，城乡收入差距大，农业产值过低，村庄布局及基础设施不符合现代农民的生活需求，加上规模办学、煤矿停产、封山禁牧等政策因素，导致农民在城市吸引性拉力、农村排斥性推力的双重作用下作出离开村庄的选择。

"三空"问题为农村发展建设带来很多问题，青壮年人口的流失使劳动力严重不足，建设新农村，缺乏新农民已成为普遍现象，治理难度大；农村土地资源浪费严重，城乡差距进一步扩大，空心村使农民居住地分散，村落分布面积过大，村庄外延拉得过长，增加了农村水、电、路、讯等基础设施统一建设的难度；农民守土观念强，视宅基地为祖业，不愿轻易放弃，尤其是人数较多的村整体搬迁难度很大；进城农民由于没有保障，也不愿意轻易放弃宅基地；农民收入低，无力承担搬迁新居的经济负担；地方财政捉襟见肘，村集体积累有限，无法拿出较多的建设资金，去与留的矛盾十分突出，村落格局和风貌混乱，也进一步破坏了村落的宜居性。

二、我者记忆遗失、文化主体性缺失、文化认同减弱

对传统村落来说，"三空"问题的原因及影响更为复杂。"三空"不止导致传统村落的传统建筑空置残败，村落格局发生变化，出现混乱，失去地域风貌，还导致传统村落发展的关键要素人力资源的外流，失去了发展动力，也致使附着于人力之上的传统文化迷失，当地居民和乡村管理者缺乏文化上的自觉和对自身的文化认同，传统村落失去了传统根基。

认同是"对某事物区别于其他所有事物的认可，这包括在其自身统一性中的所有的内部变化和多样性。该事物被视为保持相同或者具有相

同性"。从社会层次看，认同包括许多层次，如个体的自我认同、群体的集体认同、民族认同、国家认同等。从社会部门来看，认同包括经济认同、政治认同、社会认同、文化认同等。文化认同是指人类对文化的倾向性的共识与认可。这种共识与认可是人类对自然认知的一种升华，并在此基础上形成了支配人类行为的思维准则和价值取向。也就是说，文化认同表现为某个群体对其文化的归属意识。①

聚落，"聚"有聚集、会集之意，"落"为人居住的地方，有停留、归属的意味，多种因素使人聚在一地，时日一久便形成聚落。伴随人身落定而来的是由分散走向聚合的文化形态，可谓"人心"，它因新元素的增加不断发展、变化。只有人的心、身安稳，方可找到归属，村落才能存在下去。

飞狐村落本有很强的地域文化色彩与文化自觉。由于地理位置相对隔绝，交通不便，飞狐的环境相对封闭，其经济和文化也体现出一定的自给自足和自我封闭，也因此形成了相对独特的带有强烈地域特征的信仰体系、风土民情和节庆习俗，其村落群体所形成的文化认同与地缘关系、血缘关系、地域认同是相互重叠且持久的。这一点从飞狐村落堡式的村落格局和建筑风貌，拜灯山、打树花等节庆活动，剪纸等手工艺风俗，祈雨、婚丧习俗和饮食习俗中都可以见出，这些风俗、节日习俗、传统礼仪等对飞狐村落构成了较强的行为制约作用，反映了飞狐这一特定社会文化区域内历代人们共同遵守的行为模式或规范，其成员的自觉遵守与传承也反映了对这种文化的认同和自觉、自豪。

飞狐在经历了改道之后，加上城镇化的影响和社会、科技的进步，其生产方式早已改变，经济重心和生计模式也发生了变化，人们不再依赖农耕生产，而以往的商贸通道优势也已不再，因此当地人选择离开家乡，而剩下的人口也受到大量的外来信息的影响，从而不再信奉原来的那些祈雨、祭祀等农耕民俗，而麻将、扑克牌等游戏活动也部分替代了原来的民间娱乐活动，人口的骤然减少也使得庙会等民俗活动失去了往日的生机，很多村的庙会已经不复存在。人们认可城市的生活方式、经

---

① 李一如. 推动传统村落文化活态发展 [EB/OL]. 中国社会科学网：http://ex.cssn.cn/mzx/shwh/201804/t20180412_4029445.shtml.

济能力成为判断人生幸福与否的标准,对于以往的生活方式表现出很多的茫然。当被问及村落的来历和历史以及村里的名人时,大多数人表现出的不知所措体现了其对自己来处的漠不关心和不知情,而对自己将来的去处更多的人表现出对城市生活的渴望,这种对现代的渴望和对传统的否定造成了传统文化的断裂,文化认同的减弱进一步削弱了村落社群成员之间的凝聚力,加速了传统文化的消失,也为村落的发展带来了更多的不确定性。

三、建设与发展裹挟下的传统村落:他者对我者的改造与建设

与贫困导致的发展无力、人口流失、房屋空置相比,不当的建设与发展为传统村落带来的影响更为直接、强劲。

(一)村民对城市化住房的复制

由于存在城乡差异,村民向往城市便利的居住方式和生活方式,渴望对自身的居住环境进行改造。传统村落的房屋往往体量小,缺乏上下水设施,缺少取暖设施,电力设施也存在不同程度的老化和欠缺,同时由于一些村民缺乏文化自信,盲目学习城市化装修装饰,采取对老房子一拆了之的做法进行重建,导致村落里新老建筑并存,格局混乱,老建筑被毁,破坏了传统村落的建筑特征和村庄的整体风貌。

(二)扶贫压力下易地搬迁的粗暴式拆迁

易地搬迁为环境恶劣地区贫困群众彻底摆脱恶劣的生存环境和艰苦的生产生活条件,帮助他们增加就业机会,实现稳定脱贫提供了良好的政策支撑,但同时,这对各地的传统村落来说也构成了致命的打击。过去正是由于偏远的地理位置和较为封闭的社会环境使得传统村落在城镇化大潮及工业化大潮中较为完整地保存下来,却没有逃脱脱贫攻坚摧枯拉朽式的打击。尽管早在2013年习近平同志就曾指出:防止盲目的大拆大建,要切实传承好历史文脉。农村决不能成为荒芜的农村、留守的农村、记忆中的故园。城市乡村不是权力随意揉捏的模型,民众想要

"诗意的栖居",或者说安居,不能靠速度、规模这些"现代化"的借口。① 但是在目标式定量化脱贫工作中,易地搬迁已顾不上考虑传统村落的传承问题,脱贫达标才是硬道理,而一拆了之就成为简单、粗暴、有效的选择。

  脱贫攻坚中,很多地区只考虑到脱贫效果,把这些条件恶劣地区的人口迁走集中居住,对其留下来的老房子一拆了之,不仅毁了传统村落的建筑,也未考虑这些人口的精神生活和文化传承,使之被迫城镇化,失去了精神家园和赖以谋生的传统生计,匆忙仓促中适应、学习着新的生产、生存和生活方式,旧的邻里关系、社会结构、管理方式也骤然改变,诸多不适应也对这些村民构成了挑战。况且很多地区集中易地搬迁后的居住地格式化严重,基础设施配套仍存在低端化情况,即存在搬不进、住不起、拆不了、融不进、富不起、稳不住的问题,对今后的可持续发展构成了威胁。

  2018年暑期笔者在对涞源—蔚县飞狐古道沿线传统村落进行调研期间,发现这些传统村落正在遭到严重破坏甚至灭顶之灾。飞狐古道是延续了两千年之久的古战道、商道、驿道、文化交流之道,2016年作为太行八陉之一入选第一批"中国十大古道",成为最具徒步价值的古道,可见其在历史文化爱好者及驴友心目中的地位。其沿线形成了众多古村落,构成了此条线路的重要节点,是古道历史的见证,是今后旅游经济发展、乡村振兴、文化传承的重要载体。这些古村落的形成时期晚至明清,早至唐宋,有大量的历史遗存,古井、古戏楼、古庙、古碑随处可见,传说、饮食、信仰等非物质文化遗产极具特色。然而,就是这样一些珍贵的文化遗产,就在2018年,在村子整体搬迁扶贫的过程中,被一拆了之、夷为平地。尽管国家政策中规定需要统一规划、统一拆迁的房屋应为长期无人修缮、荒废的农房,道路两旁违背建设规划的农房,过高或者过低的农房,闲置的宅基地及土坯房等,还是有一些风貌较好的村落惨遭拆毁。如团圆村,宋代淳熙年间建村,和时通商,战时拱卫,这样一个在历史上发挥巨大作用的村子从此消失了。坡水村、烧车村、伊家铺村等也面临着同样的结局,令人扼腕叹息。这些村庄因扶

---

  ① 胡印斌. 防止盲目的大拆大建 要切实传承好历史文脉[N]. 光明日报,2013-10-31.

贫而搬迁，却也因搬迁而丧失了自我发展的机会和资本。

意识到各地频发此类拆毁问题，为了科学有序地引导村庄规划建设、促进乡村振兴，2019年1月中央农办、农业农村部、自然资源部、国家发展改革委、财政部五部委联合下发《关于统筹推进村庄规划工作的意见》，提出将历史文化名村、传统村落、少数民族特色村寨、特色景观旅游名村等特色资源丰富的村庄确定为特色保护类村庄，但是对于已经拆毁的传统村落，却已是无法弥补的损失。

（三）以"振兴发展""美丽建设"为名的"保护性破坏""建设性破坏"

与城市景观不同，乡村景观以大地景观为背景、以乡村聚落景观为核心，以农业经济为基础，是由聚落景观、经济景观、文化景观和自然环境景观构成的景观环境综合体，是乡村在自己长期的发展过程中受到区域限制、历史演变、文化传承等因素对自然、土地和土地上的空间及格局长期的改造、适应和利用而形成的，是村落范围内的经济、人文、社会、自然等多种现象的综合反映。① 传统村落中的乡土景观是人类与自然和谐共生、长期互动的产物。传统村落乡土景观的形成既受到自然环境的制约，又受到人类活动的影响。中国许多传统村落都具有浓厚的历史气息，其村落景观通常与历史环境相融合，形成了富有乡土气息的物质景观与非物质景观，其中物质景观包含自然景观、聚落与建筑景观，非物质景观主要指经济与生活景观、历史文化与民俗景观两部分，各类景观互相联系，互相渗透，形成了传统村落丰富的景观构成，其构成元素包括民房、聚落、林地、农田、菜地、篱笆、道路、河流、池塘、湖泊、水渠、山泉、祠堂、石墙、水井、水车、木桥、木屋、庙宇、晒谷场等。因此，乡村景观应是"寻常的""经济的""传统的""本土的"景观，而非追求"高雅的""高技术的""高能源消耗的""异域的"景观。② 然而，在快速发展和振兴的背景下，建设性破坏成为困

---

① 娄萧萧. 传统村落乡土景观构成及活态保护研究——以重庆武隆传统村落为例[D]. 重庆：重庆大学，2020.

② 陈义勇，俞孔坚. 美国乡土景观研究理论与实践——《发现乡土景观》导读[J]. 人文地理，2013，28（1）：155—160.

扰传统村落保护的另一顽疾。在村庄主人文化认同缺失、话语权较弱的情况下，村庄治理主体、上层及外界通过自己对村庄愿景的理解改造着乡村的景观，左右着村庄发展的路径。

在对村庄进行改造、建设的过程中，有两种力量影响着村庄：一是城市化和工业化思维方式对村庄复兴的左右，二是简单化模仿和复制的做法毁灭了传统村落。飞狐亦无法逃脱此种命运。除了一刀切式的拆除夷为平地，对现有村落的改造和提升也在给村落涂脂抹粉、穿衣戴帽的过程中让村落变得新不新、旧不旧，看起来很尴尬的样子。比如留家庄村的改造和提升。作为留家庄乡政府的驻地，留家庄村地理位置较好，处于区域中心地带，且留存人口较多，经济情况较好，因此一直受到重视。在2018年全村进行的修复和整饬中，尽管设计和施工人员考虑到其历史悠久和地域特色，采取了"修旧如旧"的修复原则，提前对危房、旧房及有历史价值的老房进行了登记统计，并考虑到全村的整体风貌，采用了土黄色调对村内建筑进行外立面的统一，尽量使用老房子的原有构件进行修复修补，但整饬后的效果却不尽如人意，硬化、拓宽的水泥路虽然更加方便，却污水横流，也没有了乡村的绿意盎然，路面在阳光的照射下发出刺眼的白光，村民搬着小板凳坐在家门口光秃秃的路面上，没有了乡村的宁静和安详；粉刷、加固后的阁洞（村大门）、民居棱角分明，统一制式的风格让人感受到浓厚的工业化、标准化气息，用土黄色水泥简单刷抹的墙体怎么看也看不出其模仿原来土坯房的初衷，既没有突出古老沧桑的历史厚重感，也没有反映新农村新气象的成就感，反倒像拙劣工匠的滑稽作品，失去了乡村整体的和谐和诗意。

易地搬迁后新建的聚落也显得很突兀。涞源县留家庄乡团圆村在被夷为平地之后，此地承担起安置附近几个村子搬迁户的任务。与很多新建安置地一样，团圆村对建筑进行了升级和改良。沿着涞蔚线行进，很远就可以看到紧沿公路一排排青色水泥房依次排开，独门独户的房子不大，方方正正，前面是一层建筑，后面是二层小楼，按照家庭人口多少来进行分配，里面配套了上下水设施，甚至厕所和洗浴设施也配备完好，这对当前涞源农村地区恐怖的如厕条件来说是一个跨越式的进步，看起来好像规格很高的样子，但房子过于整齐划一，横平竖直的，就像一片片营房，完全没有了依山就势浑然天成的气势，也没有了"狗吠深巷中，鸡鸣桑树颠"的古村意境。可以想见建好后的"村落"里，又是铺满了全然硬化的水泥路面，这在当地人和改造者看来，也许是对老村居住条件极大的改观，但是却消灭了村落自然形成的肌理与脉络，打破了村落生态环境的自然循环，显得那么突兀与不和谐。

四、活态不足的村庄

传统村落之所以宝贵，不仅在于其独特的建筑形式和布局，更重要的价值在于它是丰富的传统文化的载体，是文化安全、文化自信的重要保障，是维系文化认同、文化记忆，强化凝聚力的纽带和关键，是优秀文化传统的重要教育场所，但是，如果这些都只能做博物馆式的储存和保护，便失去了活态性，无法体现其培养乡土意识、强化文化认同和精神归属感的作用，也无法发挥其历史文化的"活化石"作用。

在传统村落保护过程中，不仅要保护好村落空间和景观实体，更要保护好其中蕴含的"活态文化"，既要保护村落中的乡土景观，又要保证当地的特色文化与村落同时存在，共同发展。然而，实践中却出现了很多忽视或无力进行活态保护的情况，造成村落活力、活态不足。

其一，村落是人的村落，传统村落也不例外，只有有了归属村落的人及其活生生的生活生产，村落才会有生气。其二，渐渐失落了农耕文明的村庄也不再像村庄。其三，当地居民所创造的非物质文化遗产是"活"的文化。

从2012年起，住建部会同文化部、国家文物局、财政部等部门启动传统村落保护工作，对传统村落的评价认定形成了一套完整的指标体系，评价内容涉及村落传统建筑、村落选址和格局、村落承载的非物质文化遗产三个方面。相关部门对相应的指标进行赋分评价，最终认定和评价传统村落，并给予每个经认定的传统村落300万元资金，用于开展改善公共基础设施、保护文化遗产等方面的工作。[①] 飞狐古道北段的蔚县各传统村落的保护情况要好于南段涞源各村的情况。北口、上苏庄、邀渠、宋家庄、邢家庄、郑家庄等村落被列入国家级传统村落名录，获

---

① 住建部等部门印发的《传统村落评价认定指标体系（试行）》[EB/OL]. https://www.tuliu.com/read-67772.html.

得了300万元的保护拨款和大众的关注，这些村也纷纷利用这些资金对村内的基础设施及建筑进行升级和修复。如上苏庄村对村落的基础设施和公共环境进行了改善，村内道路、供水、消防和防灾避险、垃圾处理等情况有所改善，还对传统建筑进行了修复，对堡门进行了修复，对一些院落进行了整理，恢复了尚礼学堂，对拜灯山的场所进行了修复和整饬，修缮了庙宇、戏台……总体来看，上苏庄村的传统村落保护工作还是不错的，突出了其村落传统选址、格局、风貌以及自然和田园景观等整体空间形态与环境。但是笔者几次到访上苏庄村，都发现干净整洁的村子里空空荡荡，很多人迁出了老村到下面的新村居住，因为那边空间更大，住宿条件更好、更便利。而老村这边只有几个老年人坐在空落落的街边，好奇地看着到访者四处张望拍照。戏台上也没有了锣鼓喧天，拜灯山的广场上也空无一人，只有偶尔来此的几个游客进来看看便走了。这样一种情况恐怕也不是村庄的管理者、传统村落爱好者、传统村落保护单位的初衷吧。然而由于缺少了原住人口，缺少了生活和生产，缺少了适合的业态，缺少全方位、动态化的保护方式，这样的传统村落也就没有了人间烟火，没有了温度，让人无法流连。

第三节　协调管理难

对一条文化线路来说，空间跨度大是其基本特色之一，一些客观存在的和主观造成的因素在限制着资本、技术、产权、人才、劳动力等生产要素的自由流动和优化配置，从而造成跨地域、跨区划之间不同部门和个人利益的协调障碍和难题。由于飞狐古道跨保定、张家口两个区划，涵盖的文化遗产类型丰富，管理主体多元，在线路的管理与维护方面、在村落的保护与发展方面存在着很多不同与不均衡，如发展基础不同、发展理念不同、发展重点不同、管理体制不同，再加上区域之间的竞争关系，为需要整体性保护的线路带来了难题。

一、行政区划藩篱带来的协同难题

飞狐古道涉及河北省的保定、张家口两个地级市，分属涞源和蔚县两个县的金家井、留家庄、宋家庄镇三个乡镇，广义的飞狐则牵涉更多，为其治理带来很多协同难题。

首先，公路的维护和建设需要协同。众所周知，两个行政区之间的道路最难维护。出于各自利益和责任的考虑，各行政区在建设和维护跨区划公路的时候往往不愿多投入，常常造成"最后一千米"难题，即两区相接处的道路往往最难修通，而且两边的维护日程、建设标准、维护标准也各不相同，可能会存在同一条公路在这个行政区道路平整坦荡、设施齐全，在那个行政区则道路坎坷、设施破败不全。加上重视程度不同，一条公路两种模样，导致整体通行效率和通行体验下降。这一点在飞狐古道的两端也有所体现。从金家井村到留家庄村，可见道路之通畅平坦，甚至还新修了通往坡水村的道路，道路两旁青山依旧，鲜花摇曳；但是从伊家铺村开始，道路就开始出现多处破损，这与违规采石、车辆超载也有关系，也显见管理和维护的疏漏。正是由于伊家铺村位于涞源、蔚县的交界处，造成了其公共服务、公共产品的维护难题。

其次，两区划的形象和文化符号与文化定位需要协同。相邻两县有太多的历史渊源，物产饮食、宗教信仰、传说故事、风土人情往往是交叉叠加在一起的，更何况，很多时候两区划历史上就曾经属于同一区划或者是隶属关系，这就更加难以分割。这样就造成两区划间可能共享一个历史名人、一个重大事件，于是争相将之作为自己的区域形象、文化符号或以之来进行文化定位。涞源、蔚县有着割不断、理还乱的关联。对比两县的建制沿革（见表6-1），可见历史上有多个时期涞源曾隶属蔚县，加上地理位置邻近，气候条件相似，物产与风土也近似，两县共享了很多的文化内涵。而涞源隋时为飞狐县，飞狐峪及飞狐古道虽在今蔚县境内，却与"飞狐"这一响当当的名号脱不开关系。因此，飞狐、蔚县、涞源三者的关系便显得扑朔迷离，让外人无法分清。于是，政府、商家纷纷打着"飞狐"牌来进行宣传、炒作、立项，却没有人考虑如何将其作为一个完整的文化事象来看待、挖掘和利用。

表 6-1 涞源、蔚县建制沿革对照

涞源建制沿革	蔚县建制沿革
春秋属晋国，战国时先属赵，后入燕境。秦属代郡。西汉置广昌县，属并州代郡。晋末省入灵丘县。北周大象二年（580）复置广昌县，治今涞源，属蔚州。隋仁寿元年（601）更名飞狐县，初属易州。大业三年（607）改属上谷郡。隋末废。唐武德六年（623）复置。寄治遂城（今徐水区遂城），遥隶蔚州。贞观五年（631）徙今治，属河北道。元先后属大同路、弘州、上都路、蔚州。明洪武初复名广昌县，属大同府蔚州。清雍正十一年（1733）改属直隶省易州。1913 年属范阳道。1914 年改名涞源县，以境内为涞水发源地得名，属直隶省保定道。1945 年 11 月划归察哈尔省。1949 年 8 月由察哈尔省划归河北省保定专区。1949 年 10 月 1 日中华人民共和国成立，涞源县继属河北省保定专区。1960 年 5 月 3 日撤销保定专区，涞源县由保定市辖。	殷商、周时期，蔚县称代国，依属冀州。战国时为赵国代郡地。秦时称代郡。西汉时属并州，东汉时属幽州代郡。三国时属幽州。西晋时属幽州，辖代县（今蔚县代王城镇）、当城县（今蔚县定安县村）、平舒县（今广灵县平城村）、广昌县（今涞源县）。隋朝罢蔚州置雁门郡，为雁门郡灵丘县地。隋末陷于突厥。唐重制蔚州，寄治并州曲阳县。辽时属西京道，辖灵仙县、定安县、广陵县、灵丘县、飞狐县（今涞源县）。金朝时属西京路，并置忠顺军，辖灵仙县、定安县、广灵县、灵丘县、飞狐县。元朝时属上都路顺宁府（宣德府），辖灵仙县、定安县、广灵县、灵丘县、飞狐县。明朝时属山西大同府，辖广昌县（今涞源县）等。 清朝时初属山西大同府。民国元年（1912），蔚州属直隶省口北道。民国二年（1913），改蔚州为蔚县。民国十七年（1928），划归察哈尔省。中华人民共和国成立后，蔚县归察哈尔省察南专属，1952 年后划归张家口专区，隶属河北省。1958 年 10 月撤销阳原县并入蔚县。同年 11 月，宣化县化稍营划归蔚县管辖。1961 年 7 月 9 日恢复阳原县、宣化县，蔚县则恢复现在所辖范围。

形象之争的背后是地方利益、部门利益和个人利益之争，因此就形成了项目和利益的协同难题。空中草原是一个典型。空中草原位于河北涞源县、蔚县、山西灵丘县交界处，东西狭长，南北宽阔，涞源境内为南空中草原，距离涞源县城 25 千米，蔚县境内为北空中草原，距离涞源县城 35 千米，距离蔚县县城 49 千米。到南草原车只能开至山脚下，需爬山或骑马上山，去北草原车可开至山顶。从景观特色来说，南草原更加丰富，可在登山过程中体验到不同海拔带来的景观差异，植被类型也更丰富，登山体验也更多样化，只是所辖面积要小于北草原。北草原比南草原更加辽阔，也可免去登山之苦。二者其实本应是完美的统一，是北方不可多得的集草甸、森林、草原风格于一体的景区之一。但是目前二者各自为政，形成竞争，南草原管理混乱，当地农民随意提高骑马、停车价格；而北草原只有辽阔的风景，游客少了更多的体验。在网

上的评论中均可见到对两个景区的投诉或不满，对空中草原的整体形象造成了恶劣影响。

从线路合作上来讲，蔚县的北空中草原距离蔚县49千米，距离涞源县城35千米，按照高德地图提供的导航方案，来自北京、天津、石家庄的主要客源均需从涞源北高速口驶出，经涞蔚线过马蹄梁到蔚县空中草原，返程时可从空中草原至蔚县南高速口返回。涞源有白石山、乌龙沟长城等景区，蔚县有暖泉古镇、小五台等景区，均属于旅游资源富集区，这本是一条极好的结合了自然风光和历史文化内涵的冀西北旅游热线，在主题定位、资源类型和交通衔接上可以高度融合与互补，却因行政区划之分导致双方均想投入最小而利益最大，致使深度的市场开发陷入停滞。

二、部门利益协调难题

在国家层面，2018年大部制改革之前，国务院由28个部门组成，2018年的大部制改革致力于在2020年将部门缩减到22个。在地方层面，党政机关各种部门的构成更为复杂，还有各种部门的内设机构。政出多门、多头管理、部门之间的利益之争或不作为情况也限制着区域间的协调与发展。

我国近些年针对"三农"问题提出了一系列政策和指导意见，乡村振兴战略是党的十九大报告提出的，旨在提高村民在产业发展中的参与度和受益面，彻底解决农村产业和农民就业问题，确保当地群众长期稳定增收、安居乐业。乡村拥有大量的旅游资源，我国大约70%的旅游资源分布在乡村，随着城镇化水平的不断提高，乡村旅游市场规模将持续扩大，乡村旅游开发潜力巨大。以资源和市场为导向，优化乡村旅游区域布局，将乡村旅游纳入区域社会经济发展规划，促进乡村旅游规模化、集群化发展，对于区域乡村产业振兴具有重要意义，因此发展乡村旅游便成为很多乡村地区发展产业、振兴经济的选择。但是乡村旅游牵扯的部门更多，聚焦于飞狐，与其线路的整合、村落的保护与发展直接相关的部门包括交通运输部门、发改委、住房城乡建设部门、农业农村部门、国家林业和草原局、自然资源部门、生态环境部门、文化和旅游部门、国家文物部门等，间接相关的则包括工业和信息化部门、财政部门、人力资源社会保障部门、卫健委部门、银行系统、体育部门、银保监会部门、扶贫办等。这些部门在飞狐的发展中起到了引领规划、改善环境、加强用地保障、加强金融支持、推动人才队伍建设、增加财政投入等作用，但也会存在交叉管理、多头立法、重复立法等规章壁垒，对部门间的协调与合作提出了挑战。

第四节　地区发展基础薄弱及存在的问题

农村是国家的生态基础、社会稳定的基础、文明的根源，农村得不到发展，无以谈中华富强。产业兴旺是乡村振兴的重要基础，是解决农村一切问题的前提。然而对很多乡村地区来说，产业基础薄弱是限制产业发展的难题。

一、基础设施建设薄弱

涞源与蔚县均属于深度贫困区，如前所述，这里也是空心化发展的重灾区。基础设施和公共服务的落后加剧了空心化，反过来，空心化也使得基础设施和公共服务的投入效用降低，从而进一步加大了区域发展的阻力。

就交通条件来说，这里毕竟曾是两市联通的动脉，因此基础很好，近些年有些路段失修，缺乏监管，但总体来说，除了大宁村、黑石岭村、对臼沟村道路条件较差之外，各村的可进入性较好。但是通往黑石岭村的路基基本被破坏掉，使得这一极具历史价值和游览价值的村落基本失去了可进入性。同时，加油站和汽车修理设施及休憩设施的缺乏也降低了此条线路交通的整体水平。

就通信条件来说，这里基本实现了移动信号覆盖，有些路段和村落没有网络或仅有 2G 信号，但总体来说，相对于山区乡村地区，此区域通信条件较为良好，只是一些延伸区域仍需基站的铺设和加强。

就电力系统来说，河北省风能资源较为丰富，主要分布在张家口、承德坝上地区，秦皇岛、唐山、沧州沿海地区以及太行山、燕山地区。飞狐古道地处燕山、太行山、恒山交汇处，海拔高，风力大，建有黄花梁、马蹄梁等风力发电厂，在发电的同时还提供了优美的景观。此外，为了帮助当地脱贫，利用当地的荒山荒坡等未利用地布设了很多太阳能光伏发电设施，这样不仅能满足此区域各家各户的用电需求，还可联网出售帮助当地获得一部分经济收益，因此用电已不是问题。

就饮水、用水条件来说，此区域历史上属于少水地区，有些村落打不出井水，不得不从外村买水喝。但是目前这里已基本实现了自来水管道的网络布设，能够基本解决当地的农业生产和生活用水问题。但是如果需要发展现代化农业或其他产业，用水问题尚需进一步解决。

就医疗、教育条件来说，空心化问题严重，导致医疗网点集中化，只能在中心村镇找到村级诊所和药房，且只能提供初级服务，就诊、就医需到县城，而城乡差别的存在和医疗资源向大城市集中的状况又使得县城的医疗水平远远低于上级城市的水平。教育也是如此，小学向中心村集中，初、高中向县城集中，村民就学需走很远的路，这也导致了有条件的村民放弃在村内居住，纷纷搬到县城，加剧了空心化，也使得当地教育水平和人力资源水平进一步下降。

就卫生条件来说，废弃物处理、厕所问题堪忧。厕所反映着社会的卫生水平与文明程度，关系到广大人民群众生活品质的改善、国民素质的提升和社会文明的进步。我国在20世纪50年代爱国卫生运动开始之初就提出建厕所、管粪便、除四害。20世纪90年代，改厕工作更是被纳入《中共中央、国务院关于卫生改革与发展的决定》。[①] 自2014年起，中央要求推行"厕所革命"，要加快从景区扩展到全域、从城市扩展到农村。然而由于末端处理能力不够、监管乏力、资金不足、观念落后、组织实施有待完善等各种问题，乡村厕所革命进展缓慢。大部分乡村没有铺设地下排污管网，也没有布局合理的污水处理厂，抽污虽然成本不高，但村民将污水拉到污水处理厂进行处理的成本较高，同时由于排污缺乏监管，抽污之后随意排放情况严重，仍旧存在污染地下水、病毒扩散传染等情况。因此即使家庭厕所得到了改进，但并没有实现无害化处理，违背了乡村厕所革命的初衷。即使一些乡村地区有污水处理

---

① 编辑部. 抓住有利时机 勇于开拓进取 共同开创卫生改革与发展的新局面——全国贯彻落实《中共中央、国务院关于卫生改革与发展的决定》经验交流会情况通报［J］. 中国卫生，1997（9）：1.

厂，有粪便消纳功能，经过处理后的粪便本来可以给果园施肥或给农作物堆肥，但由于种植模式和观念等问题，普遍存在农民不愿上门拉取运输的情况，使之处于尴尬境地。涞源的一些乡间厕所还停留在在屋外甚至院外围几堵墙，挖个坑，随便搭上两块木板、木棍或石板就行的状态，至于污水和废弃物处理、洗浴条件等就更谈不上了。

二、产业链条不完备

飞狐地区的传统产业是种植业和养殖业。涞源和蔚县属高寒山区，昼夜温差大，空气新鲜，光照充足，年日照时数超过 2600 个小时，属于半干旱半湿润地区。特殊的地理条件和气候条件适于杂粮、中药材、杏扁、烟叶、食用菌和畜牧业的发展。广阔的山场中有木耳、党参、玉竹、柴胡、酸枣、猕猴桃等 600 多种具有很高的营养价值和药用价值的野生植物，还有褐马鸡、狍子、山鸡、野猪等 60 多种奇兽珍禽。但是农业生产以旱地耕作、自然放牧为主，抵御自然灾害的能力不足，每年的灾害损失占较大比重。土地集中程度低、政府引导推动力不强、科技支撑力不足、农村生产者水平低、种植投入少、流通环节等原因使种植业一直无法提档升级，同时运输条件、储备能力的限制也带来了季节、地区供需矛盾的市场风险。

畜牧业方面，这里山场面积广阔，植被较好，适宜发展养牛、马、羊等畜牧业，但近些年封山禁牧，使得以自然放牧为主的畜牧业受到很大的影响。此外政府扶持力度不足，农业科技投入少，特色农牧业发展滞后。受地域环境、气候条件和传统生产经营观念的影响，以及相关技术支持和服务力量不到位等因素的制约，特色农牧业发展缓慢。这里的黑猪养殖很有特色，山上的野果、野菜以及各种中药材都是黑猪最喜欢的食物，而且散养黑猪可长时间自由采食，运动可使黑猪的肉质更加紧实可口，营养丰富，而且无疾病，是真正的纯天然无公害肉质产品。

在加工销售方面，飞狐地区形成了一些杏扁、核桃、山蘑、柴鸡蛋、小杂粮、黑猪肉等粗加工和销售组织，但是产业发展主要以家庭为经营主体，规模小，组织化程度低。缺乏龙头企业，没有形成明显的产业带动优势，带动能力有限，产业链条短，特色产品竞争力有限，市场占有率较低,整体效益不高。同时这些农产品大多没有形成品牌化经营,尽管已有一些特产向山货行供货,但是缺乏特色农产品品牌,不重视注册商品,不能实现增值增效。

第三产业以旅游接待为主。涞源、蔚县都是旅游资源富集区。涞源有世界地质公园、国家森林公园、国家级AAAAA级景区白石山,2016年涞源与易县、涞水两县共同举办了河北省首届旅游发展大会,足见其旅游资源品质及旅游发展潜力。同时此届旅发大会让涞源旅游有了更高的知名度、更好的旅游基础设施和旅游接待设施。蔚县有暖泉古镇和打树花、拜灯山、剪纸等国家级非物质文化遗产,还有一众国家级传统村落,因此两县的旅游发展有良好的产业基础。但是由于行政区划的分割,两县很少开展协同合作。在飞狐地区,尽管飞狐名号十分响亮,也只有蔚县在飞狐峪做了一些简单的布置,设置了几块标志牌,划出简单的观景平台,而对飞狐陉、飞狐古道整体概念的利用两县并没有达成共识,亦没有相应的举措。

就旅游接待水平和产业发展水平来说,飞狐地区的现状也不容乐观。这里目前有蔚县空中草原风景区,属于九龙村旅游有限公司,由飞狐峡谷、马蹄梁、空中草原三段景区组成,全部在蔚县境内。飞狐峡谷位于蔚县县城南13千米处,在"两崖壁立、一线微通"的崇山峻岭的谷底曲曲折折蜿蜒20千米,横贯山梁南北,包括一炷香、六郎箭眼、一线天、明铺战役遗址、八仙洞等12个景点。马蹄梁位于群山之上,海拔1700多米,在蔚县和涞源县交界处,这里有据说是杨六郎遛马留下的马蹄印,实为奥陶纪的灰岩,由于特殊的沉积环境,形成许多环状、半环状的燧石条带。空中草原是主景区,海拔2000多米,有"帝王之花"雪绒花以及虞美人、银莲花、地榆、秋菊等种类繁多的花草。这三个景区资源品质不错,但是目前的开发仍处于初级阶段。由于海拔高,气温低,季节性明显,旅游接待多集中于每年的6—9月,接待设施较为简陋,尽管建有餐饮和住宿设施,也只限于旺季接待,且较为陈旧。飞狐峡谷与马蹄梁均属于开放式景区,由于缺乏必要的解说系统及休闲休憩设施,游客大多一瞥而过,甚至有人只知有空中草原而不知有飞狐峡谷和马蹄梁,更不知飞狐古道与涞源县。景区旅游活动多为观光产品,景区的收入渠道较为单一,主要为门票收入，票价为每人 50 元。仅有草原景区所属的嗅水盆村开展了一些简单的农家乐接待，景区内有一些当地农民在出租马匹，亦有有一些简单的食肆摊位和土特产销售摊位。近些年来也尝试了草原露营节、徒步大会、骑行大赛、自驾团队游等形式的活动，但接待仍集中在夏秋之际，市场影响力也局限在京津冀地区。景区的产业带动作用有限，更谈不上带动涞源—蔚县整个飞狐古道沿线的村落发展及整体形象的提升。

三、乡村建设人才匮乏

人才及人力资源问题在飞狐地区尤为明显。如上文所述，人口流失严重、空心化使得人力资源总量不足。留守在农村的多为老人，以前还有妇女和儿童，现在连妇女和儿童都流向城市，农村丧失了活力。同时，人力资源的质量堪忧。这里的劳动力文化水平较低，他们不愿意改变传统的种植、养殖模式，缺乏判断力和接受新科技的能力。从社会层面来讲，目前飞狐地区的发展严重依赖扶贫干部和帮扶单位，这些干部和单位在脱贫攻坚中投入了很大的精力，起到了很大的作用，但其缺少对村落发展的长期、系统规划设计，乡村后续发展缺乏延续性。尽管还有一些企业家看中了飞狐的土地资源、旅游资源并在此投资，却往往表现为比较封闭的自循环模式，对当地村民的带动作用有限。

四、政策与资金支持力度不足

"人、地、钱"是乡村发展和振兴的主线，与之相关的政策支持就显得尤为重要。与广大乡村地区一样，飞狐地区的发展需落实以上政策制度，地方政府还需提供更为具体、有针对性的政策倾斜和政策扶持。但是目前保定、张家口的财政收入较为落后，无法为乡村振兴提供较大的资金支持，金融扶农政策也没有太大力度。针对飞狐地区的发展，两市没有认识到其潜力与重要性，缺乏统一的认识和规划，也就谈不上制定和设计针对其发展的政策。这就使得飞狐地区依旧寂寂无闻，在漫长的发展道路上艰难地前行。遗产保护、文化传承也没有受到重视，没有必要的法律和制度保障，从而让发展丧失了根基，让飞狐面临着更大的困境。

从以上分析来看，飞狐古道及村落的发展仍有很多瓶颈和困难，但是不发展就消失、就陨落已经成为快速发展的社会法则。飞狐应该选择什么的路径实现自己的自救与振兴？

第七章　飞狐古道及传统村落发展路径分析

第一节　可持续：飞狐的发展目标

历史的车轮滚滚向前，时代在不断发展，被疾速发展的时代甩在身后的飞狐应找到自己的发展方向，选择合适的路径来追上时代的步伐。在飞狐的发展中，应梳理、盘点、挖掘其价值，通过剖析价值找到优势，通过揭示这些价值唤醒民众自身的保护意识和外界的广泛关注，从而获得可持续发展的能力，通过发展带动当地及周边经济的增长，以经济增长反哺文化，促进文化繁荣，形成发展的良性循环。其中，生态的可持续、生计的可持续及文化的可持续构成了飞狐的可持续发展系统，也是飞狐发展的目标所在。

一、生态的可持续发展

"天不言而四时行，地不语而百物生。"毋庸置疑，生态是有承载力限制的，对乡村地区来说，良好的生态环境和生态系统是其生存的资本和必要条件，一旦超过这个限制，将会不可再持续。人类发展活动必须尊重自然、顺应自然、保护自然，这是无法抗拒的发展规律。

"人的命脉在田，田的命脉在水，水的命脉在山，山的命脉在土，土的命脉在树"[①]，地处冀西北的涞源、蔚县空气清新、负氧离子丰富，景色优美、植被茂密，高山、亚高山草甸、森林、草原风光独特，两县植被覆盖率均在90%左右。工业基础薄弱、基础设施落后、人口稀少，

---

① 摘自2013年9月23日至25日习近平在参加河北省委常委班子专题民主生活会时的讲话。

在某种程度上使得飞狐地区保存了良好的生态环境。这些都构成了飞狐地区的资源优势和发展潜力，凸显了生态环境的保护与可持续发展的重要性。

飞狐生态的可持续应遵循两个原则。

（一）生态安全原则

充分重视生态的脆弱性和可能存在的生态风险，充分重视饮用水与食物安全、空气质量与绿色环境、地质灾害与安全隐患等基本要素，保持生态系统的完整性，维持生态系统的健康发展水平。具体而言，对于飞狐的山体和山地资源，要充分考虑山体的挖掘程度、植被生态状况、历史文化旅游价值、山体景观、绿化建设用地需要、矿产价值等因素，根据国家和当地的法律、制度和规范进行保护，控制与生态功能保护无关的生产和开发建设活动。禁止挖沙、取土、开山采石、探矿采矿，新建、扩建墓地，新建、改建或者扩建风电项目及配套设施，乱搭乱建建（构）筑物，毁林开荒、乱砍滥伐林木，倾倒、堆放、填埋生活垃圾、建筑垃圾、工业废物和危险废物，法律、法规规定的其他侵占、破坏山体的行为。

对于飞狐的农田和耕地资源，一要划定生态保护红线、基本农田和城镇开发边界，完善生态功能，统筹绿色廊道和景观建设；二要保障土壤的安全，选择适宜的农作物品种进行耕种，避免盲目投入，调整农业结构，避免自身污染和外源污染，即控制农药的使用，避免农药残留带来的食物链污染和土壤板结、土地污染，降低面源污染强度。

对于飞狐的林地和草场，一是要禁止乱砍滥伐，严格采伐审批手续、森林采伐计划、采伐量、采伐方式，以防过度砍伐带来植被破坏、泥石流等灾害；二是要植树造林、封山育林，加强林业法治宣传教育；三是做好森林防火、病虫害防治、地质与气象灾害预防等工作；四是要封山禁牧，防止家畜破坏草场及幼林植被。

保护生态安全还要严格控制飞狐的产业类型及工业污染，做好各类产业的污染处理及生态评估，杜绝破坏性较大、污染可能性较大的产业进入，做好产业污染的预案和后期处理。

（二）以人为本原则

飞狐要以农村生态网络建设为基础，将生态网络与人居环境融为一体，保持乡村的自然景观和风貌，增加、改善基础设施和公共设施，将"衣、食、住、行、医、养、学、娱"基本生活环节与"生产—交换—消费—分解—还原—再生"生态环节相结合，打造成为"有机生命体"，将农村建设成为生态环境良好、赏心悦目、功能齐全、快捷方便的美丽乡村。

目前飞狐乡村中的能源供应、取暖问题、节能环保等方面都存在不足，在污水处理、垃圾处理、人畜粪便的处理、农业废物的处理中存在短板，因此需要集中精力推进污水治理（改厕）、垃圾处理和村容村貌的提升，改善、整治人居环境。要在尽可能保留原有风貌的基础上改善房屋结构，加强房屋功能；美化、绿化庭院，硬化重要道路，在公路边、河边、山边等区域开展洁化、绿化、美化行动，提升村容村貌；加大清洁能源如风电、光电的使用比例，亮化、美化村庄，既满足、便利农民生活需要，又改善、美化生活环境，使得村庄"水清、路平、灯亮、村美"，构建集生态、景观、游憩、风貌和文化于一体的美丽乡村。

二、生计的可持续发展

"可持续生计"一词最早见于1987年世界环境与发展委员会发布的报告《我们共同的未来》，从一开始其出发点就是要维系或提高资源的生产力，保证对财产、资源及收入活动的拥有和获得。1992年联合国环境和发展大会将此概念引入行动议程特别是第21项议程，主张把稳定的生计作为消除贫困的主要目标。第21项议程指出，稳定的生计可以使有关政策协调发展，消除贫困和可持续使用资源。哥本哈根社会发展世界峰会和北京第四届妇女大会都强调了可持续性、就业、社会整合、性别与消除贫困间的联系对于政策和发展计划的重要意义。① 1998

---

① 纳列什·辛格，乔纳森·吉尔曼. 让生计可持续 [J]. 国际社会科学杂志（中文版），2000 (04)：123-129+6-7.

年 Scoones 提出可持续生计框架。① 目前，关于可持续生计的研究大多是基于英国国际发展部（the UK'S Department for International Development，DFID）于 2000 年建立的可持续生计分析框架（the Sustainable Livelihoods Approach，SLA）展开的。该框架提出了生计资本、制度与政策背景和脆弱性背景三个变量，其中生计资本变量包括自然资本、人力资本、金融资本、物质资本和社会资本；制度与政策背景变量包括法律、文化、政策和制度等；脆弱性背景变量包括冲击、趋势和季节性②，以此框架来分析可持续发展的环境背景、基础资本、生计目标和生计策略（如图 7-1 所示）。自然资本主要包括人们用来维持生计的土地、水和生物资源；物质资本主要是指维持生产生活的房屋、灌溉系统、生产工具和机器等；金融资本主要包括自由现金、贷款和借款；人力资本主要包括谋生技能、健康状况、受教育程度以及年龄；社会资本指原住民的社会关系网和家族亲戚网。生计是一个相对具体的概念，容易讨论、观察描述甚至量化，所以用可持续生计方法分析农户的经济发展是切实可行的。该框架分析了农户在脆弱性环境中如何充分发掘自身潜力、有效利用自有的生计资本来实现其可持续生计的目的。以人为中心，了解农户对自身生计资本与能力的判断，才能为农户提供更有针对性的支持，给予更好的帮扶，根据分析结果提出可持续的生计策略，生计策略产生的生计结果又反作用于当地的可持续发展。

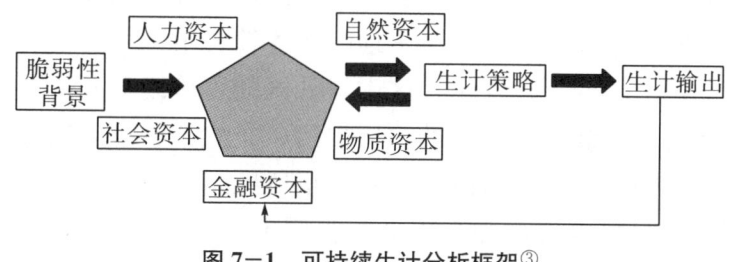

图 7-1　可持续生计分析框架③

---

①　Scoones, I. Sustainable Rural Livelihoods: A Framework for Analysis [J]. IDS Working Paper, 1998: 67-71.

②　V. P. Sati & L. Vangchhia. Sustainable Livelihoods: Approach to Poverty Reduction-An Empirical Analysis of Mizoram the Eastern Extension of the Himalaya [M]. Cham: Springer Briefs in Environmental Science, 2017.

③　参照 1998 年 DFID 可持续生计分析框架绘制。

按照这个框架的理解，人身处自然界之中，是自然生态环境的一部分，与其他自然因素有着共生关系，而不是单纯的利用和被利用关系。自然环境是考虑可维持生计的基础条件，因此在选择当地的发展方式和产业时必须考虑当地的自然生态环境，对脆弱性背景作出充分的分析。同时，当地及自身的社会资本、人力资本、物质资本及可能的金融资本都是可持续生计的潜在条件，充分分析、全面认识这些条件、挖掘这些资本、整合这些资本才可能实现生计的可持续。

飞狐的生计模式历经演变。历史上，飞狐曾经依靠以农耕为主，以游牧、家畜驯养、行商、坐商、提供食宿等为辅的生计模式。依靠驿道、公路而形成的商业和产品交换曾为飞狐带来繁华，而现在公路的寂静落寞使得很多青壮年离开家乡去往城市打工，留下老弱依靠种地为生。为了脱贫，当地人在帮扶单位的帮助下发展了风电、光电、养鸡、养羊、养牛、药材种植等产业，空中草原景区周边的餐饮住宿接待也成为很多人的生计选择。一些人看到了飞狐古道带来的旅游客流，在路边售卖一些山石、树根等。但总的来说，飞狐尚需选择一条合适的路径综合考虑这些资本来实现生计的可持续，而非一时的形式上的脱贫。

目前的脱贫工作虽取得了很大成效，整体搬迁、拆迁工作也使留守农民摆脱了恶劣的生存条件，有了更为集中、方便的基础设施和服务设施，但是一味依靠外来者带入大量资源来解决本地生存的方式不符合生计可持续的方向和目标。只有依赖当地社区，唤醒当地人的积极性，利用本土人才发掘本土资源来解决本地问题才符合生计可持续的原则。

事实上，个体的人存在于社区中，社区的可持续是人留下的理由和条件，生计的、亲缘的、社交的、历史的、文化的、自然生态的、族群认同的因素共同构成了当地的场所感，场所感越强，与个体产生的关联越大，文化认同感也就愈强，因此，只强调生计的经济属性和经济价值，忽略社会资本及社会联结，使社区失去黏合作用，也会破坏生计的可持续性。如何让农民保住土地，保住生活的家园，维持生活的社区和族群、社会环境，使得社会环境稳定持续地发展，也是生计可持续发展的必要条件。

三、文化的可持续发展

文化是区分民族与国家的象征和符号，是国人安身立命的精神家园，是国家综合国力的反映。一个国家的综合国力，不仅包括由经济、科技、军事实力构成的"硬实力"，还包括由文化和意识形态吸引力所体现出来的"软实力"，在信息时代的今天，软实力越来越重要。

对古道与飞狐村落来说，沧桑的古道和古村记载了历史的车轮和脚印，联结了草原、山地和平原，传播了物产和文化。其绵延的历史、独特的边塞文化、浓郁的地域风情无疑是区别于万千道路和村落的重要特质，因此对其进行保护就意味着其身份的留存，是其历史印记和重大历史意义的留存。同时，在交通业如此发达、信息化程度日益提高、城镇化越来越普及的历史时期，人们对历史和来处的好奇与追忆、对乡村和田园的渴望、对"生活在别处""诗意的栖居"的渴望，让旅游和户外活动越来越成为生活的一部分，那些具有明显的地域符号、地域特色、历史标记的地方，那些兼具自然风光、独特地貌的地方，往往会受到欢迎，因此保护、挖掘、传承这些文化内涵和文化特色，对于当地的文化、经济和社会来说均具有可持续的意义。

目前飞狐的文化没有得到整合，只片面地存在于某个地段和山村或某个景区，虽然也吸引了一些有识之士的关注，但没有形成整体形象，没有进行整体包装，也没有整体开发，让飞狐只能存在于网络上飞狐爱好者的博客中，也没有起到转化为生产力的作用。不仅如此，这些年甚至还拆除了一些村落，使之从此消失于人们的视线，这样的思路和方式明显不符合文化可持续的原则，如何唤醒其文化保护意识，采取有效的措施来发展、创新飞狐，使其保持原汁原味的乡土人情和历史质感，延续其文脉，发挥飞狐历史文脉的根基作用，将历史文脉与现代时尚、现代生活相结合，以现代手段和现代视角为其增添内涵，使之适应现代市场的需求，并使继承与创新相结合，为后代留下飞狐传说和飞狐精神，才是飞狐持续发展的路径。

第二节　发展旅游产业的是与非

旅游产业具有强大的经济带动作用、社会整合功能，尤其在全域旅游理念推出以来，"旅游＋"的概念和做法使得旅游无处不在。文化遗产的旅游开发也成为保护与发展的必经之路和必然选择。但是，针对文化遗产的旅游开发利用一直存在两种声音：一种是支持和拥护的声音，另一种是反对和制止的声音。目前，全国共有6819个村落分五批入选"中国传统村落名录"。这些入选的传统村落获得了官方的认可和市场的关注，也得到了财政的支持和投资的进入，大部分传统村落都进行了旅游产业的布局和设计，其间也产生了很多问题。对飞狐古道这条并未列入文化遗产的线路来说，其中还有很多村落没有列入传统村落，是否也适合开发旅游，如何开发，也逃不开这样的讨论。

一、支持的声音

（一）旅游是文化遗产保护与传播的最佳途径之一

在经历了博物馆式、文保所式的保护之后，我们越来越认识到保护不是束之高阁、藏在深闺、秘不示人，而是应当适度利用，充分发挥其价值，使之获得更大的勃勃生机和活力。2013年习近平总书记在中共中央政治局集体学习时提出的"让文化遗产活起来"的指示更是让这一理念深入人心，文化遗产保护与利用进入新的发展阶段。

让遗产"活起来"不仅意味着要将遗产做好保护、研究和展示，还要充分发挥其价值。《世界遗产公约》中提到了遗产价值传播的要求，要提炼、凝练文化遗产的内在核心价值，捕捉其文化因子或文化元素，然后予以某种特殊方法的刺激，使其成为一种可转化可使用，能传递更多价值的活性载体，将其中优秀的文化基因和文化传统融化、融入、植入到当代人的生活，使人们能够在与历史文化的对话中增长知识和智慧、丰富心灵，并形成共识，自觉接受和传承。因此，让公众自觉参与、了解、欣赏、学习、传承文化遗产的精髓就成为价值传播的前提。

在所有文化遗产的表达传播方式中，旅游的表达与传播是最直接、最生动、最易接近、互动性最强的一种，旅游业在激活、传承、弘扬文化遗产资源价值方面始终发挥着难以替代的重要作用。在保护文化遗产资源、环境质量的前提下，在尊重、适应游览参观者心理行为规律的基础上，通过旅游化的理念与手段挖掘、展示、传播文化遗产资源蕴含的各类信息与价值，吸引更多的人关注、亲近、接触、理解文化遗产景观及相关信息，使文化遗产资源在跟不同时代、不同地区的人的互动交往中，展现文化魅力，获得持续生机。①

同时，文化遗产的保护与传承工作的繁杂和艰巨性需要大量资金的支持，传播、价值的充分发挥也需要以民众喜闻乐见的合适的形式出现，而旅游业很好地符合了这一点，旅游可带动价值传播，良性的旅游参与（或广义上的参与式体验）是价值传播的有效方式；好的价值传播手段可增进旅游效益，促进当地社区的经济发展，更好地补充遗产保护经费。

2018年3月，中共中央决定将原文化部、国家旅游局的职责整合，组建中华人民共和国文化和旅游部（以下简称"文化和旅游部"），作为国务院的组成部门。文化和旅游融合发展开始作为一项重要的机构改革任务、一个重要的社会经济现象和学术研究命题逐步走向融合，强调二者的结合和相互促进。基于共同的内在需求和目标群体，文化和旅游从互为市场走向整合市场。从产品/业态角度看，文化观光游、文化体验游、旅游演艺、文创产品、电影旅游、依托文化资源和非物质文化遗产开发的各类旅游产品不一而足。文化生产在旅游开发中的内生作用得到加强，开始从内容、符号、媒介、空间等方面进行自觉的文化生产，在新消费热点的培育中形成新的文化生产方式和业态，形成从自发利用到自觉保护、从利用到生产再到保护传承的路径。② 旅游活动通过承载和展示文化内容、丰富文化产品供给的形式和种类，借助现代科技手段和艺术手法，通过设施、活动、作品等媒介，有机承载和表达多种文化内

---

① 李萌. 旅游让文化遗产活起来［N］. 中国旅游报，2014-06-14.
② 黄剑锋. 供给侧改革背景下的旅游与文化产业融合机制——基于文化生产视角的新分析框架［J］. 生产力研究，2017（10）.

容和符号，并最终推动文化空间的生产。①

（二）乡村旅游是传统村落保护和乡村社区再造的最佳产业选择

传统村落具有田园风光、乡间风情、传统文化、传统建筑、紧密亲近的邻里关系、独特的风物、舒适宜人的生活空间，还有悠闲的生活节奏和休闲氛围、大量的劳动人口。在城镇化的今天，传统村落无疑对生活在城市里的人构成了极大的吸引力，吸引着人们远道而来，来体验、品鉴传统村落的美。强大的需求下必然催生供给，对旅游需求做出反应不仅可以满足旅游者的需求，使之获得更好的体验和服务，也会对乡村社区形成新的经济增长点、促进产业多样化的发展产生良好的促进作用。

没有产业和生活的传统村落保护也无法落到实处，通过旅游产业活化村落文化，带动村落发展和振兴，也是传统村落保护的一种有效方式，是传统村落现代化的一条特殊路径。在满足旅游者需求的过程中，道路、电力、互联网等乡村基础设施和公共服务设施得到不断完善；乡村旅游从业人员得到培训和锻炼，得以开阔眼界、获得理念、技术与技能；也使乡民认识到传统建筑、传统习俗和手工业的重要性，唤醒他们的文化自觉，让他们产生文化自豪感，使传统建筑得到修缮和维护，传统习俗和传统手工业得到振兴，人居环境也得到改善；旅游产业开发带来的其他产业的发展及经济收入和效益为乡民开拓了生计来源，一些乡民得以回到家乡就业创业、生活，缓解了农村的空心化问题。

二、反对的声音

作为宝贵的文化遗产，保护无疑是最为重要的基础和前提。三位来自三个学科领域的领军人物——建筑规划界的名家阮仪三先生、民间文化界的领军人物冯骥才先生以及文物保护界的泰斗罗哲文先生，都曾对旅游开发对遗产保护的影响感到担心和忧虑。随着理念的不断更新及现实教训，越来越多的专家、学者和民众认识到旅游开发带来的问题及其对遗产的破坏。

---

① 宋瑞. 如何真正实现文化与旅游的融合发展［J］. 学术前沿，2019（6）.

在反对的声音中，尤以冯骥才先生最为急迫和恳切。作为中国民间文艺家协会主席和全国政协委员，冯骥才先生做了大量的实地田野调查，他曾经在"两会"等公开场合表示最反对对文化用"开发"这个野蛮词汇，他直言，对文化遗产的保护"忧大于喜，而且忧大大地大于喜"。在旅游开发中，存在着较为严重的过度"开发"及"榨取"文化遗产价值的现象。世界上少有国家或地区用"开发"一词来描述文化遗产，比如联合国用的是"利用"，我国香港和台湾地区用的是"活化"。对待文化遗产本应以非常虔诚的态度精心保护，确保遗产能完好无损、完美无缺地留给后人，而"开发"一词过于野蛮，其中含有一切向钱看的意思，而不是保护文化，不是为了使传统文化所彰显的精神世代相传。他继而提出，目前对传统村落的保护没有一个严格的标准化计划或措施，国家应该建立长效机制，对于已经进入名录的传统村落，如果没有提出严格的以保护为基础的旅游计划，国家就不能批准他们开展旅游。

确实，因为对遗产的价值、性质、功能和传承性缺乏充分认识，导致很多地方在利用文化遗产的过程中一味发掘其中的经济利益，甚至在发展的过程中对文化遗产本身造成破坏，致使文化遗产事业时常陷入保护与利用孰轻孰重的两难境地。

对传统村落来说，旅游开发为其带来了客流、资金流、物流、观念流，对改善其设施条件和人居环境带来了很大的影响，提升了形象，改变了产业结构和升级模式，带来了经济收益，但是，旅游开发过程中涌现的一系列问题也让人们看到了旅游开发的弊病。

一些地方在发展旅游保护传统村落的实践中一味迎合旅游者的需求，或者错误地理解旅游者的需求，导致文化符号化、建设城镇化、开发商业化。如盲目地拆除、改造具有地方特色的传统街巷和历史建筑，兴建整齐划一的新式住宅；为了突出传统文化符号和年代久远而斥巨资打造建设新建筑、新街区、新村落；一刀切式地将村民外迁集中居住，为旅游开发腾笼换鸟，导致村落失去原住民和在地文化，使得传统村落成为游客赶走主人后的狂欢场，再将乡民雇佣回来在卖场里展演游客们希望看到的传统文化和传统生活缩影等。

中国传统村落保护发展专家委员会工作组秘书、中国文物协会20

世纪建筑遗产委员会委员、北京工业大学教授李华东对传统村落的旅游开发给予了有力的批判：商业化严重，过度强调传统村落旅游开发的经济价值，旅游被神化成传统村落保护和发展的唯一法门。传统村落的社会、文化、艺术、科学、情感价值被忽视，宁静的村落变得喧嚣，古朴的村落变成了卖场，祥和恬淡的生活变得逐利，厚道朴实的乡民变成了商人，本应以价值传播和发挥为出发点的传统村落旅游失去了其乡土教育意义，传统生产、生活方式的文化血脉无以表现……他甚至痛心疾首地呼吁"不要在传统村落的葬礼上敛财"，传统村落不应再迁就游客和投资客，而应更加关注自身，慢一些，稳一些，"你若不来，我亦安好"，自美其美，不要迷失了自己，保住自己原生态的美，留下自己的乡愁记忆。①

第三节　除了旅游还能做什么

　　旅游已经成为人们生活的一部分，成为一种经济现象、社会现象。诚然，现阶段的旅游开发为文化遗产和传统村落带来了很多问题和不良影响，但从长远来看，旅游产业强大的相关产业带动性和文化吸附力、文化展示力、文化凝聚力让文化遗产和传统村落与旅游产生了必然的联系。尤其在全域旅游、产业融合、"旅游＋"的时代背景下，全面系统分析飞狐的生计资本，借用飞狐的旅游资源，整合飞狐的其他资源，发展一种适合的产业模式、经济模式，带动整个区域的复苏也是必经之路。

　　当然，旅游也不是乡村发展的唯一途径，尤其是在目前依赖庞大投资的乡村旅游的发展态势下，一味地强调投资强调旅游产业，却不顾旅游效益产出，或只将眼光放在旅游上面，忽略了旅游产业的发展基础实则是当地的特色产业基础，那么这样发展出来的旅游也是索然无味的乡村旅游，最后也只能是昙花一现的乡村旅游。

---

　　① 李华东. 传统村落旅游开发的陋习与忠告［EB/PL］. 中国智库网, ttp://www.chinathinktanks.org.cn/. 2017－06－24.

一、飞狐生计可持续分析

为了更好地分析飞狐地区的生计资源及生计模式，对飞狐地区村落尤其是贫困村落的脱贫和发展提出更好的建议，2018年7月至8月，笔者选取飞狐线路上贫困问题突出、发展问题紧迫的留家庄乡10个贫困村进行了两期累计20天的实地调研。

河北涞源县留家庄乡位于河北省涞源县城西北15千米处，面积139.7平方千米，其中耕地12716亩、荒山146785亩、林地93120亩。全乡辖12个行政村（含两个自然村），其中有10个贫困村，两个非贫困村，留家庄村为省级深度贫困村。截止到2017年年底，全乡总人口2682户，7460人，建档立卡贫困人口760户，1519人（其中一般贫困户351户，799人，占比52.6%，低保贫困户323户，601人，占比39.5%，五保贫困户86户，119人，占比7.9%），贫困发生率20.36%，脱贫攻坚任务十分艰巨。

笔者首先在各村搜集农村社会经济发展、精准扶贫、旅游资源、旅游开发等相关资料，然后采用参与性农村评估法（PRA）和半结构式访谈法对农户的生计状况进行调查，调查的主要内容有农户的生计资本现状、脆弱性背景、现在面临的生计困境、已采取的扶贫措施及效果。每户的访谈时间约为30分钟，每个村子调研3~5户，一个村子调研结束后，对访谈内容进行整理和汇总，结合与村支书或者驻村干部沟通交流的意见，对访谈内容进行修正，以确保访谈结果的真实可靠。

其一，自然资本方面。留家庄乡贫困村总耕地面积7640亩，人均耕地面积1.77亩，主要农作物有玉米、谷子、豆类、马铃薯。空心化导致土地撂荒严重，粮食产量每亩仅195.42千克，不能满足人们的粮食需求。农业实践是石片村等村庄的主要经济活动，粮食产量不足是留家庄乡生计难以维持的主要原因。留家庄乡自然资源保存较好，境内群山起伏、沟谷纵横，山地气候显著，暑期平均气温20℃。丰富的自然资源与适宜的气候条件为留家庄乡开发休闲旅游产业提供了良好的基础。然而巨大的资源储备仍然未被充分挖掘，主要制约因素是地势险峻，财政资源匮乏，景观生态脆弱，经济欠发达。

其二，人力资本方面。村民文化水平较低，接受高中及以上教育人口只占1.47%，绝大多数的村民理解能力较差，有的村民甚至不识字。随着我国城镇化的发展，很多有劳动能力的青壮年涌入城市打工，留家庄乡开始出现不同程度的空心化。村里剩余劳动力严重不足是留家庄乡生产建设的主要障碍，因缺乏劳动力致贫占比高达10%。

其三，金融资本方面。2016年留家庄乡贫困村人均纯收入2645.6元，不足以支撑农民生活水平的提升。2017年留家庄乡在涞源县政府的大力支持下，立足该乡实际情况，发展猪苓种植、宝迪养猪、小母牛养殖以及村级光伏电站项目，脱贫产业的发展已经有了一定的基础，部分农民已经从中受益，获得了维持生计的基本收入，然而这些收入只够维持家庭生活所需，对扩大生产规模、提升生产技术仍然无能为力。村集体仍然没有任何收入，集体生产建设工作难以开展。由此可见引入金融资本是留家庄乡扶贫脱贫工作的重中之重。

其四，物质资本。留家庄乡所辖的12个行政村分别于唐、宋、元、明、清时期依托飞狐古道建立，飞狐古道在历史上是中原通往塞北大漠的军事要道和茶马古道，这些村子正是为往来的车马行人提供食宿的驿站。几经战乱，这些村子的建筑环境、建筑风貌以及村落选址均未发生大的变动，几百年前的古树木、古戏楼、古城堡、古井、古庙、古道构成了如今留家庄乡珍贵的旅游资源。飞狐古道作为推动区域政治、军事、经济发展的交通要道，承载着悠久的历史文化。随着张石高速公路的开通，留家庄乡的外部交通条件变得十分优越。然而由于各村地处山谷或者深山且分布稀疏，村庄内部的交通条件和基础设施建设非常落后，严重影响了村庄的经济发展建设和可持续生计。

其五，社会资本方面。留家庄乡青壮年劳动力的流失弱化了农村生产建设主体以及基层组织。留守村民文化水平低、信息闭塞、对乡村生产建设一无所知，长期以来的生计依赖政府帮扶。华夏幸福开发公司的介入促进了村庄聚落的重构与面貌的提升，但社区、非营利组织、基层组织的缺位使得开发公司在规划设计中未真正做到从农民自身出发，甚至破坏了农民赖以生存的资源，而这些资源对当地居民发展旅游业至关重要。要通过休闲旅游、乡村旅游脱贫光靠政府和驻村干部帮扶是不够的，基层组织的参与在旅游扶贫脱贫工作中尤其重要。

如图7-2所示，飞狐地区五个生计资本方面都存在缺陷，加上脆弱的环境，使得扶贫脱贫工作不好开展。政府的扶贫攻坚压力传递到各扶贫单位，但各单位未必在此领域有专长，因此扶贫要借重旅游开发公司或相关企业。开发公司往往处于绝对优势，且追求短平快的当下效益，村组织缺位，当地居民缺乏话语权，极易造成居民损失赖以生存的资源，脱贫又返贫，使脱贫效果缺乏可持续性。尽管一些地方采取了"合作社＋农民＋公司""政府＋市场＋社会＋社区＋农户"的方式，仍然无法有效调动社区参与的内生动力，因此需要重新构建"三空"地区的生计体系。①

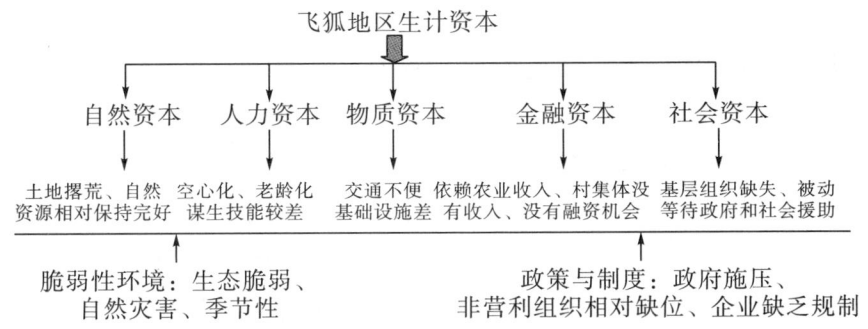

图 7-2　飞狐地区生计资本构成及生计环境分析

通过对飞狐地区典型乡镇留家庄乡的生计资本及环境的分析，可以发现飞狐地区社会资本和金融资本条件很差，自身完善能力较差，需要外界组织及资本以某种形式介入，需要项目的带动；物质资本较差，但在乡村振兴的背景下，交通、基础设施在持续改善，需要设定发展方向和发展目标，围绕今后的发展目标来进行配套和改善；人力资本的缺失是飞狐发展之痛点，如何吸引人才回乡，或吸引新的乡村居民、乡村建设主体入住为本地带来人气关系重大；自然资本丰富，虽有土地撂荒问题、人去村空问题，但古村落建筑仍在，飞狐古道及其传说仍在，森林资源、高山草甸、峡谷河流、古战场的吸引力仍在，且自然环境宜人，这些独特的自然资本都为飞狐提供了生计支撑。

依据飞狐地区的生计分析，结合增长极理论，以旅游产业的起步带动其他产业的发展就成为飞狐地区的路径选择。增长极理论认为，经济

---

①　孔旭红，于洪波. 旅游扶贫视角下"三空"地区可持续生计框架研究——以河北涞源县留家庄乡为例 [J]. 河北农业大学学报（社会科学版），2019（2）：1-6.

空间中存在着若干个中心或极,可以产生类似物理学"磁极"作用的各种离心力和向心力,每一个中心的吸引力和排斥力都能产生相互交汇的一定范围的"场",会对相关空间产生支配效应,这个位于力场中的推进性单元就是增长极。这个增长极可以是部门的,也可以是区域的,是围绕推进性的有活力的高度联合的一组产业,带动区域经济实现由点到面、由局部到整体的依次递进,成为有机联系的系统,它不仅能迅速增长,而且能通过乘数效应推动其他部门的增长,从而通过不同的渠道向外扩散,对整个经济产生不同的最终影响。

将旅游这一具有高度联合性且在飞狐具有优势发展机遇的产业作为增长极,在政府主导下,引资引智,利用飞狐的优质旅游资源,建立旅游开发平台,唤醒当地基层组织及村民的意识,充分尊重当地村民的话语权、自治权和经营权,与基层组织和村民共同商讨科学合理、因地制宜的方法,调动其主观能动性、积极性,增强其内生动力,多角度、多维度参与当地产业的培育;同时活化利用当地资源,吸引外界资本和人力资源的注入,提档升级基础设施,改善人居环境,帮助飞狐地区实现可持续发展。

二、产业融合:第六产业思维

农业、工业和建筑业、服务业是传统的三大产业,作为第一产业的农业一直以来存在收益低的问题。目前我国主要农产品的供给已基本摆脱了短缺状况。粮食产量由 1978 年的 3.05 亿吨增加到了目前的 5 亿吨以上,已经实现了总量大体平衡。① 与此同时,我国主要农产品收购价格上涨幅度均超过 1 倍,最高达到 10 倍。这就使国内市场的几种主要农产品价格与国际市场的差距变得越来越小,农业收益急剧下降,农业比较优势减弱。而多年以来我国农业一直处于精耕细作的状态,土地质量退化、土地流失、资源及生产技术的制约、水资源缺乏及污染严重等问题成为制约农业发展的主要因素,使得农业增值、扩大的空间和潜力越来越小。2015 年 12 月 30 日,国务院办公厅印发《关于推进农村一二

---

① 中国农业基本现状和发展趋势[EB/OL]. http://www.sohu.com/a/313207266_100014414.

三产业融合发展的指导意见》，指出要发展多类型农村产业融合方式，培育多元化农村产业融合主体，建立多形式利益联结机制，完善多渠道农村产业融合服务，健全农村产业融合推进机制。2017年12月5日，农业部办公厅出台《关于支持创建农村一二三产业融合发展先导区的意见》，对支持各地培育打造和创建农村一二三产业融合发展先导区，做大做强支柱产业和融合发展各类经营主体提出了意见。

类似问题在其他国家也同样存在。20世纪80年代，为了摆脱农业困境，日本政府采用东京大学今春奈良臣教授提出的第六产业的理念，即融合第一、第二、第三产业，1+2+3=6，形成第六产业，鼓励农户从单一的种植向多元化经营转变，使第一产业逐步变身为综合产业，获得第二产业与第三产业的部分增加值，以期成为破解农业发展难题、转变农业发展方式的途径。这项举措促使部分年轻人从城市回流到农村，增加了农业劳动人口，取得了很好的成效。目前，在日、韩以及西欧的一些国家，第六产业已经成为推动农业发展、增强农村活力的战略性新兴产业。

第六产业不是单纯的农工商合作，而是强调第一、二、三产业的深度融合，首先是延长农业产业链，其次是产生集聚效应，这就能在扩大生产规模的同时实现有效的资源集中。事实上，第六产业用"$1\times2\times3=6$"来诠释更为贴切，即在这一融合发展中，任何一个产业都应对产值做出贡献，而不能是零，无论是农业初级生产、深加工再生产，还是销售服务，其中的任何一个环节都要实现优化升级，最终使得农业成为真正的综合性产业。

近几年，我国学者引入第六产业概念，并赋予其更多的内涵和创新性。如原农业部经管司司长张红宇认为第六产业本质上是产融结合的产物，与我国一直以来鼓励农户多种经营、延长产业链的"接二连三"政策内涵一致，通过种植农作物和畜牧业养殖，从事农产品加工与流通、销售农产品及其加工产品，农民可以从产业链中获得更多利益，增强农村发展活力，从而有助于解决农业衰退的现状。复旦大学六次产业研究院院长、科技部原副部长张来武教授对第六产业进行了更为细致的阐述和划分，提出了系统、成熟的六次产业理论。在其理论中，第一产业依然是以种植、养殖、捕捞自然资源为对象的传统农业；第二产业即对农产品的再加工,具有鲜明的工业产业特征;第三产业本质上不变,依然属于服务业,但是融合了新的素材,区别于传统服务业。"互联网+"构成了当今的第四产业,具有显著降低交易或服务边际成本的优势,其对现代农业的影响,除了解决信息不对称、创新商业模式、优化资源配置、提高农业智能化程度等外,关键在于降低了农产品交易的边际成本,甚至可以实现零边际成本或者"负边际"成本。"文化创意+"是第五产业,随着时代的发展和物质水平的极大丰富,人们对精神产品的需求已经成为基本需求,并在生活中占据了极其重要的地位。挖掘独特的人文优势、地理优势和资源优势,分析细分目标市场的需求,结合时代精神、社会心理对文化内涵进行开发,无微不至地满足社会方方面面的需求就是五产业的主要内容。第六产业则是第一、第二、第三产业结合第四、第五产业融合形成的综合产业,是在"互联网+"和"文化创意+"基础上产生的模式创新。六次产业理论不仅考虑了产品及服务经营,更加重视一、二、三产业全产业链的系统经营和品牌化发展。[①]

产业融合及"互联网+""文化创意+"助力的第六产业将会是乡村地区今后发展的必然选择。但是,目前一些地区简单地将第六产业理解为休闲观光是错误的,休闲观光、旅游产业只是第六产业中的一部分业态,事实上,各地的第六产业侧重各有不同,围绕自己的资源和潜力,在确保农业安全和保障的基础上围绕农业生产本身及发展目标延长产业链和价值链,完善农产品加工、仓储物流,完善农产品供应链系统,提供优质的品牌化在地农产品,实现资源最大限度地对接,提升农业产业化经营水平及农业全产业整体发展水平,促进农民增收,改善农民的物质和精神生活才是乡村振兴的正确选择,毕竟富民、发展才是硬道理。

第四节 飞狐古道及传统村落发展的路径选择

飞狐的发展关键在两个重点,一个是保护好生态和文化资源,一个是发展乡村经济,改善生存环境,而二者又是相互影响、相互成全的

---

① 张来武. 产业融合背景下六次产业的理论与实践 [J]. 中国软科学, 2018 (5): 1-5.

关系。

一、系统性整体保护与发展

对古道来说，整体的价值要大于其各部分的价值之和，单一村镇的发展或某个景点景区的繁荣只是飞狐地区发展的初级阶段，不足以匹配其厚重的历史文化价值及发展潜力。对古道及其遗产价值关联的自然和人文景观构成的环境进行统一保护，对其潜力进行统一规划与开发，对其产业布局进行整体考量有利于飞狐区域形象和文化品牌的树立，有利于招商引资，有利于更好地突出其价值、发挥其相关产业带动能力及区域带动能力。

整体保护需从以下几个方面进行。

（一）统一主题形象下的保护与利用

将飞狐古道沿线的村落连接起来，使之产生连接起来，也使之在业态、人文方面产生联系，由此加深外地人对飞狐的了解和印象。以飞狐古道作为纽带和切入点，树立"飞狐"形象，打造"飞狐"品牌，整合串联沿线的文化资源和自然资源，将村与村、村与镇连接起来，将驿站与商铺、烽燧与关隘等点状文化遗产相连，使之在内涵与空间上形成呼应与互补，也使之在开发与利用时产生延续性和扩展性。

（二）保护对象的全面性

对飞狐古道的保护不能只着眼于古道，要知道古道沿线的村庄和自然环境、人文生态均是构成古道意境和文化内涵的组成部分，因此要从多角度对古道保护对象进行分析整理，包括物质的、非物质的、精神的、制度层面的角度。所以古道的主体道路及道路辅助设施、驿铺、关隘、栈道、行道古树及文献档案、诗词歌赋、城镇集市及村落、古文化遗址、古建筑、寺观祠庙、官邸衙署、墓葬、碑刻造像、壁画、民俗节庆、戏曲艺术、神话传说、特色饮食、传统手工艺等都应包括在内。

（三）整体风貌的相对统一

首先是乡村建设与自然环境的统一。乡村风貌是表达乡村意象、彰显地域特色的重要途径,集中反映了乡村的性格特质和文化气质。"貌"是"风"的载体,包含自然环境要素和人工环境要素。自然环境要素和人工环境要素应是有机联系、相互作用的整体性存在,即乡村建设区域与周边自然环境应是有机融合的整体。自然环境影响人工环境,建筑形式与结构会受到自然环境的影响和约束,从而使得建筑形态和生活空间具有生态嵌入性和地理嵌入性。在乡村区域,山、水、田、建筑、人、路六大要素融合共生,六位一体,构成乡村有机生命聚落。按照飞狐区域的自然环境及村镇的分布、功能,要保护好各村落外部景观风貌体系,应尊重自然、顺应自然、融入自然,突出地域文化特色,使之与自然风貌和景观和谐统一。

其次是区域内整体风貌的和谐统一。飞狐古道虽延伸几十千米,却同属一个文化带、一个气候区,因此其传统建筑、宗教色彩、民风民俗虽有些微差异,却大体相同,因此在保护与开发时也要注意其整体风貌的保存和统一。要保留其边境苦寒之地的沧桑遒劲,人民之隐忍耐受却又刚毅乐观之精神,要用整体风貌的统一使游客产生对飞狐的统一印象和期待,在细节处区分各村、各节点的差异和侧重,在整体的主题和风貌下突出各节点的重要性和差异性,并使之成为有机关联的整体。要注意限制建筑高度,统一建筑风格,控制规模尺度,保持道路街巷空间的丰富多变性,保持道路形态与尺度的宜人性,保持原有建筑空间的尺度。

还有,飞狐整体保护还要尊重历史,避免城镇化建设。要在充分尊重村庄原有肌理和格局的基础上对其进行宜居化改造。飞狐的建筑风貌具有较为明显的北方边境特色,根据其功能与特色可将其大致分为田园耕作、山野逸居、关隘风情等几种类型。根据村庄建筑的历史阶段和特征划分建筑类型,如历史区块、近30年区块、新建区块等。其中,历史区块的建筑风貌应保持和体现其传统特色;近30年区块建筑风貌应与其传统相适应,与其冲突的应予以改造;新建区块应基于其地方传统特色,可适当补充现代元素,但不应破坏原有风貌。对于田园耕作型村落格局,村落布局和建筑修复要沿袭其沉稳内敛的特质,提炼土墙、菜园、院落等元素,保持其清净、朴素、自在的建筑风格;对于山野逸居型村落,充分提炼山村垒石墙等建筑元素,结合地势环境,形成与山野乡土环境相融的质朴风格；对于关隘风情型村落，要保护好其堡墙、堡门、烽燧等建筑元素，形成意境悠远、底蕴厚重、自成体系的建筑和村落建设风格。

（四）整体规划与布局

既然飞狐是一个整体，就要加强整体规划与整体布局，本着共建、共治、共享的组织实施原则，统一规划指引、规范标准和标识系统，组织专业团队和专家学者，邀请社会力量共同参与。

首先是飞狐区域内的跨区划协调与整体规划布局。打破区划壁垒，以飞狐古道线性遗产的形式进行线性跨区划统一包装，整体布局，整体打造，整体营销，整体运营。蔚县与涞源县政府要达成共识，重视对飞狐古道资源的保护与利用，目前在资源赋存方面蔚县较为突出，蔚县也进行了一些尝试性的开发，但是并未涉及涞源的部分与内容，市场也未充分了解飞狐古道这一概念，这就需要两县共同谋划，以飞狐古道这一整体概念打造整体产品，带动区域的整体发展。

其次是保护与利用内容与层面的理解。一般来说，文化遗产可以分为物质的和非物质的，此外还可以包含精神文化遗产。作为线路文化遗产，飞狐古道上包含的非物质和物质文化遗产均应受到重视和保护利用，不仅要着眼于古堡门、堡墙、庙宇、戏台等建筑，以及自然山水、道路等环境因素，还要充分重视传说、习俗、舞蹈、音乐、信仰等非物质因素，也就是重视"人"在其中的作用，把"人"的生活、生产场景及内涵构成，连同当地的风俗民情、当地人的生活生产、历史遗址一起整体、动态地保护起来。

最后是多规融合的整体谋划。以经济产业发展和乡村文明振兴为指向的飞狐发展应兼顾人居环境整治、优化国土空间布局、产业布局、基础设施及配套设施、乡村治理、文化保护及复兴等多重目标，涉及文物保护、林地保护、综合交通、环境保护、城乡建设、社会事业、文化旅游、产业发展等多个领域，既要安排好国土空间，使土地有效使用、有序发展，又要保证宜居、宜游、宜赏。

二、织补理论指导下的有机保护与活态保护

古道具有线性特征,村、镇、烽燧、驿站等古迹遗存和重要节点散布在沿线,为了突出其整体性,就要突出其标识和形象的统一、文脉与主题的一致性。飞狐古道沿线虽保持了较为统一的风貌,但发展不均衡性仍然存在,碎片化、片段化情况较为突出,各局部间文脉断裂,不能形成统一的形象。各村距离较远,互动性和整体性较差,且要兼顾现实条件和发展更新,因此存在较大的困难。笔者认为,飞狐的发展要从保护风貌、文化复兴和民生改善几方面入手,对传统风貌不应大拆大建做大的改动,而应运用微循环及有机更新的模式,对村落和各重要节点进行适应性和过渡性整理,通过运用织补理论来织补场地空间,合理串联线路;通过织补景观序列,融合新旧建筑,对建筑风貌和景观环境进行融合和提升;通过织补历史文脉,找寻文化个性,使古道具有统一性并协调发展。通过一系列的对空间、建筑、景观、形态、功能和价值的修整、织补,使飞狐古道恢复线性完整性,从而实现更好的保护与利用。

(一)织补理论的适用性

织补城市理论起源于文脉主义思想,旨在解决城市发展中出现的空间"片段化"问题。20世纪60年代,西方一些学者针对城市空间出现的严重的片段化、景观破碎、肌理杂乱等问题开始了理论探索。1978年,柯林·罗在《拼贴城市》中首次提出用文脉主义(contexturism)来织补现代城市片段的设想[1],强调对历史肌理等在空间上的融合,以及在生活和文化形态上的微观联系,为城市片段化现象带来了新的解决方案。此后的研究从关注城市肌理到整个城市环境,再到城市居民和生活的方方面面,形成了广义的织补概念,成为柏林、巴黎等许多西方旧城更新时的重要理论策略。随着织补理论被引入国内,再加上国内古村古镇的发展,织补理论的应用逐渐从织补城市发展到织补乡村。国内学者张杰(2009)将此理论由建筑和景观扩展至整个社会生活的系统性缝合,指出其最终目标是织补旧城的生活和生活方式。此后在古镇、传统

---

[1] 柯林·罗,弗瑞德·科特. 拼贴城市[M]. 童明译. 北京:中国建筑工业出版社,2003.

村落规划中都得到了应用。① 赵之枫等（2016）②分析了织补理论在传统村落规划中的适用性，指出建筑、景观、空间、形态、功能、价值都可得到织补。

笔者认为飞狐有统一的文脉和发展主题，织补理论符合飞狐动态发展的整体性及历史过程的真实性特征，可以很好地以文脉挖掘为主线，以机制为动力，缝合飞狐内部的各种要素，解决整体保护与利用的关键问题。应针对飞狐地区景观、空间、功能破碎的现状，分析其文脉及文化个性，找寻其文脉统一性及织补可行性，确定织补要素，多方面考虑飞狐的物质空间规划建设、历史文化、经济和功能修复，坚持以当地社区居民为本，以当地社区发展为本，以文化保护为本，补充功能，实现整体有机的保护与协调发展。

（二）飞狐文脉与文化个性

1. 边境的意蕴

自有文字记载开始，飞狐就以边境和战乱纷争的形象出现，它曾是赵襄子借道攻取代国的所经之路，也曾是辽金时期宋辽边境，是牵动中原农耕民族与高原游牧民族最敏感的一根神经。边境，是衍生其他文化类型和内涵的根本属性。

（1）军事文化。战争、防御、战士、将领、堡垒、战役、军旅生涯、恶劣环境、狼烟烽火、刀光剑影……凡此种种与战争和军事相关的事项与内涵均因此地是边境，而且是至关重要的边地要道。

（2）民俗文化。涞源、蔚县的民俗文化活动极具个性，与南部平原地区的民俗活动有着较为明显的差异。打树花、拜灯山、剪纸窗花，红红火火，热烈热情，苍劲有力，古朴原始，更多地接近山西晋地风格，这其实也是融合了农耕文明与游牧文明的结果，兼具草原民族的粗犷豪放、活络奔放和农耕民族的沉稳踏实，是边境不同民族不同地域文化单元相互交流的结果。

---

① 张杰，刘岩，霍晓卫. "织补城市"思想引导下的株洲旧城更新［J］. 城市规划，2009（1）：51—56.

② 赵之枫. "织补理念"引导下的传统村落规划策略研究［A］//成就与挑战——2016中国城市规划年会论文集［C］. 中国城市规划学会、沈阳市人民政府：中国城市规划学会，2016：17.

（3）商贾文化。北方的茶马古道将草原的骏马、皮毛带入中原，将草原民族所需的茶叶、瓷器、布匹、棉花从中原带到草原，驮负着中原人和草原人相同的梦想，游走在崎岖的古道上。这些也正是边境之地的差异、物资物产的不对等而产生的互补互利，从而为古道增加了文化个性，造就了古代黄河以北最具实力的飞狐商帮。

2. 飞狐的联想

涞源从商代至汉代名为飞狐，汉高祖后称为广昌，隋时为避杨广名讳复名为飞狐县，此后虽屡有变更但飞狐之名却保留下来，明洪武三年（1370）才又改为广昌县，历史上飞狐被用作地名、县名的时间长达1600多年，而此地和飞狐有关的地名又有很多，如飞狐古道、飞狐铁壁、飞狐峪、飞狐郡等，可见飞狐记忆和内涵的久远、深刻。

即使有人曾考证论述此地的飞狐是蛊狐之传，但毫无疑问，飞狐很早就已成为一种地方图腾，成为蔚县、涞源人民心中的精神信仰。在涞源的飞狐传说中，商末的千年灵狐食万年松果羽化成仙，自曲村西的野狐山朝曲村北的凤凰山飞去，这只狐仙经常变作妙龄少女、老妪、老翁等形象显圣助人，世人感念其功德，为其修建飞狐庙，至今仍存有寺庙遗址和古代碑刻。狐狸享受着民众高规格的待遇，被冠以"狐仙""仙姑"等尊称，被飞狐人认为是智慧与机敏灵巧的化身，成为一种图腾文化，寄托着美好愿望和强烈的救赎倾向。

飞狐的文化记忆和内涵包含以下内容。

（1）原始崇拜的神秘和朴实。在生产力低下、科技手段落后的古代，出于对自然神秘力量的恐惧、敬畏、依赖，产生了自然神灵崇拜、图腾崇拜、鬼魂崇拜、祖先崇拜等原始崇拜。这些崇拜往往伴生着特有的符号、仪式、传说、禁忌与风俗，构成了独特的信仰系统，充满了自然古朴、神秘辽远的意味。飞狐崇拜则源于此类原始崇拜，令人遐想。

（2）辽宋遗风，被隐没的大辽风情。长期以来，中原王朝和统一王朝是大家研究和关注的重点，诸如秦、汉、晋、隋、唐、宋、元、明、清等朝代的辉煌备受重视，对与宋并立的少数民族政权辽、西夏、金等则重视程度相对不足，了解也不够。对飞狐来说，大辽风情及与宋产生的关联才是其重要特色，也正因为不受重视才构成了它的神秘和独特。

契丹族建立的辽国、党项族建立的西夏、女真族建立的金国曾是我国塞北草原上盛极一时的三个民族国家。虽然在史书、小说中契丹总给人留下残忍、野蛮、不开化的印象，是宋朝的敌人，但是，中华民族的历史是中国境内各民族共同创造的历史，契丹和辽国也曾是历史真实的存在，也有过灿烂的文化，因此不应被遗忘。契丹族建立的辽王朝是唐王朝衰落之后中国境内实力最为强大的割据政权之一。

辽国在极盛时期，其版图"东至于海，西至金山，暨于流沙，北至胪朐河，南至白沟，幅员万里"（《辽史·地理志》），大致为东至今日本海、黑龙江口，北至外兴安岭、贝加尔湖一带，西到今蒙古国境内的戈壁阿勒泰山，南到山西北部雁门关、河北中部霸县（今霸州市）一带，与北宋接壤，面积为宋朝的两倍多。而涞源、蔚县大部分时间就是辽国的领土，飞狐也处于宋、辽两国拉锯的区域。

契丹文化曾极其辉煌。契丹族有自己的文字，其文学艺术不仅有游牧民族自身的风格特点，而且吸收了中原的文化及西域、东北等周边其他兄弟民族文化中的合理因素，体现了包罗万象、兼收并蓄的风格。其绘画作品具有很高的艺术价值，艺术成就极高的辽墓壁画极其生动地再现了契丹的社会生活。辽瓷在我国古代丰富多彩的瓷系中颇富民族特色，其中的仿定瓷、辽白瓷、辽三彩器、单色釉器等造型和装饰工艺独特，自成体系，被誉为辽瓷，是我国古代制瓷业的重要组成部分。辽代建筑继承和保留了较多晚唐北方建筑的特点，用材偏大，屋面举高也很平缓，连计铺作层高度与柱高同等，从而与同期受南方影响、偏向秀丽的北宋建筑有所区别。信仰方面，契丹族崇拜太阳，还有很多自己的仪式，如推举部落首领的柴册仪、祭祀天地神祇的祭山仪、祈雨的瑟瑟仪等。辽国虽是"化外之地"，但契丹族却是一个进取开放的民族，在与中原等地的交往中不断革新、创造，开创了"以国制治契丹，以汉制待汉人"的治理模式，又仿汉制实行科举，制定成文法典。契丹族还有独特的服饰文化与发式，以及独特的马具文化和丧葬习俗等草原文化。凡此种种，都构成了契丹文化的独特魅力。飞狐地区的风俗体现了契丹文化的影响，也是契丹文化与中原文化交融的结果。两国交界之地既有互市往来，又有兵戎相见，可以设想当初萧太后一袭红袍站在飞狐铁壁指点江山、杨家将搭弓射箭铁骑飞驰是怎样一种壮观的场面。这些都构成了飞狐独特的魅力和广阔的文化想象空间。

(三) 景观的织补

景观决定了人们对当地的认知,是构成空间、地方、空间行为、地方感的直接因素,反映了自然空间的统一,是社会经济空间组成要素总体特征的集合体和空间体系。因此,景观的和谐、优美是生活质量的保障,是提升生活品质、丰富生活体验、提高社会效益的重要因素。

1. 飞狐景观的构成、现状及问题

在飞狐的景观中有两个重要类型:一是乡土景观,二是道路景观。二者不是截然分开的,而是互相融合的,乡土因道路得到联通互达,道路因乡土而绵延悠长。乡土景观的基层是村落,乡土景观包含乡村景观,但不同于乡村景观,乡土景观侧重文化多样的原生性,在联合国教科文组织(UNESCO)对文化景观遗产的分类标准中,乡土景观被分为"有机进化的景观"(Organically Evolving)中的连续景观(Landscape-continuous)子项,是特定区域所具有的乡土的(vernacular)、无名的(anonymous)、自发的(spontaneous)、原住的(indigenous)、乡野的(rural)等特征。[①]

西方国家对乡土景观的研究始于20世纪四五十年代,迄今已形成了独立的学科门类,涌现出许多的专家学者,产生了非常多样的研究方法,在内容上也达到了一定的深度和广度。景观地理学家约翰·布林克霍夫·杰克逊作为美国景观研究的先驱,被称为"乡土景观之父"。他以一种全新的视角理解当代美国的乡土景观,建立了研究乡土景观的理论框架。我国学者李鹏波等将乡土景观要素概括为生态景观(气候、水体、土地、植被、动物、材料)、生产景观(林地、农田、生产工具、晒场用地)、生活景观(村落、集市、生活用具、建筑)、生命景观(乡村文脉、文化符号、人文关怀)等四种类型。[②]孙新旺等依据乡村景观的表现形态,将其分为乡土的"物"、乡土的"事"和乡土的"意"三类,包含物质元素与非物质元素。彭兆荣等人结合我国的情势编列了乡

---

① 彭兆荣,田沐禾. 重建我国乡土景观:"名录"的启示 [J]. 西北民族研究,2018 (2).
② 李鹏波,雷大朋,张立杰,等. 乡土景观构成要素研究 [J]. 生态经济,2016 (7): 224-227.

土景观名录要素，见表7-1：

表7-1 我国乡土景观名录要素①

天象：确立天为主轴的"天人合一"宇宙观和价值观 （天象、时空认知、二十四节气、天气因素）
环境：乡土社会中适应自然所形成的景观原理和要件 （山川河流、村落选址、农作物、动植物等）
五行：金木水火土在乡土景观中的经验和构成因素 （阴阳、五行、风水、宅址、墓葬等）
农业：传统的农业耕作、生产、农业技术、土地因素 （农作、家具、耕地、灌溉、农业节庆）
政治：乡土社会与政治景观有关的遗留、事件、形制 （组织、广场道路、乡规民约、纪念碑等）
宗族：村落景观中的宗族力量、宗族构件，如宗祠遗留 （宗祠、祖宅、继嗣、族产、符号等）
农时：农耕文明的季节、地理、土地仪典等景观存续 （时序节庆、农事活动、作物兼种等）
性别：男女性别在生活、生产和生计中的分工和协作 （男女分工、男耕女织、女工、内外差异）
审美：乡土景观中所遗留的建筑、遗址、器物、符号 （教育制度、建筑、服饰、视觉艺术等）
宗教：民间信仰、地方宗教、民族宗教的遗留景观等 （儒、释、道及地方民间宗教信仰和活动）
规约：传统村落的乡规民约及村落自然法的管理系统 （自然法、村规碑文、习惯法、家族规矩）
非遗：各种活态非遗、医药、生活技艺、村落博物馆 （金、银、石、木、绘、刻、绣、染等）
区域：村落与村落之间以及区域经济协作的社会活动 （集市、庙会、戏台等村落间的合作与协作）
旅游：大众旅游与乡民、传统村落景观之间的协调关系 （乡村客栈、旅游商品以及城市化倾向等）

乡土景观还要与其他概念相区分，如地域景观、乡村景观、寻常景观、传统乡土园林、当代乡土、新乡土等，见表7-2：

---

① 彭兆荣，田沐禾. 重建我国乡土景观："名录"的启示 [J]. 西北民族研究，2018（2）.

表 7-2　乡土景观相关概念辨析

地域景观	即乡村、居家和传统的事物，包括乡村、房屋以及过着平常生活的人们。对乡土景观的理解也就是地方性特色的景观，它崇尚本地文化，并不重视高新的技术。地域不同，其景观也完全不同。
乡村景观	这种定义与"城市景观"相对应，包含地方传统的意味，其重点在于以农业为主的生产和田园生活，城市和城市生活在乡土景观之外。
寻常景观	指普通居民所体验的景观要素。乡土景观无所谓乡村还是城市，是一种普遍的生活方式，存在于最普通的生活经验当中。
传统乡土园林	为传统村落中各种类型的园林，包括宅园、公共园林、寺院等，具有中国古典园林的一般特点，又与当地的自然和社会文化环境密切相关，是中国传统乡土文化的集中体现。
当代乡土	是一种自觉的追求，用以表现某一传统对场所和气候条件所作出的独特解答，并将这些合乎习俗的具有象征性的特征外化为创造性的新形式，这些新形式能够反映当今的价值观、文化和生活方式。
新乡土	是从时空、范围、自然要素、人文要素、乡土情感出发，并针对现有乡村和城市在环境、建筑、规划模式上存在的问题进行深入研究。

　　道路景观也是司空见惯的景观，蕴含着多种深刻的文化象征意义。道路意味着远方、故乡、过去、未来、栖息、迁徙、徜徉、抉择等多种看似相互矛盾的深刻内涵，一路的风景，美好的遇见，总能让人们一想到道路便会唤起向往或犹豫的情绪。而对古道来说，道路更是多了许多的意涵和想象。

　　在飞狐的道路景观建设中，要注意与乡土景观的融合，其实道路景观也是乡土景观的一部分。道路景观是道路与周围环境的综合景观体系，道路两侧的垂直景观（绿化、建筑、农田、山体等）与水平景观（路面、边坡等）构成了这个体系，景观廊道和景观节点又构成了道路景观的空间，包括由行车道、路肩、隔离带、防护栏、路基边坡构成的道路空间；由乔木、灌木、草等植物构成的带状绿化空间；由田野、村庄、山体、水体和劳作的人们等构成的视域空间。道路的名称和沿袭、宽窄起伏、铺装的材料、曲折平直、植被种类与密度、建筑和小品、设施和配套、等级质量等都对景观体验有直接的影响。

　　目前，在飞狐的景观序列和景观印象中，由于城镇化迅速发展、乡村居民对自身文化认识不到位、盲目追求城镇化等原因，生物多样性减少、房屋空置、农田撂荒、私搭乱建、破损坍塌、现代乡村简易风、仿城镇建筑与乡土建筑风格不搭等现象较为严重,存在着景观碎片化、残破化、同质化情况。因此,改变飞狐景观对于当地的乡村振兴和文化复兴都很重要,但是大拆大建的思路已为我们所摒弃,有机更新,合理有序地对其进行修整、织补就显得尤为重要。

2. 有机更新,织补景观

景观织补就是运用反映统一的自然空间、社会经济空间组成要素总体特征的集合体和空间体系,充分利用其所独有的柔性、流动性和渗透性等特质,对城市肌理和公共空间破碎区和片段区进行填补和修复,从而将其自身有机地融入城市结构,成为一种"黏合剂",织补和整合被现代城市建设无序开发所肢解的城市肌理和公共空间。尽管织补理论最早是在城市建设领域提出并实施的,但实际上乡村更需要织补,因为乡村地区没有那么大的资金投入和力度,而且乡村地区更适合小尺度的、温和适度的、自然手法的调适。

对飞狐地区来说,适合运用时间维度对其景观构成中的自然生态和人文形态进行修复织补,需要做到以下几个方面。

首先是对其自然生态的修复,运用其特有的植物品种如雪绒花、野罂粟、沙棘、落叶松、油松、桦树、山柳、山杨、冷杉、杏树等进行地方感的营造;恢复山体植被、保护好山体,远期要恢复沿山水体,修复失落的风景,恢复具有人情味的自然。

其次,对飞狐地区景观的织补重点要放在村落、建筑、植被、标识牌及整体风格的调整和修复提升上。要明确飞狐的文脉定位和功能定位,确定其文化古道及休闲旅游的发展方向,根据每个村落的特点和其在飞狐地区的地位、作用确定其功能定位,对古道沿线的道路指示牌、村庄风貌、建筑风格等进行既统一又各有特色的整理。

对建筑的织补和修复不能仅强调原有风貌的保留,还要加强其内部功能的提升,赋予其更新、更方便的使用价值。尊重建筑的原始风貌,尽可能地保留当地保存较为良好的建筑,并保留一些旧墙和砖瓦,将之用在新的屋顶上,以保留其年代感,并使屋顶整体一致,用以展现旧日的痕迹,与现代化的建筑表现手法形成强烈的新旧对比,产生视觉冲击力,暗示时间的交叠。通过用一些新旧墙面的穿插、新旧体块的叠加等极具个性的表现手法记录新旧时光的相遇,展现现代与历史交叠的魅力。

针对片区内遗存、保护程度不同的情况，要根据不同的类型采取差异化的对待方式。按照其重要程度和价值功能可以分为三个等级——焦点建筑、重点建筑、背景建筑。"焦点建筑"是指村落中重要的公共建筑或者核心项目，如阁洞、庙宇、戏台等，这些建筑往往是标志性建筑，具有划割空间的作用和意义，因此要对其进行专门的创意设计，使其成为村中的亮点。"重点建筑"是位于村落内重要空间节点、街巷的示范民居院落、典型历史建筑、商铺、驿站等。这些建筑往往具有观光、贸易、体验功能，因此具有很大的潜力，需要与整体风貌统一，同时考虑其功能利用。"背景建筑"一般为大量同类同质民居院落和建筑，可通过整体设计重点管控，保持飞狐山区、古村建筑风貌。要注意建筑外立面与色彩、天际线、街巷肌理、村落入口的和谐统一。

要按照建筑保存的完好程度进行不同程度的修缮或处理，具体方式见表7-3。

表7-3　不同完好程度的建筑的处理方式

保护	保留	重建	改善	整饬	拆除
历史地位重要，建筑保持完好，结构较为稳定。	建筑保存较为完好、结构较为稳定，只需稍做修缮、整治景观环境。	年久失修，损坏较大，翻新成本高，但又较为重要，地理位置重要，价值突出，予以拆除重建。	新建建筑，结构坚固，风貌较为协调，不需大的改变，只需稍做调整，改善外立面风貌，完善功能，整治庭院景观。	新建建筑材料与整体风貌定位有较大差异，且位置突出，整治建筑风貌，以传统的"黄土＋石材"进行风貌统一。	残破不堪、已半倒塌民房、牲口棚等，功能缺失，与整体风貌格格不入的临建等予以拆除。

除了对建筑进行织补，还要对空间肌理进行织补，对现有的房子、庭院、街巷进行梳理，拆除乱搭乱建，恢复古村形态，在尊重原有肌理的同时，使空间更具联系性、更为舒适。对村落间的空间进行梳理，加强村落之间的联系性、连通性，在沿途设置休憩设施、建筑小品、艺术雕塑，对道路进行整饬，考虑自行车、步行等慢交通的需求，对道路进行安全隔离、美化绿化亮化。对重要节点进行突出，设置观景台、标识标牌、解说牌等。

对于日渐凋零的乡村，除了对建筑、环境、景观的织补，更重要的是对生活方式的织补，修补遗落的时光，更新残破的碎片，对文化和乡愁进行活化利用。将现有的建筑及空间按照今后可能需要的功能进行提升，呈现一个既是延续过去，又能满足现代和未来的空间功能形态。最近几年全国各地的传统村落里出现了很多乡村图书馆（书院）、精品民宿、社区接待中心、文化中心、村民议事中心、培训中心、活动室、村民食堂、多功能厅、物业管理、创客联合办公、创客咖啡、共享花园等公共服务设施和文化交流空间，用于村民生产转型、产业技能培训、提高文化素养、改善生活品质，以及城乡资源对接、社区物业管理、创客创业孵化等，这些都是飞狐村落整治和有机更新可以学习的范例。

3. 延续飞狐文脉，整合景观要素

既然景观在文化意象营造和地方文化认同中起到了如此重要的作用，那么营造符合当地文脉的景观就显得非常重要。如前面所分析的，飞狐的景观应结合其文脉突出边境、飞狐、契丹、民族等多重文化意象，而且为了今后的发展，飞狐的乡土景观要适当融入新的乡土要素，以吸引新的乡民主体，即尊重传统与本土，重视传统建筑和名木古树的历史文化价值，回归自然，加强体验化、休闲化、现代化、民俗化、情景化等功能，避免流于符号化的浅层设计。

在实际操作中，可将彭兆荣等人提出的景观名录要素具化为表7-4中的自然环境、人文要素、非物质要素等类型，同时结合古道景观，从垂直景观、水平景观、带状绿化空间、道路空间、视域空间等角度对飞狐古道沿线的景观进行梳理、营造、整治。

表 7-4 飞狐古道景观整治要素

飞狐乡土景观	自然环境	气候气象、地景、色彩、材料	飞狐道路景观	垂直景观
	人文要素	乡土聚落和环境、乡土建筑及构筑物、耕作农具或生活器具		
	非物质要素 / 传统习俗	民俗礼仪、祭祀、农事活动、婚丧礼仪等来源于乡土生活的风俗习惯造就了极具地域特色的乡土景观		水平景观
	非物质要素 / 风水观念	又称堪舆，或称相宅、青乌、形法、地理等。风水调节阴与阳之间的平衡和张力——水和山、人类的秩序与大自然的道、阳光和阴影、微风和静止、声音和气息		带状绿化空间
	非物质要素 / 乡土经验	乡土经验是乡土景观形成的助推力之一，它潜移默化地形成于人们的建造经验和生活习俗		道路空间
	非物质要素 / 崇拜信仰	人们给山体、洞穴、泉水、树木和兽类指定一种主宰的神力		视域空间

在飞狐景观的营造过程中，要结合飞狐文脉分别进行意象营造、场景营造和空间营造。

意象营造旨在打造飞狐的"乡土意象"，它或者表现为飞狐的山水田园，如阁洞、田畴、古松、井台、古庙、戏台，或者表现为飞狐的沧桑过往，如烽台、驿站、衙署废墟，或者表现为耕读传家，如书院、祖训、乡约、碑记。这些都是飞狐乡土意象景观的构景元素，它们通常以组景的形式出现（见表7-5）。

表 7-5 景观要素及意象表达

空间	景观要素	景观意象
农家	石头房	安全感、地区特色、故乡、亲情
	小院	村落氛围、田园乡居
农田	田地	怀念之情、广阔感、亲切感、地区特有作物
	村头集会地	准公共空间、自然状态、乡情、慢生活、景观延续性
	畦	分界作用、人性化尺度
	麦场	丰收、喜悦、收获、劳动

续表7—5

空间	景观要素	景观意象
道路	乡间小路	宁静、清新、人性化尺度
	农用道路	空间方向性、机械韵律美
	乡村公路	远方、希望、故乡、联通、过去、未来……
河流	自然河流	空间方向性、多孔质护岸、自然
	水渠	生产用途、原风景、动感
	池塘	静水面、湿润、沉静
植被	古树	存在感、历史感、安定感
	花草	地方标志、环境质量
	村庄林地	生息地、涵养林、轻松感、归属感
宗教	石碑	标志、历史记忆
	石像	乡土特色、身份记忆、历史记载
	庙宇	辟邪、灵魂寄所、祈盼、原始力量
	庙前广场	公共空间、贸易场所
	祠堂	地域场所性、家族力量
设施	围墙	当地材料、特有的堆砌方法、防御、地域特色
	井	交流空间、生生不息、生活风景
	桥	材料美、协调、人性化尺度、静谧的乡村风情
	阁洞	封闭、防御、空间转换
生活	麦堆	收获感、安全感
	柴垛	生活风景、温暖感
	戏台	历史穿梭、悲欢离合
	小卖部	童年、怀旧、便利、公共空间

场景衍生为乡土景观的某个片段或一系列片段组构的景象。对乡土生活片段的提取和场景的营造是乡土景观营造的设计途径。在飞狐的某些重要节点和空间可以进行特别场景的营造，通过小品、情景化的再现等营造出某个具有特别想象空间的场景，如士兵行军、商铺贸易、衙署办公、乡村婚礼、丰收麦场等，加深对飞狐文化意象的感知和认识。

景观空间的尺度一般为（10米×10米）～（100米×100米）的范

围,是一个综合考虑山水、绿化、建筑和休闲活动场所的尺度。在飞狐景观空间的营造上,不仅要考虑如庙前广场、村口空地、院落、田间地头等小型开放的景观空间,展现开放性的活动及交通、人流聚集所带来的美感;还要考虑中型景观空间,如绿地、道路绿化带、城市防护林带等区域,展现各不相同的地域景观特色;更要考虑到飞狐特性,即大型的景观空间,如传统村落风貌区、古道文化遗产等景观空间,展示飞狐的文化内涵和历史文脉。

三、打造新型乡村社区

(一) 逆城镇化促使乡村社区建设升级

2019年末,我国常住人口城镇化率达到60.60%[1],随着城镇化的不断推进,消费多元化的趋势从城市蔓延到农村,农村的经济结构优化调整也为城市资源的导入创造了更大的空间。在城镇化发展相对成熟的地区出现了逆城镇化现象,即城市人口的就业、居住、消费等开始向郊区和农村流动。其中,假日经济、周末经济带来的乡村旅游与休闲、乡村养老、城镇居民乡居体验以及返乡创业农民和下乡创业创新人员等,都对乡村社区建设提出了更高的要求。此外,消费下乡、人才下乡、资本下乡、科技下乡、政策下乡等是大势所趋,都为新型乡村社区建设提供了必备的条件和支持,也相应地提出了更高的标准。

(二) 如何理解新型乡村社区

乡村地区的发展,无论是经济还是文化,最后都要落实到乡村的主体和载体——乡村社区。飞狐的出路在于重新审视自己的社区构成,以新型社区为基础,发挥乡村主人的积极性,吸引外来资本、智慧、市场、技术的注入,为飞狐带来新气象与永续发展的动力。

对于新型乡村社区的理解,前些年简单的"集中上楼"或民居改造的概念和层次显然已经不再适用,还要避免一刀切式的农业产业园区化模式,新型乡村社区强调的是一种可持续的农村居民聚居模式,既侧重

---

[1] 城镇化率明显提高 人力资源依然丰富 [N]. 经济日报,2020-01-19.

"居"的环境与模式,又要保障"人"在其中的传承与发展,还要结合当地的情况与特色,有针对性地进行建设。如图 7-3 所示,在人口适度集中的情况下,为社区提供相对完善的基础设施、改善村民生活居住环境,而促进产业发展是留住居民的前提和必要条件,要在提高社区治理水平的基础上完善社区功能、改善公共服务,同时为了继承传统文化、提倡现代文明,要以文化为统领、以产业为基础,实现乡村的可持续发展。

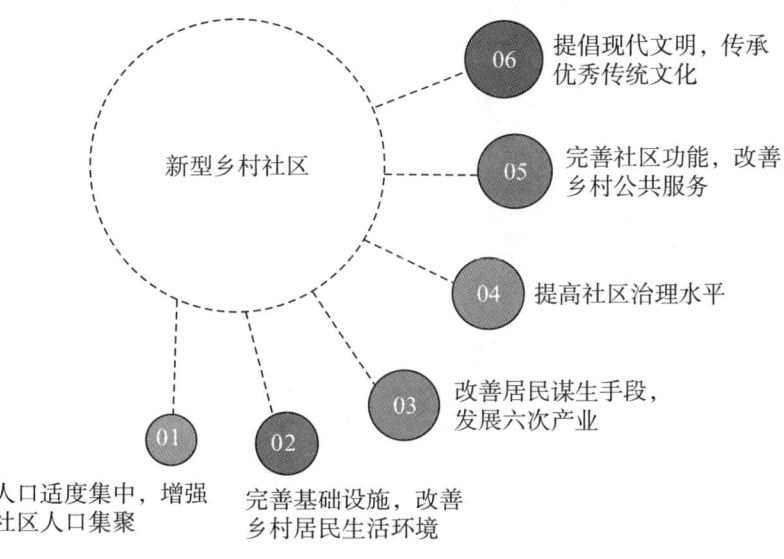

图 7-3 新型乡村社区的特征与建设目标

笔者认为,在新型乡村社区的建设中,最重要的就是治理模式与治理主体,二者起着关键性作用,树立、推行治理模式与管理新理念,以新的产业观、资源观看待乡村的生活与生产和自然之间的关系,看待历史与发展的关系,才能做到乡村社区的内外更新,使其重新焕发活力。

(三)治理模式创新

1. 当前乡村治理利益相关者构成

目前我国的乡村治理工作中,政府部门、专家、社会团体组织、村民及自治组织是主要利益相关者。

(1)政府部门。对古村落和传统村落来说,住房和城乡建设部、文化部、国家文物局、财政部等四部委对其实行"自上而下"的组织管理模式，其中住建部门包揽了从村落规划、保护、修缮到开发、监督的各个方面，拥有着绝对的权力和执行力，并且住建部门还是"新农村建设"等一系列农村政策的负责部门。这些部门往往从自身管理角度出发，在执行政策的过程中能否兼顾各村实际情况而对统一政策有所调整存在很大的不确定性。而且，各部门都有针对乡村的款项和项目，都有一套自己的标准，部门之间缺乏统筹，而是按照自己的理解要求乡村进行修整和振兴，有时候甚至显得有些武断，比如没有功能的景观广场、没有道理的大范围路面硬化、充面子的村口牌坊，尽管这些部门都对款项的使用加大了监管，但一开始就错误的方向既耗费了财力，也没有让钱用对地方，反而引起百姓的不满。

（2）专家学者。主要通过咨询、规划的编制与评审介入，但是他们往往侧重于"规划动作"是否完成，因此成为达成目标型的规划，而非关注村落个体差异各自问题的规划。一些时候专家的权威性与商业价值联系在一起，"天价"的费用耗费了村庄用来建设和发展的资金，还有可能得到的是复制品或不切实际的脱离地气的"高大上"的建议。

（3）社会团体组织。社会团体是指为一定目的由一定人员组成的社会组织，分为以营利为目的和以非营利为目的两类。前者如合作社、公司等，后者如政治、宗教、科技、文化、艺术、慈善事业等群众团体。公司、投资商、开发商越来越多地参与乡村的振兴和建设，他们往往以自身的经济利益为首要目标，又以自身的资源和渠道影响着政府部门和当地组织。在土地流转、民宿、田园综合体等概念不断涌现的情况下，投资者也在以经济发展和就地就业为蓝图，利用村民组织化程度低、信息不对称、短期利诱的弱点进入这些领域，追逐资本，以期在乡村地区获得利益和安全感。

（4）村民及自治组织。村民自治组织的繁复性与虚弱性并存的情况也导致了自身话语权的降低。我国"两委"制的村落管理使得村民诉求需跨越行政村之间、行政村与自然村、村落三个层次，跨行政村的公共事务还需乡镇政府的协调，但行政村之间缺乏利益纽带，且承担着40多项行政职能，导致无法顾及每个自然村，造成组织化程度低、基层村民诉求通道不畅通等问题。村民自身的构成也在发生变化，随着入城务工经商的普遍化，村民逐渐分化，村庄利益诉求多元化，原有的村庄组织体系很难再有效地发挥作用，村级组织行政化也使得村民自治越来越困难，农村缺少接应上级资源的能力，自上而下的各种资源难以有效输入农村。

在这些利益相关者的博弈中，村民及自治组织明显受到忽略。乡村振兴需要提振村民在乡村建设中的主人翁意识，需要运用内生繁荣动力才能实现最终的繁荣和振兴。但是现在这种情况十分普遍，在贫困地区尤其突出。在扶贫脱贫工作需要大量外力外脑协助的情况下，村民往往被置于事外，只有等着被安排、被安置和被发展，自上而下式的工作模式和治理忽视了村民的主动性和积极性，来自专家、官方和开发商的意见决定了乡村的发展方向和村民的命运，政府、专家学者、社会团体（企业）构成的"权利—知识—资本"的强势联合使村民变成弱势群体，村民这一核心利益相关人的诉求常常被忽视。也正是在这种不可抗拒、无法抗拒的大潮下，拆迁、易地搬迁、并村、撤校并点等一系列以发展为名而来的政策忽视了乡村的个体情况，磨灭了村民的内生动力，让一些村民陷入未知的等待，而政府又不可能事事过问，因此乡村发展出现了种种水土不服的问题。

2. 建立村民参与的新型自治模式

村民是乡村的主人，是乡村建设和发展的重要主体，乡村的美好生活和振兴也应是乡村主人的美好生活。村民应享有相应的话语权、自治权和经营权。

新型乡村社区首先应提振村民的文化认同感和文化建设的参与度。由于长时间缺乏公共生活和公共组织经验，很多村民已没有了参与能力，对本村和本地缺乏文化认知和身份认知。要让村民在了解自己的来处、家族和村史的基础上认识到自己的归属，唤醒自觉。如重修家谱、村史，重建祖祠、寺庙、圣地，重读祖训、乡约，恢复传统节日民俗活动，开展群众性的文体娱乐和联欢会，形成人人参与、共建共享的浓厚的文化氛围，增加村民之间的凝聚力，在此基础上让村民参与生产、重大事件的协商和决策。

新型乡村社区应鼓励村民一起探讨科学合理、因地制宜的方法，充分调动其积极性、主动性、创造性，增强村民内生动力，在国家政策、法律法规允许范围内，建立一种政府主导和社区管理共同作用的管理机制，赋予社区维护自身安全和调节村民纠纷、组织民主选举和民主议事等自治功能，能够更好地倾听来自村民的声音，让村民为自己的未来出谋划策，让村民为自己争取更好的发展机会，让村民为自己负责，决定自己想要什么样的生活、什么样的环境和什么样的未来，形成以法治为保障、以德治为引领、以自治为核心的差异化治理，打造农村网格化管理模式，形成村干部、民情信息员、村民齐抓共管、广泛参与的社会管理工作新格局。当然，这并不意味着村民与外界完全隔离，乡村的发展依旧需要新的理念和新鲜血液的注入，只不过要围绕村民的意愿和以村民的利益为出发点，给予村民足够的选择权、知情权和话语权。

在推动乡民自治的过程中要特别注意新乡贤和农民协会的作用。通过邀请、吸引乡村能人、贤人、达人回乡、下乡，树立威信，担负起一定的组织、管理、经营责任，与村民一起树立村规民约，就乡村社会治安、消防安全、村风民俗、环境卫生、土地管理、公益事业、邻里关系、婚姻家庭、违约处理等事项提出一致意见并自我约束。推动村党组书记通过选举担任村委会主任，发挥自治章程、村规民约的积极作用，全面建立健全村务监督委员会，推行村级事务阳光工程，依托村民会议、村民代表会议、村民议事会、村民理事会、村民监事会等，形成民事民议、民事民办、民事民管的多层次基层协商格局。

农业协会不仅是经济组织，还具有协助政府贯彻农业政策和代表农民向政府施压的职能，具有"准政府机构"和"政治团体"的性质，其对外维护农民利益，对内为农民提供服务。将农民纳入农协组织，农协经营各种事业获得的利润，实行按股分红与按利用农协事业和设施的多寡分红相结合的制度。农业协会、合作社等在江浙地区已经十分普遍并发挥了积极作用，目前飞狐地区的人口年龄结构、知识结构、能力水平等均无法实现其最佳效能，因此，人口问题、建设主体问题仍是飞狐要解决的重要问题。

（四）吸引更多的主体

传统的男耕女织、固守乡土的理念，城乡体制分割等一系列原因曾一度使我国城市人口与农村人口界限分明。但是随着城乡二元结构的松动和城市化的加速发展,农民的构成变得非常复杂,大致可以分为如下几种:第一,家庭成员均留在村中耕种自家承包地的农民;第二,青壮年外出务工或经商,父母等老年人留村种地的农民;第三,在村中居住,将自己的承包地流转给他人耕种的农民;第四,靠租土地耕种维持生计的农民;第五,在农村中从事副业或雇佣劳动的农民;第六,自己外出务工经商,土地流转给别人,但以后还会回村的农民;第七,已在城市定居,将土地经营权流转给别人的农民;第八,祖籍在农村但村中没有土地也不经营的家乡人;第九,其他情况。①

在飞狐地区,如前文所述,空心化较为严重,这也导致了此地区的进一步贫困和缺乏活力。目前飞狐地区的农村人口构成中以第二、三、七、九种为主,这些留守人口能否担当飞狐发展的重任还存有很大的疑问。因此,在新的户籍管理制度和新的农村土地三权分置的制度环境下,在互联网技术及交通科技提供的越来越便捷的条件下,吸引更多新的主体、"新农人"参与、置换,充实乡村地区人口,为地区发展带来活力是当前可行的选择之一。

飞狐的振兴,人力资本开发是重点。飞狐建设的人力资本开发和新主体培育可以从以下几个方面考虑。

第一,改善本地社区环境,充实、改善基础设施和公共服务设施,改善投资条件,完善产业链条,发展产业经济,以良好的发展环境让原有驻守人员安心本地,创造美好生活,让离乡人员有信心返乡,实现飞狐地区的内源式发展。

第二,加强农村专业人才队伍建设,就地培养培育新型职业农民,加强当地农民科学技术培训,培养本乡本土农业科技能人、农业职业经理人、经纪人、乡村工匠、文化能人和非遗传承人等,提高农民的素质和产业能力。

第三,吸引具有新思维、较高学历,掌握一定技能和一定经营管理能力的以农业作为主要生计的新农人到飞狐地区创业、生活,在农产品商品化、市场化、品牌化、资本化的道路上引领当地人改换新思维,寻找新模式,充实农业加工渠道、零售、消费、资本链条,全面提升飞狐

---

① 贺雪峰. 乡村振兴与农村集体经济[J]. 武汉大学学报(哲学社会科学版),2019(4).

农业和相关产业经营能力。

第四，鼓励社会各界有社会责任感的、有乡村建设热情的、对飞狐充满感情的企业家和开发商、科技人才、技能人才、专家学者等下乡，以志愿服务、投资兴业、捐资捐物、项目承包等形式参与飞狐乡村建设。

第五，以共生机制促进各参与主体的协作共生。制定合理机制，鼓励社区居民自主开发，共同经营或公司化经营；从农户手中流转土地，公司独立经营；或以土地、宅基地入股，或以扶贫资金入股的形式与开发公司合作，采用股份制合作模式，让村民以股东身份参与开发公司在项目中的开发决策；或采用"公司＋村集体＋农户"模式，以公司为主导，围绕村庄产业进行有机联合，开展一体化经营，形成"风险共担，利益共享"的经济共同体，农户可在长期用工、长期培训、长期分红中获益。另外，鼓励非营利组织参与飞狐的乡村扶贫，依靠其较强的影响力和号召力调动广泛的社会资源。

第六，优化、健全基层干部选拔和培训制度。发挥以村党支书记为代表的农村发展"领头羊"的作用。重视致富能手、德高望重的村民等乡贤的作用，通过乡贤的人脉资源，对接产业项目，吸引产业资金回归乡村。

（五）争取政策支持，拓宽农民增收渠道

决定农民生计模式的选择以及农民收入高低的不仅与影响农民可持续生计的人力资本、自然资本、物质资本、社会资本、金融资本等五大资本有关，很多时候政策环境和政策的引导在大的发展环境下更是起到了决定性作用。

新型乡村社区要善于灵活掌握、积极争取政策支持，如财政政策、税收政策、金融支持政策、投资政策、保险政策、科技支持政策、用地优惠政策、用电优惠政策、小微企业扶持政策、产业发展政策等，为飞狐争取更好的发展机遇和条件。

在发展模式上要打破传统的产业模式和产业组合，争取从根本上形成新型发展模式，增加农民收入渠道，争取深化农村产权制度改革，使资源向资产转变，资金变股金、农民变股东，让农民获得更多的财产性收入。深化户籍制度改革,推进城乡基本公共服务均等化,使符合条件的农民工市民化,广辟农民工就业渠道,增加农民的工资性收入。

把握市场趋势,分析市场规律,使农民跟上社会发展步伐,提供市场对路产品。

利用工业化生产、机械化生产解决供给不足的问题。飞狐地区各村应结合自身特长,搞好特色种植、养殖,加强三产融合,从源头抓起,保障产品质量;加快设备升级,实现产品标准化,杜绝污染,加强环境保护,促使一、二、三产业发展。今后各家、各村、各乡镇抱团成为发展主流,一可以降低生产成本,二可以实现资源共享,三可以汇聚资金,加快设备的更新换代,提高企业的生产效率。

随着城市居民对食品安全的担忧和对绿色生态农产品需求的增加,私人订制农产品已成一大趋势。飞狐地区高寒气候适宜黍子(黄米)、小米、胡麻、杏扁等作物的生长,这些都是极有营养价值、受市场欢迎的地域特色产品,带有鲜明的地理特征和地域色彩,也是构成当地特色美食的食材,可以申请地理标志产品,加强品质保障,重视营销宣传,改善包装设计,扩大种植和深加工生产规模,运用电商平台来进行销售。另外,涞源黑猪也是这一区域的特有品种,因家猪经常跑到山中与野猪交配,并将幼崽带回,而使得品种既能保证肉质的卫生,又能保留肉质的结实、鲜嫩和营养,在市场上很受欢迎。飞狐地区本就有鸡、牛、羊等养殖业,黑猪养殖也是不错的选择。

飞狐地区还分布有大量雪绒花,在空中草原,每到7—10月雪绒花便圣洁绽放,成为不容错过的一景。雪绒花又名火绒草、薄雪草,菊科,属多年生草本高山植物,原产西欧,是瑞士和奥地利的国花,是荣誉、勇气、友谊和回忆的象征。雪绒花是著名的高山花卉之一,通常生长在海拔1700米以上的地方,十分珍贵,具有花、叶并美的特点,株形小巧玲珑,叶片银灰绚靓,白色花序如雪,朴实大方,还具有耐干旱、耐贫瘠的优点,特别适于岩石园栽植或盆栽观赏。雪绒花性寒,味微苦,具有清热凉血、益肾利水的功效,主治急慢性肾炎、尿血,对蛋白尿和血尿有效。民间单方用于治疗肾炎水肿,效果比较显著。雪绒花还被大量应用于美容领域,其精华成分蕴含丰富的矿物质,对肌肤具有舒缓、镇静、美白、排毒、祛痘及滋养保护的作用,对于抵御肌肤衰老效果极佳,是瑞士当地妇女的天然美容圣品。

由于《雪绒花》歌曲的缘故,雪绒花在我国有较高的知名度和美誉度、认可度,总能唤起大家美好的记忆。目前,飞狐对雪绒花还没有深入利用,只有蔚县以"雪绒花"命名其街道,在对外宣传中也大量援引冯骥才老先生对蔚县雪绒花的考证和赞美,但是并没有对其产业价值进行探讨。飞狐应抓住这个名牌做好文章,扩大其种植培育,开发其盆栽、干花、药用、文创等领域的产品,让雪绒花成为飞狐的另一张名片。

除了雪绒花,每年6—8月,各色野花便次第在草原盛开,姹紫嫣红、金莲花、野罂粟以及各种叫不出名字的野花争奇斗艳,这些都是可资利用的主题和资源。

(六)改善人居环境

乡村与城市的基础设施、公共服务的巨大差异是吸引乡村人口到城市的重要原因,因此改善人居环境、提高公共服务供给水平是缩小差距的必要条件,同时还要发挥乡村的特色和特质,以绿田园、大自然、慢节奏、近亲情将乡村人口留下来,让城市人口羡慕不已,从而吸引城市人口住进来。

人居环境的改造要以与传统相合、与天地相合、与人相合为原则来建设规划科学、布局合理、功能齐全、环境优美、管理完善的新社区,加速城市基础设施向农村延伸、城市文明向农村传播、城市资源向农村流动,使农村基础设施条件得到显著改观,提高农民的生活质量和幸福指数。重点应集中在以下几个方面:

1. 农村生活垃圾治理

统筹考虑生活垃圾和农业生产废弃物的利用、处理、建立健全符合农村实际、方式多样的生活垃圾收运处置体系,考虑到飞狐乡村的人口密度,可交由专业的卫生清洁公司收运、集中处理,考虑到今后飞狐休闲产业和旅游产业的定位,要特别重视垃圾问题,留住绿水青山,护好绿色田园。

2. 厕所粪污治理

合理选择改厕模式,推进厕所革命。这一点在飞狐尤为重要。受限于传统生活观念、经济发展水平、基础条件设施等，飞狐乡村地区厕所及粪污处理能力极差，尤其涞源境内，各家厕所设在院外，仅为简易小棚或小房，有的甚至仅有四面墙而没有遮挡，里面也仅仅是地上挖个坑搭两块石板或木板，不仅极不卫生，还很不安全，这样的如厕条件急需改善。

3. 农村生活污水治理

污水治理的主要任务是推进厕所革命，开展厕所粪污治理，普及不同水平的卫生厕所，因地制宜，分梯次推进农村生活污水治理，着力解决农村污水横流、水体黑臭等问题。

4. 村容村貌

加快推进通村道路、入户道路建设，基本解决村内道路泥泞、村民出行不便等问题。

（七）选择定位与模式

新型乡村社区建设不必千村一面，也不用循规蹈矩，而是应依据乡村的特点和资源来确定社区的定位，可以分为旅游服务型社区、农业服务型社区、镇区融合型社区（见表7-6）。

1. 旅游服务型社区

旅游服务型社区地处旅游景区周边，有较大游客流量，或村落本身具有旅游吸引力，能够吸引游客前来并停留，其主要居住人群在从事农业之外，还从事旅游服务和手工业、接待业等。这样的乡村社区应该以旅游资源，包括山水、人文资源为基础，建设与旅游景区紧密结合、相互补充的充满活力、交通便利、功能完善的旅游服务型社区。

要尊重地形和生态本底条件，采用分散组团式布局，充分利用优美的环境，创造具有特色的社区空间。最大限度地保护生态环境，营造小尺度、有特色的宜居空间；旅游服务功能与社区生活功能相对独立，减少游客对社区居民日常生活的干扰。

2. 农业服务型社区

农业服务型社区的主要居住人群是从事农业生产的农民，该社区应致力于满足农民生产生活需求，同时将农业耕作与教育、观光旅游等有机结合，形成具有乡村特色的开放式农村社区，并实现农业资源的价值最大化。在空间和居住格局调整方面，要考虑到农业生产的相关需求，为其预留充足空间，配置农业生产用地，可放置农机具、晾晒谷物等；为农业合作社、各类农业生产协会预留空间，倡导农民自主发展，为充分发挥农业合作社和各类农业协会在组织农业生产经营中的重要作用创造条件；在居住区外围设置家庭菜园，以租赁或分包方式满足有耕作意愿的居民的需求。针对城镇居民对乡村耕种生活的向往，也可以综合利用农地，推广农业观光、教育和休闲等功能，发挥农地的多元价值。

3. 镇区融合型社区

镇区融合型社区主要指在规划镇区建设用地范围内的新型农村社区。此类社区既要兼顾小城镇建设，又要服务农村。主要吸纳镇区周边村庄的人口，这部分人口以镇区或县城非农就业为主，生活方式大多处于由农村向城镇转变的过渡阶段。

这类社区建设应以低成本、兼顾农业生产为原则，积极纳入镇区的总体规划，与镇区实现设施共享。要为农耕习惯和农业生产服务保留充分的空间，在社区外围可分片安排少量家庭菜园，作为社区公共资源，可采用租赁的方式，满足有耕作意愿的社区居民的需求，也可作为向往田园生活的城镇居民休闲耕作的土地资源；重点考虑农业生产相关的服务和镇区生活配套职能，特别是为农村金融服务、农技培训和职业技能培训用地预留空间。

表7-6 飞狐新型乡村社区建设类型

旅游服务型社区	农业服务型社区	镇区融合型社区
上苏庄、宋家庄、西泉头、东泉头、黑石岭、坡水、团圆、伊家铺、岔道、北口	团圆、石片、烧车、坡水、郑漕沟、张家铺、留家庄、伊家铺、葡亭、西泉头、东泉头、对白沟、大宁、岔道、北口	宋家庄、北口、金家井、留家庄

以上分类也不是绝对的，一些村落会兼具镇区融合型及旅游服务型的特点，如宋家庄村既是宋家庄镇所在地，已经和镇区融为一体，在交通物流、行政等方面都处于中心位置，同时也是具有丰富历史文化遗存的传统村落，有较高的知名度，旅游基础设施较为完备，留家庄村亦是

如此，因此在发展的时候就要兼顾镇区融合、行政管理、居民需求与旅游休闲功能、游客需求；有的农业服务型乡村社区具备良好的发展条件和机遇，在今后的发展中极有可能发展成旅游服务型社区，如坡水村、烧车村、北口村等。

总之，与其他地区乡村一样，乡村社区的重塑与建设是飞狐村落保持与时代同步发展、乡村振兴的发展路径，要围绕社区主人"人"这一主体，对其主体进行重塑，如图7-4所示，新型乡村社区的建设可以通过制度保障，对产业就业进行扶持培育，增加居民收入，对人居环境进行宜居改造，对生态进行保护与修复，通过加大、提高公共服务供给以及精神文明建设提升乡村风气，进行文化身份的重塑，唤醒文化自觉，通过这一系列措施留住乡民，吸引更多的人才、消费、资本下乡，进行乡村建设主体的重塑，从而形成乡村建设与振兴的良性循环。

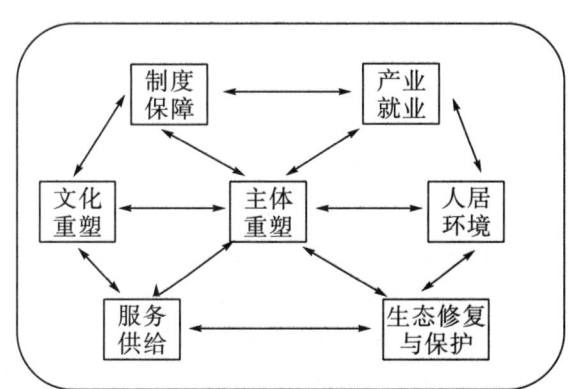

图7-4 新型乡村社区"1+6"建设模式

四、泛旅游产业化的带动

（一）泛旅游产业的构成

泛旅游产业是指超出观光、休闲、度假等传统旅游概念的更加泛化的旅游产业概念，是为人们提供舒适康养的生活与工作需求的具备趣味性、艺术性、知识性、刺激性等特性的体验消费的一系列产业的总称。其内容包括传统的旅游产业，也包括新时代下应运而生的休闲运动、休闲农业、乡村民宿、康养旅居、线上旅游平台、遗产文物、文化与艺术、博物馆、航空与航海、地产及现代科技等领域的新兴开发产业。

（二）泛旅游产业的形成与意义

泛旅游产业受到关注和欢迎是因为其双赢、多赢性，它可以让单一产业规避"鸡蛋放在一个篮子里"的风险。对企业和地方经济来说，融合旅游资源、延长旅游产业链，可以为企业和地方带来更多的增值内容和溢出效应，丰富文旅供给，刺激提振消费。具体来说，是以旅游产业为核心，利用整合手段，使旅游产业及其他相关产业通过某种方式彼此衔接，打破各自为政的状态，构建一个有价值、有效率的产业集群（如图7-5所示），以实现产业联动、多种业态联动，在丰富旅游度假深度体验的同时，带动关联产业的发展，带来更多的增值内容，形成高附加值和溢出效应，从而推动区域经济的发展。

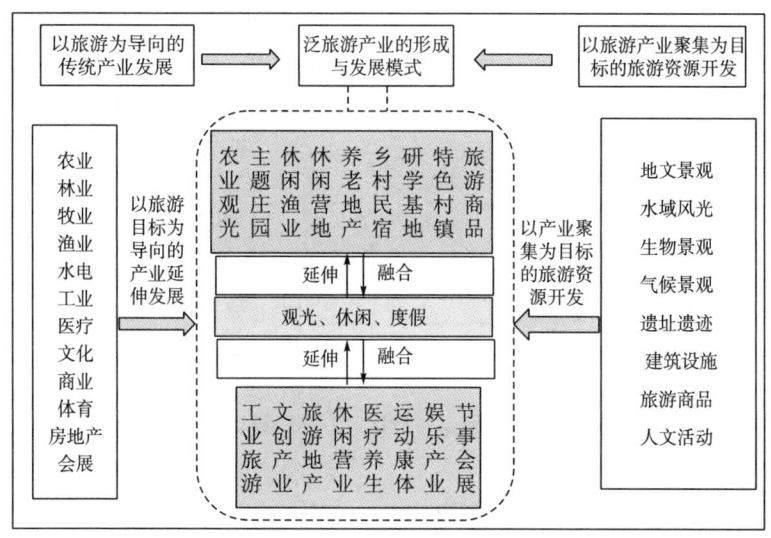

图7-5 泛旅游产业集群的形成与发展模式

从带动性和整合性来讲，旅游业通过与相关产业、支持产业的整合、融合，实现相互带动和共赢。从表7-7可以看出，有的产业通过与旅游业融合，既能促进该产业的发展，也能形成新的产业形态和产品，丰富旅游内容，提升旅游产品，拓展旅游市场，形成与旅游业的联动式整合发展模式；有的产业为旅游业提供要素支撑或配套，其本身和旅游业融合的重点在于拉动旅游业规模，同时也拉动其自身的发展，有时也会产生新的旅游吸引力和吸引物,形成与旅游业的拉动式整合发展模式,如交通运输业、建筑建材业等;有的产业可为旅游业提供必不可少的资源或环境基础,但产业本身是公益性的,不具备盈利性,旅游业取得收益后会反哺其产业的发展并促进旅游业的可持续发展,形成与旅游业的反哺式整合发展模式。

表7-7 旅游业相关产业、支持产业的构成与整合发展模式

整合发展模式	旅游支持产业	旅游相关产业
联动整合发展模式	农业、林业、渔业	文化业、体育运动业、商贸服务业、酒店住宿业、餐饮业、会议会展业、医疗保健业、汽车服务业
拉动整合发展模式	交通运输业、金融业、信息业、建筑建材业、食品加工业、房地产业、教育培训业	
反哺整合发展模式	环境保护业、遗产保护业	

(三)飞狐的泛旅游产业化路径

泛旅游产业对于飞狐地区是发挥优势资源的选择。如前所述,飞狐可持续生计条件决定了飞狐选择旅游业的必要性。首先,飞狐地区具有巨大的旅游开发潜力,旅游业的前景有目共睹,但没有其他产业支撑的旅游业极具风险,尤其是在贫困落后地区,基础设施、辅助设施需要巨大的投入,人力资源缺乏,资金投入有限,因此,旅游业需要其他产业,尤其是当地种植业、牧业、林业等传统产业的支撑,在这些产业发展良好的基础上,旅游业会获得更多内容和形式的支撑,获得更立体的产品支撑,形象和内涵更立体,会获得更健康的发展。其次,对其他产业来说,传统的发展方式已趋于落后,需要更多的人流、物流、资金流的关注,而具有强大传播能力和消费带动能力的旅游业与互联网结合在一起,就为这些产业插上了巨大的翅膀,为其提质升级注入了极大的推动力。泛旅游产业也给社会发展、投资、开发与经营带来了无限的机会和机遇。

飞狐要唤醒沉睡中的独特旅游资源和文化资源,将其活化、转化为

产业资源，与其他产业融合发展，这是一个渐渐培育的过程。首先要以飞狐之名整合旅游资源，调查、梳理旅游资源，同时寻找本地优质、有潜力的产业，与运动体育、医疗卫生、养生养老、文化艺术、创意产业、教育培训、会议会展、农林牧副渔、加工工业、高科技产业、建筑建材等深度融合，打造观光、体育健身、登山、军事体验、休闲、研学、乡村度假、特色小镇等各种业态的旅游产品，完善旅游服务，充实旅游活动，塑造飞狐旅游品牌，形成自己的旅游 IP，然后延伸旅游产业链，将种植、养殖、住宿、文化遗产等资源和产业融入旅游业，找到契合点，既可以充实旅游业的内涵，又能带动相关产业的发展和壮大，做到与其他产业的融合，形成新的产业或业态，促进相关产业发展。通过延伸产业链和促进产业融合带来产业聚集，从而带来规模经济，推动飞狐的区域整体发展。这样通过旅游发展—游客聚集—消费聚集—产业聚集的路径来带动产业聚集化、集群化和产业布局的调整，从而实现带动就业、农民身份转变、人口集中、旅游配套设施完善、社会公共服务健全等区域发展目标，带动当地经济发展和可持续发展。

第八章　飞狐古道旅游产业开发设想

如前文所述，飞狐古道的保护与沿线村落的存续发展息息相关，村落不存、风貌不在、人气不聚就会使古道失去文化的载体和表现的具象，古道便只是一个书本中、记忆中、传说中的存在，后人也无以去体会、触摸、感悟真实的历史和独特的地域；而对村落来说，古道的不复存在也将使村落逐渐褪色，变得千篇一律，更有甚者，千百年来的家园会整体消失，仿佛从未存在过。古道与村落互为皮与毛，正所谓皮之不存，毛将焉附？旅游发展无疑是激活村落发展动力，保存村落文化底蕴，唤醒村落认同感和文化自豪感，恢复古道风貌景观，重现古道活力的最佳路径。具体做法可以将古道上的重要节点（村落）按照主题串联起来，使线上的各个节点产生关联，打造整体形象，完善其功能和设施，吸引历史文化爱好者、旅游者、创业者前来，以人员的流动带动资金、投资、技术的流动，同时刺激其他产业的配套和升级，带动其他产业与旅游业的融合发展。以经济和产业的发展、建设主体的丰富来推动社区的进步和更新，加强居民保护文化的主动性和积极性，促进古道及传统文化保护内在机制的形成，从而实现可持续发展。

第一节　飞狐古道旅游开发的意义及原则

一、飞狐古道旅游开发的意义

（一）延续古道

1. 古道的本体得以延续

如前所述，现代社会以来，以飞狐古道为基础的蔚县至涞源的道路经历了多次重修、扩建和改线,直至高速公路的修筑彻底终结了飞狐古道作为蔚县至涞源的要道的地位。多年来的沧桑变幻,飞狐古道的路基和原路线变化甚多,如果再不进行宣传、整治、维护、利用,飞狐恐怕终将在人们的视线和话语中消失,那么我们又如何向后人说起太行八陉,又如何追溯那些历史沧桑呢?

用旅游开发整合飞狐古道的传说、景观、节点、村落、产业等资源,使其以整体的形象重新示人,保留、恢复古道部分路段的风貌,复原场景,使之重新出现在人们的视线中,对于保护古道的本体是很重要的一步,也是行之有效的方法。

2. 古道的历史文化得以延续

古道之所以让人迷恋,不仅是因其连接了村落、连接了城镇与乡村、连接了民族、连接了不同的地区,实现了交通功能,更是因为其在文化的演变和交流上起到了重要的作用。因古道而存在的那些曾经的历史、军事、商贸、人居、世间百态、传说、社会现象等如不进行整理和传播就会有进一步失去的可能。因此,借助旅游开发,通过故事的发掘、景观的展示、功能和场景的体验、与当地人的交流、与环境的互动,让这些历史的点滴和文化的片段变得具象化、可触碰,这样才是让文化留存、活化的有效方法。

(二)振兴乡村社区

1. 乡村扶贫脱贫的产业选择

曾几何时,这些古道边的村落也有过繁华的过往和车马的喧嚣,但是生计要素的改变让这些村落愈加远离市场,迅速的城市化又使得这些村落渐渐零落衰败下去,陷入贫困。根据前面对飞狐生计要素的构成分析,旅游休闲产业以其极强的产业融合性和带动性、黏合性和扩张性成为飞狐产业和经济发展中的龙头产业,在第六产业构成中起到了整合、提升和刺激的重要作用。

通过旅游业尤其是全域旅游理念的贯彻,让飞狐的山水、人文、村落、设施、原有产业都成为资源,成为生产要素,通过整合这些资源使之成为生计要素的重要部分,弥补飞狐远离城市、环境封闭的缺陷,让古道完成从通道变为吸引物的转换，通过政府引导，以企业为主体以及市场化运作的方式拉动投资和市场，让市场主动将资金带到飞狐，改善飞狐的基础设施和配套设施，鼓励当地人口参与飞狐的开发和服务，将自身的资源变为资本，产生脱贫的内生动力，从而实现经济和民生的改善，实现社区的可持续发展。

2. 飞狐乡村社区文化重建和人居环境提升

以全域旅游理念为指导的乡村发展势必要通过促进文化与旅游的融合、产业之间的融合来进行，文化作为旅游业的灵魂，不仅会给游客和外来人口带来启迪和影响，也会让本地人口更加重视自己的价值。同时，在实现经济和产业发展的过程中，通过打破多年以来的封闭局面，原有的管理制度和理念也会随着市场的发展进行调适，加强与外界的交往，吸收更先进的理念和价值观，掌握更先进的技术和管理理念，乡村社区文化会得到恢复与重建，乡村治理模式也会得到改善和提升，朝着更为高效的方向发展。

人居环境亦是如此。经济的发展与环境的提升、生活条件的改良相辅相成。来自游客和旅游产业发展需要的外部刺激为飞狐环境的改善带来了动力，提高了人居环境的标准，而经济活动发展之后的当地村民内在的改善环境和条件的需求也会增长，从而实现生态宜居、生活富裕的目标。

（三）重构京西旅游格局

1. 两个资源大县联手

毋庸置疑，蔚县、涞源是河北省西北部、河北省环京津休闲旅游产业带、京西生态旅游经济带上值得浓墨重彩大书特书的两个资源大县。无论是从历史人文价值还是自然景观特色来说，这两个县都构成了强烈的个性和独特的地域色彩，加之重要的地理区位和市场区位，让这两个县成为这一区域不容忽视的发展后劲之所在。

蔚县是历史上著名的"燕云十六州"之一，处在京津冀、晋冀蒙两个经济圈和环渤海都市圈结合地带，有"京西第一州"之称。与北京的直线距离为120千米，与保定、大同、张家口的直线距离为130千米左右。国道 109 线、112 线、沙蔚铁路和张石高速公路纵横交错贯穿全境，在建的京蔚高速公路将把蔚县纳入北京 1 小时经济圈，是蔚县连接京津超级消费市场的主动脉。蔚县是 200 万年以前东方人类的发源地之一，是红山文化、仰韶文化、后岗文化的重要组成部分，是具有 3000 年建制史的千年古县，曾经是中华文明的三岔口。这里文物遗存丰富，共有各类文物遗存 780 余处，其中古建筑 580 余处，国家级保护单位 21 处，省级保护单位 20 处。打树花、剪纸、秧歌、社火、拜灯山等民俗活动也成为蔚县的独特名片。目前有蔚州古城、暖泉古镇、蔚州博物馆、小五台山·金河、飞狐峪·空中草原、飞狐峪·神泉洞、活阳山·老君洞、壶流河畔·龙壶湾等 A 级景区，此外壶流河畔·暖泉花田、重泰寺、北方城、壶流河畔·湖滨园、十八堂国际旅游度假区、松枝口国际旅游度假区等景区也在申报或建设中。

　　涞源东北距北京 160 千米，东距天津 210 千米，东南距保定 89 千米，区位优势明显。京原铁路和 108、112、207 国道等交通干线贯穿涞源县全境，张石、荣乌、涞曲三条高速在涞源交汇，交通便利。涞源自古即以白石晴云、香山返照、阁院钟声、登梯瀑布、飞狐铁壁、东塔松涛、涞易合流、弥罗四眺、层楼朝爽、镇海晚霞、碧潭映月、古洞朝阳十二美景著称，有白石山国家 AAAAA 级景区，同时还是国家森林公园、世界地质公园；有全国明长城中保存最好、最具代表性的一段，是全国长城穿越距离最长的县份；以"国家城市湿地公园"拒马源、"全国重点文物保护单位"阁院寺等为代表的 8 大景区 218 个景点风光独特。

　　长久以来，蔚县、涞源在行政归属上曾有较大的重叠，文化渊源和习俗也有很多相近或相同之处，但两县在旅游发展上没有形成合力，均各行其是，甚至在某些方面还形成了恶性竞争，极不利于两县的旅游发展。飞狐作为连接两县的故道，无疑是牵手两县共同发展的极好抓手，以飞狐促整合、促联动，既有利于两县共享资源和市场，又有利于延伸旅游线路，增加旅游者的边际体验，增强市场竞争力，对整个河北省北部、京西旅游形成全国性、国际性旅游目的地具有重要的战略意义。

2. 丰富产品类型

　　蔚县、涞源是旅游资源比较富集的地区，与涞源、蔚县相邻的灵丘、涞水、易县等均属旅游资源丰富的县，此地区集结了大量的旅游资源和文物古迹，也开发了大量的景区，形成了一批较有知名度的旅游产品，2019年还举办了首届涞源户外运动节，蔚县民俗文化旅游节、涞源七山滑雪、华中温泉康养小镇也丰富了其产品类型。但相对来说，由于资源属性及开发较早，这里的大部分旅游产品属于观光旅游产品，尽管观光产品是大众旅游市场的本底需求和基础市场，但是观光产品也需要其他业态的补充。旅游资源如此富集的地区尤其需要一条合适的线路将之串联，形成概念，形成整体产品带动市场。因此，飞狐的开发对整个京西地区乃至整个华北地区的旅游格局都有十分重要的意义。

3. 打造世界级旅游目的地

蔚县、涞源周边的北京、保定、山西、张家口一带聚集了大量的多类型世界文化遗产和世界级自然资源，以飞狐古道为轴心可以构建小环线：周口店，世界文化遗产；野三坡，世界地质公园；清西陵，世界文化遗产；白石山，世界地质公园；蔚县古城，有世界级非遗；空中草原、高山草甸北方稀有资源；大境门，世界文化遗产；黄帝城，中华三祖朝圣地，有世界影响；八达岭，世界文化遗产。大环线则可以加上五台山，世界文化遗产；从灵丘回来，浑源悬空寺，世界一绝；平遥古城，世界文化遗产；应县木塔，全国文物保护单位；云冈石窟，世界文化遗产。随着被称作"扶贫路、旅游路、发展路"的太行山高速的全线开通，这些环线将得到有效的整合和打造，日趋完善的交通条件加上合理的开发利用和宣传推广，一个世界级旅游目的地势必出现在人们面前。①

---

① 太行山高速全长651千米，起于张家口涿鹿县京冀界，终于邢台沙县冀豫界，跨越邯郸、邢台、石家庄、保定、张家口等5市19县，建成后将成为连接京、冀、豫的交通大动脉，直接连接AAAA级及以上景区53个，包括平山西柏坡中共中央旧址、涞源白石山、武安太行奇峡谷、阜平瀑布群等著名景点，是一条名副其实的扶贫路、致富路、发展路和旅游路，对于带动山区脱贫致富、开发沿线旅游资源、矿产资源以及疏解北京非首都功能具有重要意义。

二、飞狐古道旅游开发的原则

（一）整体性原则

既然是一条线路，不能只着眼于一点，而应兼顾整条线路的概念和形象，且其整体价值要大于各部分的价值之和，这就要求线路中的选点、布点要相互照应，相互配合，对飞狐的自然景观和人文景观进行统一保护，对飞狐的物质遗产和非物质遗产进行系统梳理和整合，以全面体现飞狐的内涵和价值。

（二）真实性原则

对待历史应充分尊重史实，包括各个时期的历史文化信息，而不应出于开发之需去迎合市场或开发者的心意。在保护与修复中要通过多种形式、材料、技术，全方位地呈现飞狐的文化底蕴与历史脉络。要尽可能在保证体现其历史及历史沿革的前提下对建筑和场所进行整治，要在尊重民俗内涵及规律的基础上对民俗加以利用，线路上的各个村落、遗址、实物等名称也应保留其历史上的名称，以保持线路遗产的原真性。

（三）安全性原则

线路遗址尤其是山间古道会有一些不确定性，如塌方、泥石流、交通事故等，因此旅游开发要建立完整的安全保障体系，减少安全隐患，涵盖安全排查、灾害预警信息发布、后期维护和事后紧急救援的全流程，确保游客的人身安全及道路遗址的文物安全、古道沿线的生态安全，减少对环境的干预，实现生态和谐。

（四）体验性原则

单纯的线路很枯燥，行进在路途中，满眼虽是景观，但没有体验和融入，也只是通道，对游客来说，是一条景观不错的道路，缺乏深入的了解和认知；对沿线社区来说，整治后的景观和交通没有带来人员的停留，也就无法带来经济收益。因此，要在沿线增强体验性，如完善交通设施以增强通行和交通体验，设立道路上的体育活动以及节庆活动增强体验感，对村落及节点植入可参与的活动及体验文化，设立季节性节庆活动以增加游客黏性等。

（五）可持续性原则

飞狐古道涉及的地区自然生态较为脆弱，人文生态也急需修补，因此其开发必须建立在保护的基础之上，既要保证自然生态的平衡，也要考虑人文生态的活力，因此要在可持续发展原则的指导下设置开发项目与活动，而非涸泽而渔，应考虑动态新发现、持续利用的机制，满足文化活动、体育赛事等项目的举办要求，在保护历史遗存、维护其周边环境的基础上保持可持续的活力。

第二节 飞狐古道旅游开发的现状和问题

一、开发现状

（一）知名度、美誉度较高

从 2016 年起，为了切实促进古道的挖掘和保护工作，国际古道网、《中国国家旅游》杂志、绿野网等专业媒体联合一批著名的户外、旅游、文史专家，在蓝天救援队等公益组织的协助下成立了评审组，计划每年推出 10 条具有旅游价值和文化内涵、值得向全球推介的中国古道，并且在这些古道上举办非竞技性全民健身"古道马拉松"活动。太行八陉经过严格筛选最后入选首批"十大古道"，并成为最佳徒步古道，可见太行八陉具有极高的市场认知度和美誉度。

具体到飞狐古道，在历史记载和文献资料中，飞狐、飞狐陉、飞狐口、飞狐崣、飞狐关、飞狐岭、飞狐峪、飞狐塞、飞狐道是常见的地理名词，是历代兵家必争的关隘、要道；而在古代文学作品中，飞狐作为边关的代名词也常常被文学家提及："雁山横代北，狐塞接云中""前驱白登道，顾失飞狐口""飞狐上党天下脊，半掩落日先黄昏""何当凯还宴将士，三更雪压飞狐城""陈云北压飞狐口，戎幕西临拒马河""易水遗墟燕太子，飞狐故道李将军""喜见塞垣皆内地，飞狐口莫问郦生"……直到现代的武侠小说、武侠游戏中，还常常把飞狐道写成侠客义士出没的地方。这些都可说明飞狐古道早已声名显赫。

(二) 已有初步开发

飞狐的魅力早就吸引了很多人的关注，早在 2003 年就有蔚县九龙村旅游有限公司开发经营了飞狐峪·空中草原景区，为国家级 AAA 级景区，包括飞狐峡谷、马蹄梁、空中草原三个景段。该公司先后注册了"飞狐寨""十八堂"①"空中花园""飞狐峪""飞狐峪·空中草原"等商标，沿飞狐古道也整理了几个简单的观景点，设置了一些初级的停车、防护措施以及景观小品。从 2018 年 6 月起开始举办"飞狐峪·空中草原万人徒步大会"，徒步线路是环绕空中草原的柏油马路，全长11.7 千米。每年夏季及旅游旺季，慕名到飞狐自驾游、到附近山区穿越的自助游客也不在少数。围绕空中草原更是发展了农家乐和度假村等业态，带动了当地乡村旅游的发展。

上苏庄村、宋家庄村等传统村落的保护与修复也吸引了大量旅行社的组团旅行项目，南张庄村的剪纸闻名遐迩，这里也成为旅行社蔚县旅游组团线路上的必到之处。每年的拜灯山等节俗活动也吸引了大量的民俗爱好者和自驾游游客。传统村落的旅游在渐渐起步。

2016 年以来，上苏庄村十八堂的资源开始受到广泛关注，十八堂国家旅游度假区开始启动，太行山高速更是为十八堂的未来带来无限生机。项目定位于"十八堂国际康养休闲度假目的地"，旨在打造集山水观光、文化体验、运动休闲、避暑度假、养老养生等功能于一体的AAAAA 级旅游景区、国家张家口市·蔚县十八堂旅游度假区级度假区、国家特色小镇的融合体。②

涞源虽然对飞狐古道的利用有限，但也有开发商意识到其潜力，并有开发商拟在上庄乡箭庭村、横山岭村等地建设特色小镇、民宿康养基地、悬崖峡谷休闲体验区、高山别墅休闲度假区、自驾营地等项目，但

---

① 后因一直未开发被政府收回。
② 河北交投携手蔚县十八堂 打造"路产融合"之路 [EB/OL]. 长城网，https://baijiahao.baidu.com/s?id=1660675291827648853.

一直未吸引到资金而未成型。

二、存在的问题

如前面章节所述，除了贫困化、空心化、人力和人才的匮乏、保护乏力、基础设施较差、区域缺乏联动和整合等困扰飞狐旅游发展的问题之外，以下问题也是飞狐当前面临的发展难题。

（一）资源碎片化较为严重

尽管飞狐具有深厚的文化内涵，旅游资源富集，但目前资源碎片化情况较为严重，即使是宋庄镇的几个国家传统村落也没有打包起来整体包装，更谈不上对两县的相关山水、对沿途的村落、对整体文脉的整合。诚然，线路遗产的打造涉及的因素太多，特别是涉及跨区域的整合，但任由各点各行其是地发展则会造成资源的浪费，会削弱整体的价值，不利于今后的可持续发展。

（二）产品单一、业态单调、缺乏体验

资源多但同质化较为严重，加上没有经过系统开发，目前飞狐的旅游产品以观光型为主，且大多为通道型观光，深度体验类、乡村旅游类等产品匮乏，尚处于初级开发阶段。

（三）缺少龙头文旅产业项目

没有龙头文旅产业项目的带动让飞狐缺乏市场号召力和核心竞争力。作为飞狐唯一一家正式运营的有明确管理主体的景区，空中草原景区苦苦经营十几年也未做到带动更大范围的发展，这里面有资源禀赋的问题，有季节性的问题，有区域营商环境的问题，也有公司运营能力的问题，导致的结果就是无力对飞狐的资源进行深入摸排和利用，无法进行深度宣传，无法形成市场的整体认知，也无力争取到投资和优惠政策，游客停留时间短，体验不深入，产品结构不合理，对周边的带动能力有限。

（四）线路型产品市场认知度差

飞狐作为一个概念、太行八陉的一部分、涞源县的古称、文学作品

中的地名和象征，其名称本身就具有传奇和域外色彩，知名度很高，尤其在某个特定群体如周边地区及户外人群中，其认可度很高。但是作为一条线路产品，其市场认知度就相对低了很多。

2019年10月黄金周期间，为了对飞狐的市场认知度、旅游者行为、市场潜力有更多的了解，笔者带领调查小组对飞狐进行了问卷调查。此次调查原本设计了沿飞狐沿线道路发放问卷200～300份，但因接近黄金周尾期，调查地天气转凉，游客较少，因此只发放问卷126份，其中有效问卷81份，虽然与预想的目标差距较大，但某种程度上也能反映一些问题，因此对问卷结果予以采信。

调查发现，游客多来自北京、天津、山西等地以及保定、张家口和河北省的其他地市，包括保定、张家口在内的河北省内的游客占了大多数，其次为北京、天津的游客（见表8－1）。由表8－2可知，这些游客中的多数人没有听说过太行八陉或飞狐陉，这可能与黄金周期间的游客构成有关。而这些人中对飞狐沿线村镇的了解程度则更为有限（见表8－3），这种情况与缺乏宣传有关，表8－4表明游客了解飞狐的途径主要为亲友介绍，表8－7中游客对宣传的意见表明缺少系统的市场推广是飞狐旅游不旺的部分原因。

表8－1 飞狐客源地现状

	您来自哪里	频率	百分比	有效百分比	累计百分比
有效	北京	16.0	19.8	19.8	19.8
	天津	7.0	8.6	8.6	28.4
	山西	4.0	4.9	4.9	33.3
	张家口	8.0	9.9	9.9	43.2
	保定	28.0	34.6	34.6	77.8
	河北其他地方	17.0	21.0	21.0	98.8
	其他	1.0	1.2	1.2	100.0
	合计	81.0	100.0	100.0	

表 8-2　知晓飞狐的游客比例

您听说过太行八陉（包括飞狐道、飞狐陉）吗					
		频率	百分比	有效百分比	累计百分比
有效	没有	40.0	49.4	50.0	50.0
	有	39.0	48.1	48.8	98.8
	2.0	1.0	1.2	1.3	100.0
	合计	80.0	98.8	100.0	
缺失	系统	1.0	1.2		
合计		81.0	100.0		

表 8-3　游客对沿线村镇的了解程度

您了解古道上的村镇吗					
		频率	百分比	有效百分比	累计百分比
有效	非常了解	2.0	2.2	2.5	2.5
	了解	11.0	12.2	13.6	16.0
	不了解	64.0	71.1	79.0	95.1
	非常不了解	4.0	4.4	4.9	100.0
	合计	81.0	90.0	100.0	
缺失	系统	9.0	10.0		
合计		90.0	100.0		

表 8-4　了解飞狐的途径

了解途径频率				
		响应		个案百分比
		N	百分比	
了解途径 a	亲友介绍	47.0	58.8	60.3
	微博、攻略、博客	17.0	21.3	21.8
	书本	3.0	3.8	3.8
	电视	3.0	3.8	3.8
	道路标志牌	10.0	12.5	12.8

续表 8-4

	了解途径频率			
总计	80.0	100.0	102.6	

a. 值为 1 时制表的二分组

5. 经济贡献度小

由于路上缺乏配套，产品不成体系，旅游处于初级开发阶段，仅有一个景区和几个村落可供游览，游客停留时间较短，餐饮服务也较少，来此的游客又有相当一部分是自驾游、户外游，对餐饮和住宿的需求有限，因此旅游消费水平较低（见表 8-5）。

表 8-5 飞狐旅游消费额度

	您的旅游消费金额				
		频率	百分比	有效百分比	累计百分比
有效	100 元以内	21.0	25.9	26.3	26.3
	100～300 元	16.0	19.8	20.0	46.3
	300～500 元	17.0	21.0	21.3	67.5
	4	19.0	23.5	23.8	91.3
	500 元以上	7.0	8.6	8.8	100.0
	合计	80.0	98.8	100.0	
缺失	系统	1.0	1.2		
合计		81.0	100.0		

6. 缺少必要的设施

尽管在对飞狐古道的评价中有超过 80% 的人对飞狐表达了正向肯定，仅有百分之十几的人表示一般（见表 8-6），在谈到飞狐的体验和所存在的问题上还是有很多的不足，分别体现在交通、解说、配套设施等方面（见表 8-7）。

表 8-6 对飞狐古道的评价

	您对飞狐古道的评价				
		频率	百分比	有效百分比	累计百分比
有效	非常美，值得来	27.0	33.3	34.2	34.2
	美，值得来	40.0	49.4	50.6	84.8
	一般，可以来	11.0	13.6	13.9	98.7
	其他	1.0	1.2	1.3	100.0
	合计	79.0	97.5	100.0	
缺失	系统	2.0	2.5		
合计		81	100.0		

表 8-7 问题与不足

	不足与问题频率			
		响应		个案百分比
		N	百分比	
不足与问题a	缺少解说系统	33.0	17.7	44.0
	交通拥堵	4.0	2.2	5.3
	交通引导标志不完善	30.0	16.1	40.0
	餐饮设施不足	19.0	10.2	25.3
	交通协调与管制不足	10.0	5.4	13.3
	停车场不足	11.0	5.9	14.7
	缺少加油设施	23.0	12.4	30.7
	缺乏宣传	30.0	16.1	40.0
	缺少观景台	19.0	10.2	25.3
	其他	7.0	3.8	9.3
总计		186	100.0	248.0

a. 值为 1 时制表的二分组。

第三节　古道旅游开发的特殊性及思路

作为一条本是连接多村镇、两县的交通道路和遗产线路，相较于一个封闭的景区来说，古道旅游开发无疑具有其特殊性和难度，只有认识到这些特殊性并对其提出有针对性的解决办法，才能实现更好的效果，有更大的意义。

一、作为线性产品的特殊性

（一）发展和增长模式有别于一般景区

作为一条路线，古道具有延展性和多个介入节点，不是一个闭合的封闭的空间，因此无法像普通景区一样将之封闭起来统一管理，也无法通过依赖门票经济来营收获利，另外还涉及路权与经营权的问题。

早在 2015 年，河北省张家口草原天路就曾因收费问题引起广泛关注和讨论。"草原天路"于 2013 年建成，2015 年爆红，当地政府联合开发商提出需要对草原天路进行统一管理以解决垃圾问题及环境整治、交通限流问题，由此提出收取 50 元费用，从而被社会广泛批判，被质疑作为县道收取景区门票不符合《公路法》等法律法规，存在非法占用嫌疑。收费在争议中被叫停，此后一年再次尝试收费也在纷纷扬扬中以被迫终止而收场。

草原天路的问题也是古道旅游面临的问题。发展古道旅游势必要对路面、指示标识、辅助设施、服务设施、观景点、休憩点、景观等进行整治和投资，还要适当地添加景点、游乐设施，还要有专业人才、管理人员的投入，巨大的投资如何收回成本，设施如何维护维修，这就势必要求古道旅游改变景区管理模式和门票经济模式，以内涵式发展和全域旅游发展思维来进行布局谋划，拉动全产业的发展，推动全区域的升级。

（二）跨区域产品开发的复杂性

线性遗产的魅力来自空间的线性延展，正是这种延展带来其空间上的想象力和价值上的相互叠加,但随之而来的还有延展带来的跨区域联合共建问题。这也是几乎所有线性遗产面临的共性问题。如大运河流经中国8个省级行政区,红军长征路线涉及11个省,丝绸之路更是跨越欧亚的大尺度线性遗产,各区段的发展水平不同,资源多寡不同,地域特色不同,管理体制不同,开发时序不同,开发标准不同,发展目标不同,经济结构也不尽相同,即使共享一条线路,共担一份盛名,也存在着多元素、多导向、多重组合复杂衔接的问题,更何况每个区段内的管理部门还很庞杂,有的甚至多达十几个部门,即使这些区段都设定了共同的发展目标,达成了一致,也使得线路遗产的开发充满了相互协调的不确定性和复杂性。

二、作为线性遗产的复杂性

与单个遗产、单个景区点相比,线性遗产的构成要素多、类别杂,表现出更为复杂的融合性和兼容性。

(一)整体大于要素之和

线性遗产由多个节点和要素构成,缺乏整体统筹的单体要素保护或者局部保护势必使得线性文化遗产的整体价值难以有效彰显,因此要对各节点和要素价值进行分析评价,并采取相应的发掘措施,也要对整条线路进行定性分析和评价,避免节点价值碎片化。要考虑如何将各节点分主次、分先后地开发,要将各节点串联起来,还要在内涵与空间上对其进行延展,要让古道的形象和品牌价值大于单个节点和要素的简单相加,构成古道自己的网络,处理好点、线、面的关系,同时还要考虑到与更大、更广阔的外界区域网络的衔接问题。

(二)跨时空、多要素整合的困难

古道的时间跨度大,既要体现出时间跨度的漫长沧桑,又要体现出某个重要时间节点上的历史剖面和风貌,那么孤立的时空片段如何与整体协调、统一?选取什么样的时间节点来进行重点展示?

古道的空间跨度大,跨越多个村镇,既要保证各空间节点和段落的整体相融,又要保持各节点和段落独特的个性、在地性和本土性,使整个线路主题既协调统一又有层次和区别,如何在取舍中既能体现出古道整体的价值与震撼,又能突出个别节点上的时空特殊性,还要保证各节点之间互补而非恶性竞争?

从构成要素来看,古道遗产涉及自然、社会、文化、经济、军事、政治、技术等多个领域,涵盖物质、非物质文化遗产的多个类别,其价值不仅在于道路本身,与其伴生的村落、风俗、自然环境、事件、人类迁徙、民族交流、文化交流、物资交流等均构成了古道的价值,这些遗产的特性使得其保护与利用的方式和重点不尽相同,如何梳理其关联性,使这些多重要素既相互关联而又不失片面显得很重要。

三、场所精神、情绪唤醒与游戏化思维

针对以上提到的古道旅游的特殊性,要让游客体会到壮丽的自然之美、静谧的田园之美、旷古沧桑的历史之美,既要串联起所有的节点,让游客体会到古道在时空方面的整体价值,又要兼顾节点的个性,各有不同。主题化是整合线性遗产碎片式分布的提纲挈领式的途径,而体验化则是增强对遗产的了解、将精神内化于心、促进文化遗产利用与保护的重要途径。因此,古道旅游的发展思路应是在织补保护和整合完善的基础上对产品、设施、活动、形象、氛围的主题化,以此来突出古道的空间感和场所感,激发游客的情绪唤起,从而引发深度体验与参与,反过来更好地促进古道的保护、延续与利用(如图8-1所示)。

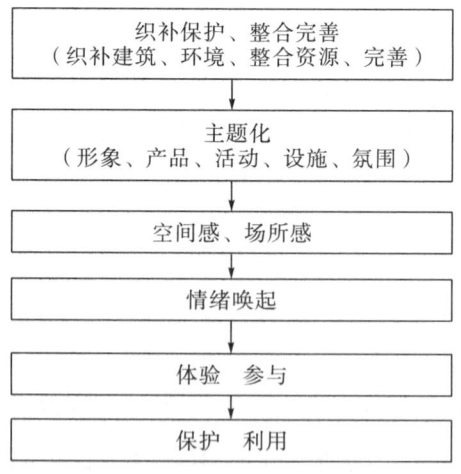

图8-1 古道旅游开发的思路

第八章 飞狐古道旅游产业开发设想

（一）场所精神

"场所精神"一词来源于古罗马人对人与场所等独立本体的认识，他们认为"守护神灵"守护陪伴着这些本体的一生，也决定了其特性和本质。诺伯舒兹（Christan Norteg-Schulz）是近代场所精神理论的提出者，1979年，他在《场所精神——迈向建筑现象学》一书中提出了"场所精神"（Geniusloci）这一概念，指出人需要象征性的东西，需要表达生活情境的、"具现"生活情境的艺术作品。此后，"场所精神"被大量应用于建筑学领域，而广场、城市等更为广阔宏大的空间范畴也引入了场所精神理念，并运用于规划设计之中。

场所（Place）最初是地理范畴的概念或物质空间概念，后被越来越多地解释为"具备认同感或归属感的一个地方"，是人们对一个地方的认同感和归属感，从而成为承载文化的所在，而其能否完成承载文化的任务，则取决于该场所是否能够延续其本质内涵的精神性。任何场所都有独特的内在精神和特性，都涉及人的主观意识与客观物理环境的相互交流，是一种总体气氛，人们在这种气氛中获得场所感。

时间、状态、材料、空间是构成场所的要素，时间与空间、自然、历史纠缠在一起，构成了注入人文思想与感情烙印的"心理化地图"。[①] 时间是场所得以具备本质意义的基础观测工具，是场所在旧遗存与当下状态得以叠加的变动过程。空间包括文化遗产所在的场以及环境因素，具体如地质和气候条件、化学条件、生物要素等，这些都给了空间不同的场所感。材料和状态也是场所的构成要素，让场所在物质形态上有了更为鲜明的个性特征。

场所所赋予的特殊氛围加上时空所赋予的文化记忆共同构成了场所精神，这些历史的、自然的、动态的、静态的、时间的、空间的、物质的、非物质的要素共同构成了场所精神，它们与身处其中的人进行着情感和情绪的交流，决定了人们对场所的体验和感受。因此，创造或保持古道的场所精神，再现古道的文化气质，让游客通过视觉、听觉、嗅

---

① 李永红，赵鹏. 默语倾听 兴然会应——在地段特征和场所精神中找寻答案[J]. 中国园林，2001（2）：29—32.

觉、触觉等体验感知古道，进一步认知古道，激发对古道的情感，从而产生一种归属感，促进对古道的了解，才能更好地发挥古道的价值。而通过对古道的环境、景观、形象、产品、活动、设施等方面主题化的挖掘和设计，可以更好地营造古道氛围，使古道产生独特的空间感和场所精神。

场所精神是一种客观存在，但也是主观印象和营造的结果。为了营造古道的场所感，需要从产品、设施、活动、形象、氛围等方面进行主题化设计，来突出古道的文化意象和文化意境。主题化并不意味着对古道资源简单的取舍或者摒弃主题之外的文化事象及资源，而是强调资源的利用及在文化展示时突出文化的关联性，沿着古道文化意境的核心主题继续对其伴生文化现象进行分层、分类、分级，在核心主题之下析出分主题，由这些分主题将各节点和资源由点及线至面，有主次、成体系地串联成古道旅游网络，从而形成既独立又统一的整体线路产品。

（二）情绪唤醒

唤醒或唤起是指生理、心理状态或感官被刺激后产生的某个感知状态，在调节意识、警觉性、注意力和信息处理方面非常重要。情绪是人的情境性、暂时性、外显性的态度体验，着重于描述人的心理活动过程及外部表现[1]，是人们对身边的环境与事件信息进行加工及认知评价的结果，是人们判断、采取行动或反应的重要决定因素。情绪可以通过一定的外界刺激、经过评价判断后被唤起，并导致态度的变化和行动。

情绪可以分为惊喜、恐惧、希望、高兴、欣慰、悲伤、沮丧、苦恼、厌恶、喜欢、讨厌、愤怒、蔑视、骄傲、遗憾、内疚和羞愧等基本类别。[2] 有积极情绪和消极情绪两大类，积极情绪指爱、希望、高兴、忠诚、同情、乐观、兴趣、愉快、热情等反映个体积极感觉的体验，积极情绪使生活充满甜蜜快乐，令人精神焕发，学习和工作效率加倍；消极情绪指悲哀、紧张、烦恼、贪婪、仇恨、厌恶等反映个体某种消极的或厌恶的心理体验，消极情绪使生活抑郁沉闷，黯淡无光，令人无精打

---

[1] 孟昭兰. 情绪心理学 [M]. 北京：北京大学出版社, 2005: 6-8.
[2] Roseman Ij, Antonou Aa, Jose Pe. Appraisal Determinants of Emotions: Constructing a more Accurate and Comprehensive Theory [J]. Cogn. Emot. 1996, 5 (3): 161-200.

采，学习和工作效率降低。按照唤醒情绪的程度又可以分为高唤醒情绪和低唤醒情绪。高唤醒情绪会使人心跳加速、血压升高，并激发人的行为。低唤醒情绪会令人心跳过缓，血压降低，并抑制人的行为。当唤醒程度分别作用于积极和消极情绪时，又有低唤醒的积极情绪和消极情绪、高唤醒的积极情绪和消极情绪之分。低唤醒的积极情绪会令人心满意足并安于现状；低唤醒的消极情绪会令人沮丧和失去信心，无法投入精力学习与工作。高唤醒的消极情绪会令人身心紧张与急躁，容易导致敌对、冲突等消极行为的发生；高唤醒的积极情绪会令人充满激情与斗志，容易激发人做出积极进取的行为（如图8－2所示）。

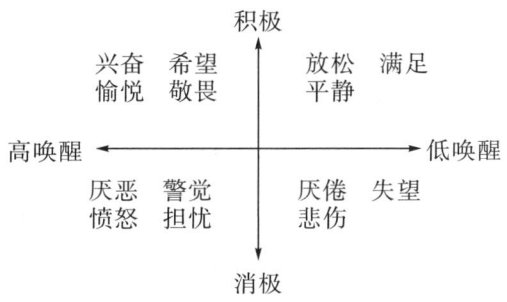

图 8－2　情绪唤醒四象限图

近年来旅游研究越来越重视游客的情绪对体验和目的地感知的影响。情绪的唤起对游客的旅游体验来说非常重要，高唤醒的积极情绪会让游客乐在其中并保留长久的深刻印象，产生忠诚度和好的口碑；高唤醒的消极情绪则会使游客厌烦、愤怒甚至痛恨这次经历和这个地方，有负面的传播效应。情绪评价这一情绪研究核心理论常常被用来解释情绪产生的原因及路径，这一理论认为个体通过处理加工来自自然环境事件、历史经历、个体关注或其他敏感源来获得情绪[1]，周边环境对个体的刺激以及个体对刺激的自我调节和评价，个体对周边环境的认知与评价，这两种内外评价一起决定了个体的情绪[2]，游客情绪、旅游动机和

---

[1] Scherer K R. Appraisal Theory [A] //Handbook of Cognition and Emotion [C]. Chichester：John Wiley & Sons，1999：637－663.

[2] Lazarus R S. Emotion and Adaptation [M]. Oxford：Oxford University Press，1991：87－214.

游前期望共同影响了游客的满意度[①],因此,对周边环境的情境创设及情绪唤醒、引发共鸣有利于增加游客满意度、游客口碑推荐和游客重游意愿。

(三)游戏化思维

游戏正在深刻地改变着世界。多人在线游戏先驱理查德·巴特尔最早于20世纪80年代提出游戏化(Gamification)一词,即把不是游戏的东西或工作变成游戏。Terrill进一步将之概括为"采用游戏机制将之运用于网络属性提高参与与体验"[②]。2011年,在全球游戏开发者大会上,游戏化一词进入公众视野,成为牛津词典年度热词候选。凯文·韦巴赫[③]《游戏化思维》一书提出的"在不属于游戏内容的范畴之内运用游戏的元素和设计游戏的方法"的概念得到普遍认可。此后,在教育、人力资源管理、营销管理、医疗健康等领域的游戏化应用见证了游戏化概念的普及。[④] 游戏化是对人性的理解与设计过程巧妙融合后的产物,而不仅仅是娱乐。因此游戏化思维权威学者亚当·潘恩柏[⑤]曾预言:过去10年是社交网络的崛起,未来10年则是游戏设计的时代,这种游戏机制将在各个领域发挥作用。

游戏之所以让人沉迷在于游戏机制与游戏要素。游戏化是在不属于游戏内容的范畴有意运用游戏要素与机制进行设计策划,以树立品牌形象,影响使用者的行为,而非出于娱乐目的。

随着体验经济时代的到来,游客体验成为旅游开发的关键词,虚拟现实、增强现实等技术手段可以让游客沉浸在仿真的旅游世界,从而调

---

① Coghlan A, Buckley R, Weaver D. A Framework for Analysing Awe in Tourism Experiences [J]. Annals of Tourism Research, 2012, 39 (3): 1710−1714.

② Terrill B. My Coverage of Lobby of the Social Gaming Summit [EB/OL]. http://www.bretterrill.com/2008/06/ my −coverage−of−lobby−of−social−gaming.html.

③ 凯文·韦巴赫,丹·亨特. 游戏化思维:改变未来商业的新力量 [M]. 周逵,王晓丹,译. 杭州:浙江人民出版社,2014:13.

④ Xu, F., Weber, J., Buhalis, D. The Gamification of Tourism [A]. Z. Xiang, & I. Tussyadiah (Eds.). Information and Communication Technologies in Tourism 2014 [C]. Wien: Springer, 2014:525−537.

⑤ 黄少敏. 反对枯燥的游戏化思维 [EB/OL]. http://www.chinavalue.net/pvisit/Penenberg.aspx.

节游客的体验。① 在游戏中植入软广告或在游戏网站中植入广告等做法提高了旅游品牌的知名度。游戏产生的情感和印象可以改变玩家对场所的感知，将一个普通的场所变为和乐趣、满意、记忆有关的场所；游戏激发的积极情感可以影响玩家的场所依赖。除了虚拟技术与网络技术的运用，航空公司及交通运输业、零售及招待业、目的地等也运用了游戏化内在激励，其效果要远优于外在激励。事实上，游戏是旅游活动中除客源地精神"中心"、目的地精神"中心"之外的另一个精神中心②，在运营、在线客服、会员体系和网络宣传中都可以加强游戏化的运用③，积分卡、打卡簿、竞赛、会员奖励等游戏化手段的普遍运用也说明了这一点。

基于"激励—互动—快乐—沉浸"心流的游戏化思维对古道进行开发会更好地制造古道的体验感、培养古道的场所感。在古道旅游产品游戏化开发过程中，一是应明确商业目标，并确定与目标有关的行为，围绕旅游者活跃度来设计相关的游戏元素和奖励机制。二是将目标市场分类，分析其类型要素，理解其爱好和行为模式，在游戏化系统中为他们提供多样化的选择，尽量迎合更多的用户需求。三是设计出一个明晰的活动回路。四是再次检验这样的设计是否有趣。重要的是，古道旅游产品的设计也需要情感互动与社交渗透。目的地旅游经营者越来越多地充当着活动组织者的角色，在打造产品时必须考虑用户的情感需求，创设各种活动来增加游客的体验，利用游戏化思维巧妙地设计一个又一个的体验环节，让游客在产品中不断获得情感反馈以及自我实现。五是为产品预设主题、复原场景，以创造强烈的场所氛围和在地感，让旅游者即使明知所经历的一切是舞台化的真实也仍乐在其中。代入感使游客成为故事主角，带来从体验、内容、产品到营销推广的全方位提升。利用游戏化的思维，讲好一个完整的故事，赋予一种新的内涵，增加一份完整

---

① Yovcheva, Z., Buhalis, D., & Gatzidis, C. Engineering Augmented Tourism Experiences [A]. In L. Cantoni, & Z. Xiang (Eds.), Information and Communication Technologies in Tourism [C]. Vienna: Springer, 2013: 24—35.

② 陈岗. 游戏：旅游活动中的另一个精神"中心"——基于赫伊津哈游戏理论的探讨 [J]. 旅游学刊, 2012, 27 (3): 99—106.

③ 汪文才, 陈虹. 游戏化理论在在线旅游服务中的应用探究 [J]. 设计, 2016 (23): 132—133.

的代入，能够有效提升旅游产品的知名度。①

四、古道的主题化打造

如前所述，古道要营造场所感、用游戏化的思维来唤醒游客的情绪，围绕古道的主题来进行打造。具体可从以下几个方面进行。

（一）主题化的活动串联主线

1. 特定角色浸入

基于"激励—互动—快乐—沉浸"心流的游戏化思维为古道主题化活动提供了思路。围绕古道的历史内涵和特色创设任务型活动可以很好地调动游客的积极性，形成互动。飞狐古道作为曾经的战道、商道，民族与国家之间的文化差异、社会差异与经济差异是产生交往的动因，因此，可以创设宋辽边境的历史背景，以宋辽两国在边境的往来及由此产生的一系列活动和产物作为主题来串起飞狐主线，以壮美辽阔、生态原始的自然环境来烘托主题并形成亮点，以沿线各节点的个性化特征及支线的分主题来丰富飞狐古道的内涵和表现形式，让古道更加丰盈立体，充满意趣，增强古道的完整性和原真性。

根据飞狐是宋辽边境、民族交融地区的驿道、战道、商道的历史定位，对飞狐古道的游客可分驿道使者、军旅兵家以及往来商旅三种角色进行设定，让游客更好地融入、浸入情境并自行深入体验。

驿站是古代官府传递公文的通信机构。从殷商盘庚年间边关戍守传信，到西周时期的烽火报警，发展到东周列国时期便产生了驿站组织。历朝历代驿站的规模和管理虽不尽相同，但均担负着传达政令、飞报军情、接待使者的任务。② 为了让游客更好地体验飞狐驿道文化，可为游客配置檄牌以供其在沿途各驿站验明身份并打卡。《宋史》记载，符券中有一种叫檄牌，用木简制作，其制有金字牌、青字牌、红字牌，岳飞遭受奸臣秦桧陷害时曾接到十二道金字牌，便为此种木简。檄牌可分步

---

① 孔旭红，方舟，王祖康. 游戏化思维在旅游产品开发中的应用研究[J]. 旅游纵览，2019 (8): 15—16.

② 周继厚. 古代驿站与使者牌符[J]. 中华活页文选（初二版），2012 (10): 43.

递、马递、急脚递三等，其中金字牌急脚递可日行400里，"以木牌朱漆黄金字，光明炫目，过如闪电，望之者无不避路"①。定做一批带有飞狐特色的檄牌，不仅是飞狐文化的体现，也是飞狐体验的一部分，还可作为日后的纪念。

同理，为了配合边境意境，可制作古道通关文牒作为联系各节点的工具，在通关文牒中绘制飞狐图谱，将各节点、主支线绘制在其中，对重要节点和资源进行介绍，突出其价值，对沿线的活动、习俗、亮点进行勾勒，形成具有攻略、指南功能同时又具有收藏价值的纪念品。游客可执此文牒在沿线各驿站打卡盖章，作为进入下一个阶段的凭证，同时也是很好的留念。

虎符是古代军队派兵遣将的凭证。白虎是"四灵"中的西方之神，主战争兵戎之事，帝王用来祈借神威，保社稷平安。由于虎主战伐，古代将之用在调兵遣将的兵符上面，称为"虎符"。虎符，顾名思义为老虎形状，从中间分为两半，右半存朝廷，左半由统兵将领执掌，并且专符专用。秦汉以前的虎符多为卧虎，到了隋朝则变为立姿，唐时避高祖李渊祖父李虎名讳废虎符，改用鱼符、兔符，唐中期以后又用龟符，宋代领兵打仗又恢复使用虎符。②用虎符来代入军队、兵戎的角色与情境，在驿站感受交接与调遣，可以更好地烘托军旅边境的主题与氛围。

此外，票号、古钱币的使用可以凸显飞狐之商业价值，还可以融入涞源铸币历史文化的内涵和元素。历史上，铜、银矿贮量丰富、埋藏浅的涞源曾是皇家重要的铜、银产地和铸币场所，铸钱作坊很多，其为皇家铸币的历史始于汉代。不难想象，由汉至清的1600年，古老的飞狐为皇家制造输送了多少枚钱币，大汉大唐的盛世曾怎样闪烁着飞狐的荣光。一千余年的开采，到明清时，涞源浅层的矿脉已近枯竭，至康熙二十三年（1684），涞源为皇家铸币的历史结束。在飞狐古道的打造中，可用仿制的古钱币作为通行货币，为游客带来特殊的体验，也可促进消费和收藏。

---

① 出自《词源》。
② 樵夫. 虎年说虎[J]. 紫禁城，2010 (1).

2. 节庆活动

活动是凝聚古道精神的重要形式和载体，尤其在现代旅游阶段，单纯的观光已经不能满足游客的需求，他们需要能使之置身其中又融入其中的活动来增进对当地的了解，增强他们与当地社区的联系，加强他们与旅游地和旅游资源的黏度，促进对资源的内涵和文化的了解。因此，飞狐古道应定期举办具有本土特色的活动和节日，充分利用户外空间和地方文化，让来访者近距离、更深入地接触了解地方文化。

节庆是最能体现在地文化和原乡特色的活动方式，有助于形成乡村旅游独特的文化氛围，让旅游者参与其中倍感亲切，体验加倍。飞狐节庆一方面可以传统节日如七夕、端午、庙会、腊八等为依托，举办具有浓郁当地风情和文化内涵的节庆活动；另一方面又要有所创新，能够在众多节庆活动中脱颖而出。如古道 cosplay 徒步节，每年选取特定的时间节点、历史事件和历史人物，如赵武灵王胡服骑射，刘邦曾在此大败项羽，大将军卫青、霍去病、飞将军李广纵马提师出塞远逐匈奴，曹操的儿子曹彰大战乌桓等，让旅游者在亲身参与的过程中学习历史，感悟历史。组织参与者穿上古代的服装，扮演士兵、商人、车夫、马夫、农民、官员、僧侣等各种角色，使用古道上曾使用的交通工具来体验古时行路者的艰辛与感受，辅以节点上的庆祝活动与体验性活动，届时邀请媒体及自媒体进行宣传，让更多的人了解飞狐的传统和历史，享受沿途的壮丽景观。

举办爱我飞狐活动，让文物专家和文化工作者带领历史文化爱好者和广大游客、志愿者参与古道维修、村落保护、文化整理、文献搜集、口述历史整理的劳动及活动，以深层体验和深度研究的方式切实地体验和感受飞狐并为之做出贡献。

举办丰收节。在每年金秋，邀请游客来此采购山珍、特产，庆祝丰收。

3. 户外活动

除了节日活动，丰富各种活动体验也是突出主题的有效途径。如徒步、骑行、骑马、露营、跑酷、越野、野餐、拓展、劳动体验等活动吸引了越来越多的旅游者，这些活动更容易让游客有参与感、体验感，产生场所依赖,形成一种习惯,在未来会更多地参与其中,从而提高对目的地的忠诚度。

(二)IP 的打造与活化

作为众多行业力捧的新热点,"IP+"的热潮有增无减,而"旅游+IP"也成为文化创意旅游新业态,在旅游文化传播与活化、旅游营销、旅游产业链扩张中发挥了巨大的作用。

旅游 IP 具有主题性、形象性、独特性、故事性、引爆性等特点,是能够作为旅游资源满足开发、创造再循环,且具有影响力的知识产权,能够迎合全域旅游时代兴趣已经碎片化并分散到无数亚文化社群中的个体的需求,以丰满的内容做支撑,使产品因内容而更加多样。

IP 需要故事性和情感角色定位,飞狐恰恰具备了足够多的故事性和意境,因此可以打造出很有影响力的 IP。

1. 飞狐旅游 IP 形象的塑造和人格化

通过故事讲述与场景构建塑造旅游 IP 的形象,并在骨骼丰满的基础上加进血和肉,让它变得更加立体鲜活,通过 IP 人格化来构建旅游者与旅游目的地的情感联系。如迪士尼主题公园中的卡通 IP 通过影视剧的表现形式讲述卡通人物的故事,实化了影视场景,增加了游客的体验。在运营 IP 的过程中,必须要丰富它的故事性、个体独特性等。

可将飞狐的历史事件及传说编成飞狐故事,并以短视频、影视剧、网络小说、网络游戏的形式进行艺术加工,重点突出其中几个形象和人物,如飞狐化身为美丽的狐仙、历史上的英雄人物等,以期对其进行深度利用。

2. 旅游 IP 运营

旅游 IP 运营分为两个阶段。第一阶段,策划设计个性化的旅游 IP 产品和服务。故宫的部分文创产品以康熙 IP 为创意核心,营销以社会公众需求为方向,抓住年轻人的消费心理,跨界合作营销,巧妙借势,增大品牌话题热度、知名度和影响力,成为很好的案例。第二阶段,旅游 IP 规模扩张,构建开放的产业链。飞狐的旅游 IP 需要在形象塑造和人格化之后对其进行管理与运用,充分发挥其在产业链上下游的扩展和延伸，使之成为凝聚飞狐之魂的具象。

3. IP 的更新和丰富

IP 的一大特点就是不是一成不变的，无论是之前提到的迪士尼还是故宫，都在不停地更新自己的 IP 库，发掘新的 IP 角色。推陈出新对于旅游 IP 的建设是至关重要的，在原有 IP 的基础上不断地将所属文化与当下的新事件、新观念相结合，满足当下消费者所需要的"情怀"，并用新的 IP 形象吸引游客，不断保持、更新粉丝群。在后续的开发中，飞狐要讲好故事，还要做好"连续剧"，不断丰富自己的 IP 库，提升 IP 的价值。

（三）古道视觉形象系统的打造

教育心理学研究显示，视觉是人类获取外界信息的最重要的方式，83%的信息来自视觉，11%的信息来自听觉，可见视觉的重要性。游客对目的地的感知，最重要的也在于其视觉所觉察到的信息。因此，对古道的主题化设计，视觉的统一和协调十分重要。

古道的视觉初印象来自道路本身的材质、走向、延伸曲折、建造技艺、遗存痕迹等，还有道路两边的植被、景观环境、村落风格、建筑风貌、设施条件、外观风貌，以及服务和解说系统的形象设计符号系统等，这些要素构成了游客初到古道所感受到的场的氛围。

1. 道路本体

古道的用材、建造技术与工法、与周遭地景的融合等均体现出人与自然条件的抗争或妥协，如南粤古道与川滇的茶马古道，其自然动植物生态、地质气候、铺设方法、排水方式等均有所不同，从而带有自己的特征和个性。那些一凿一斧打造出来的、轮蹄辐辏来来往往留下的痕迹，即使残破也是古道的印记，是古道的真正意境所在。因此应最大限度地尊重历史，保留历史的原真性。首先要遵从原址路径，要让来访者知道原址走向及其历史意义，让来访者真切地感受到古道之艰和古道之重。其次，多年以来的公路铺设、覆盖铲平了原来的基址，绝大部分路面已经不可见古道的基址原貌，现代公路也无法让人体会古道行路之艰难、环境之险恶，要在合适的地段复原古道的路面，让来访者能够充分体会古道的沧桑过往。在复原古道的过程中，要避免使用不属于当地的石材或大量修建木栈道或一味地硬化道路，而是应该尽可能地采用古朴自然、与周边环境相协调、融合的方式。对于不能恢复的路段，要在重要路段和节点通过设置指示牌、解说牌来做场景的复原和解说，增强游客对古道的了解。

除了部分复原古道路面，还应考虑当前的休闲和游憩需求，进行科学合理的铺设来满足不同活动的需求。如供徒步者、自行车骑行者使用的慢行道路铺装，供自驾车使用的公路铺装，供徒步、骑马者通行的越野路段等，让道路也成为吸引物，为通行过程本身增加更多的体验感和场所感。

2. 景观小品

设置一些景观小品来丰富古道景观和村落景观。几十千米长的路线对步行或骑行的人来说有时会略显单调，因此应设置一些与主题相关的景观小品，展示行军、作战、经商、交易、赶脚、民俗、乡风场景，或者就是简单的山间野趣，以这些小品来丰富古道的意趣，展示古道的历史与文化，做到大小尺度的融合以及古道和村落、大环境的融合。

3. 建筑风貌

山区乡间建筑有着独特的风貌，太行山区的乡间建筑则有着太行山区的独有特征，本书第三章、第七章中分析了飞狐村落的特征及建筑风貌，此不赘述。飞狐古道要对建筑风貌进行织补，对碎片化景观进行整理、修复和链接，让建筑风貌有序过渡，既不能大拆大建，又不能一味泥古，搞一些假古董、假民居，而是要在大的主旨下符合飞狐的文化气质。

4. 形象设计

如图 8-3 所示，一块红色巨石，象征着飞狐铁壁，上书飞狐古道四个大字突出主题，一只狐狸的爪印像一颗图章印刻在上面，使构图更加完整优美，一条曲线代表蜿蜒曲折的古道，也蜿蜒出空间感和时间感，一个人的背影向前走去，象征着穿行在历史与现实之间，显得旷古悠远。这个 logo 可以用在飞狐古道的路牌标识上面，也可以用于文创产品的总体识别，还可以用作通关的印章，为游客增加体验性，增强记忆。或者将狐狸尾巴运用到形象设计中，突出飞狐的文化意象，用意象化的狐狸尾巴蜿蜒向前代表着弯弯曲曲的古道，具有时间感和空间感。

图 8-3　飞狐古道的 logo

（四）服务与设施

1. 解说系统

没有解说系统的古道便只是有点特色的交通通道而不能显现其价值，因此要着重对古道解说系统进行规划和设计。除了出版物、网站、多媒体等形式的解说，现场的解说系统要有充足的数量和质量保障。首先，要为飞狐古道设计 logo 并进行注册，整条线路的解说牌、指示牌采用统一的 logo，洗手间、休息室、特色商店等要有飞狐的 logo，出版物、指南要有统一的 logo，由古道衍生的文创产品要有统一的 logo；其次，在北口村、金家井村这两个古道的端口设置小型游客中心，分别做军事、商贸主题化设计，提供旅游指南、洗手间、休息室和特色商店、咖啡、茶饮、快餐及特色餐饮服务，播放和展示相关影视资料，全方位展示飞狐的文脉、地脉、旅游资源，提供导览、总览以及旅游信息和旅游攻略、旅游结伴服务。

2. 设施

游憩设施及服务设施也要根据主题来布置。解说、标志、休憩、游乐、观景、客栈、驿站、营地、救援、购物等设施均可以按照飞狐的主题来进行分化设计，既要具有特色，又能突出主题，还要因地制宜、自然简约。

(五) 业态

业态的丰富和完善不仅对于满足旅游者需求、增加收入渠道、丰富产业类型、带动经济发展具有重要意义，其本身也是主题营造和场所营造的要素之一。传统的"门票＋餐饮＋住宿＋交通"的业态模式已经严重同质化，而不断涌现的新生事物、新需求和新趋势促生了研学、休闲、康养、乡村、全域旅游等新业态，这些业态又可以进行细分，因此旅游目的地的业态需要升级与创新，旅游市场需要有温度、更富体验性的多元化业态场所，这些业态与旅游主题相贴合，从而更好地烘托主题，让来访者有更好的体验感受。

旅游业素有"食住行游购娱"旅游六大要素之说，随着需求的扩展又进一步发展出"商养学闲情奇"等要素，现在看来，除了这些之外，科技、文化、体育、乡村乡愁、宗教祈福等分众需求也已进入大众视野，发展出更多的业态。因此，个性化、深度互动、自主体验、融入社区的业态会更受欢迎。虚拟现实、增强现实等技术引领的沉浸式体验技术，人工智能、传感器、移动通信等机器感知技术，人脸识别、语音识别、调度算法、视频图像分析等技术也会促进业态创新。共享经济、有机农业、慢生活、网红经济也会催生新业态，而全季旅游、全产业旅游、产业融合等全域旅游理念也会让旅游变得更加多面化。

针对这些变化，古道旅游除了传统的观光外，与体育产业及体育文化活动融合，利用高科技的业态创新，全季旅游业态的突破就必不可少，主题公园、特色小镇、田园综合体、新民宿、慢吧、茶吧、咖啡馆、文创基地、军事拓展基地等业态的充实，会让古道汇聚人气，加强游客的深度体验。

第四节 飞狐古道旅游开发策略

一、"主线＋支线＋重要节点"的网格型发展

（一）主线

主线即飞狐古道沿线，从北口村到金家井村的主路，严耕望认为这条路是飞狐古道的原路。这条主线要突出飞狐的古道主题，构建标识系统和解说系统以反映古道遗存，用定期举办的节庆活动和主题活动来加强主题色彩。

（二）支线

支线即沿飞狐古道各节点及周边道路扩展出去的线路，包括甲村—东西泉头村支线，以及由此延伸出去的麻田岭一线，由北口村延伸出去的南张庄—蔚县一线，以及由各节点村落延伸出去的相邻各村之间的线路。这些支线是对主线完美的补充，可以丰富主线的主题和业态，丰富飞狐古道的内涵，扩展其展示内容和形象。

（三）节点

风光绝美的观赏点、特殊气象景观观赏点、浓郁风情的小村庄、历史事件发生地、产业聚集点……这些都可以作为古道上的重要节点，通过有节奏的分布与关联，将古道有效串联起来。这些节点的选择，既要考虑主题是否一致，还要考虑主题是否可以互补。节点保护和利用应当从尊重节点本身的文化和风貌特色入手，保护策略也应当从街道形态、空间布局、建筑、基础服务设施和特色细部等方面出发，完成从宏观到微观的线路重要节点的保护性开发。要完善古道旅游服务设施，如信息服务中心、自行车租售休息服务站、观光台、观光交通体系、游客解说系统、游客引导标识体系等。

二、节点的选择

(一) 节点的选择方法

线路上的节点有多少之分、远近之别,作为一个整体,应注意线路的节奏问题,如节点之间的距离、各节点的内容是否丰富、各节点的主题是否雷同、所需时间、所需住宿、餐饮功能种类,以使游客能够合理安排时间,获得整体的体验。对于具体的选点策略,易小力在《文化遗产与旅游规划》中有具体阐述[①]:

(1) 盘点纳入。如果线路附近有单个景点,可对其进行收集、比较、分类,整体盘点考虑,在不过多重复同一类看点、空间、场景、设施的情况下,可将之盘点纳入。若过多纳入同一类事件或资源,会使游客丧失好奇心从而感到乏味枯燥,也会降低线路遗产的价值。

(2) 布点纳入。如果线路附近有多个景点,需要考虑两个因素:第一,其风格、特点与其他线路上的景点冲突,则需适当组合与错位,使其不产生正面竞争;第二,如果这些景点有优劣之分,则早期在推精品线路时需要配以精华景点,中期在推绝品线路时需要配以独特景点,后期在推优品线路时需配以优美景点。

(3) 试点纳入。若线路较远处有个别景点,考虑到时间耗费问题,应慎重考虑其特色、体量或规模,在总体数量上也不宜过多。

(4) 要点纳入。在距离线路较远的地方存在多个景点,将发生过重大事件、历史转折的关键景点或重要场地纳入线路,放弃那些普通景点或场所。

(二) 几个重要的节点

在众多节点中尤其应注意以下几个地方。

宋家庄村因为地处联结蒙古大漠和西北高原的咽喉要冲,是历代兵家必争之地,所以被誉为"紫荆关外第一庄"。其周边景区密集,民风淳朴,民居古建筑保存较好,适宜作为飞狐古道旅游集散地,建设旅游

---

① 易小力. 文化遗产与旅游规划[M]. 北京:北京大学出版社,2014:170-171.

小镇，加强住宿、餐饮、娱乐、休闲、购物、展示功能，丰富其业态。

北口村是南北物资的集散地，人们称它为"紫荆关外旱码头"，可适宜恢复性修建一些古建筑，恢复一些货栈、客栈、店铺等供游客休息、体验，发展乡村客栈，实现体验游的价值。

一线天是飞狐的典型地貌和标志性景观。这里是太行山脉与燕山山脉交界处，大峡谷呈南北走向，绵延20余千米，最宽处70～100米，最窄处仅4米，两壁陡峭，一线微通，九曲蚁穿，蜿蜒回肠，奇峰陡走，怪崖悬空，浓云多变，素以山峰怪异、谷幽奇险称绝。要在此设立标识标牌，附近布置停车位置，提供解说系统以及雕塑小品等，烘托险要的军事地位，为游客提供信息并为拍照提供素材与方便。

鸡公山。一线天过后，峪内豁然开朗，有一山峰叫作"鸡公山"，宛若一只雄鸡引颈高歌。相传有一长工为了对抗财主的盘剥，找来一只公鸡，这只公鸡不到东方日出不打鸣，财主便无法催赶长工们早起干活，财主想杀了这只公鸡，公鸡却将其眼睛啄瞎飞到这座山上，此山变为公鸡的模样，由此得名。此处不是很引人注目，需要有特别的指引和解说。

明铺摆宴坨。这里是赵襄子宴请代王并杀死代王及其随从的地方，也是抗日战争期间八路军采用"平型关战斗"的方式，利用飞狐峪险要的地形展开伏击，重创日本运输大队，使日军未敢再踏进飞狐峪，取得"明铺大捷"的地方。目前线路上有明铺大捷的石刻纪念碑和解说牌，可适当增加雕塑小品，同时加大对摆宴坨故事的说明和展示，引导游客到明铺村一探究竟，并做适当停留。

一炷香是飞狐峪的标志性景观之一。一峰离开两壁如柱挺立，高达数十丈，直刺天际，巍峨壮观，《蔚州志》中说它是"形类塔高耸入云"，当地百姓形象地称其为"一炷香"。此处节点目前的问题是停车拍照人数过多，而附近没有停靠点，会导致拥堵和安全事故，因此应进行疏导，并提供最佳拍照地点和相应的设施。另外应做好一炷香及其周边原始地貌的保护，此前曾有人在此建设岩壁小庙供奉香火，幸得以及时制止予以拆除。

箭眼与杨六郎传说有关。目前在飞狐峪中修有一个观景平台供东望箭眼之用，场地较为开阔，可停车，可照相，但地面未经处理，杂草、垃圾较多，另外缺少足够的解说设施和解说内容，未能突出杨六郎题材，也未就箭眼现象的形成作出科学说明，游客在此停留时间较短，体验不足，因此应加强军事历史题材和传说意象的烘托，增加解说设施和休憩设施。另外沿线途中的"三仙思凡""四将守门""五狗望月""六郎桩""七女峰"等奇峰异石均应做相应的题材化处理和解说强化。

八仙洞为岔道村西的半山壁上的八个石窟，没有人工开凿的痕迹，相传是八仙相约到蔚县游玩留下的洞穴。此处节点的重要之处在于岔道村已无多留存，只有几个旺季开业的饭店，八仙洞可作为岔道的标志性景观，且附近高速有"八仙洞"隧道，较为知名。可开凿通往八仙洞的绝壁栈道，满足游人的好奇心，增加游人停留的时间；设置三岔口路牌，突出岔道村地理位置的重要性，赋予其人生三岔口、历史岔道口的寓意，可供游人拍照；做好通往黑石岭、涞源方向的指引；同时对现有农家乐进行升级，设置具有解说、展示、休憩、餐饮、住宿功能的驿站，供游人聚集、交流、休息。

黑石岭位于河北蔚县宋家庄镇最南端的黑石岭村，是飞狐陉的起点，亦是太行八陉中地势最高的关隘，素有"守住黑石岭就守住了飞狐峪"之说，目前尚有骡马道部分遗存。此处应着力突出其军事价值，开展军事文化及军营体验等活动，开设马帮，让游客体验马帮生活，突出"石岭秋云"的美景，开拓新型户外旅游目的地。

黑石岭西南为永康南庄，有"燕王逼子"遗址。明朝初年（1399），燕王朱棣扫北时领兵进入飞狐峪，因儿子不遵守军纪，朱棣大怒，逼其子在此地自缢身亡，后人就把这里称为"燕王逼子"。燕王逼子处的崖石上存有万历年间的题壁墨宝，其墨迹文字至今仍可辨认。可通过飞狐图册将此作为一个节点，吸引游客到此一观。

怪坡。在过了418县道和322县道交叉口后不久，有一处怪坡，离远看好像在下坡，实际是在上坡，此处如无内行人特别提醒不会有人留意，因此可对此进行宣传，在飞狐图册和飞狐攻略中进行说明，引发游客的好奇心和关注。

马蹄梁。相传是宋朝名将杨延昭遛马时留下的，后来人们称此山梁为"马蹄梁"，后经考证马蹄印实为奥陶纪的灰岩由于特殊的沉积环境形成的环状、半环状的燧石条带。此处如无人特意指点也很容易错过，况且马蹄梁段山梁起伏、沟壑纵横,地貌类型多样,具有苍茫、雄浑、伟岸、壮阔的典型北国山野特征。极目远望,山岭、森林、原野、村庄浑然一体,形成了以山梁为骨、大地为体的原始壮美的画卷。此路段急需将裸露在外的燧石用玻璃覆盖保护起来并配以充分的解说说明,同时建设融入周边景观的高等级观景平台,择隐蔽处建旅游厕所。

团圆特大桥与公路交叉处。凌空而起的高速,斜插而过的小路,这种鲜明的对比更能给人带来强烈的冲击,唤醒对历史的回望与思索。可在此树立牌匾,解说太行高速的历史与过去,引导游客回顾沧桑巨变。

金家井烽燧。涞源盆地的烽火是沿着两条路径传递的:一条是自马蹄梁方向,从伊家铺经石片铺、窝驼铺、卧兔汛到达县城;一条是从驿马岭方向,从红泉铺、艾河铺、上屯铺到达县城。然后再向烟墩坡会聚,最后从烟墩坡再向东、向南分别朝紫荆关、倒马关传递。自秦汉至明清,除了少数的和平时段之外,飞狐古道上的滚滚狼烟从来没有熄灭过,它每一次燃起都让人惊心动魄。如果没有了这些烽燧,这些历史就会没有了印记,因此要对烽燧进行重点强化,对其进行更有效的保护和利用。

三、体制

如前所述,线性遗产的旅游开发存在着定位不清、缺乏上位文件引导、管理多头、缺乏牵头部门统筹、建营分离、缺乏清晰的责权划分、缺失机制、发展难以为继、立法缺位、未来去向不明等一系列问题。道路载体由交通运输部门管理,沿线景区旅游服务设施和旅游业态归文旅部门管理,沿线草原、森林由自然资源部门管理,村镇由当地政府管理。给线性遗产的综合开发和利用带来了很大的难度。因此建立共建、共责、共享导向的激励、协商机制和共责严惩机制,协调跨行政区域多主体的权责利分配就显得尤为重要。

飞狐线性遗产的开发应寻找愿意并有能力建设旅游集散地节点和旅游目的地支撑的行政主体,培育专业旅游推广机构,构建跨区域合作平台和运维机制。可以在政府主导、市场参与的理念下,由文旅部门牵头,吸引投资主体来投资,让连锁汽车旅馆、民宿老板、自驾游俱乐部、咖啡馆、茶馆、文创公司等各种市场主体来满足终端消费主体的需求，提供各种沉浸式的生活体验，让古道变成目的地，而不仅仅是公路通道。

四、设施

线性遗产不仅承担着交通运输通道的功能，还具有景观欣赏、休闲放松、健身保健、社会交往、教育学习、休憩生活、生态保护等多重功能，因此简单的路政设施已不能满足这些需要，需要重新考量和设计。

针对飞狐的特点和现状，需要建设自行车或徒步慢行系统、停车港湾、观景平台、游客集散中心、节点信息引导标志、解说系统、旅游厕所以及房车营地、休闲驿站、紧急救援等相关设施。

（一）提升景观美感

在设施的建设中要考虑到景观的欣赏效果，包括气候气象、地形地貌、动物植物等宏观尺度的生态景观系统，农田、果园、作坊、农庄等生产载体及其种植、采摘、加工等活动构成的中观尺度的生产景观系统，聚落、村镇、寺庙、集市及相关民俗、节庆、建筑等微观尺度的生活景观系统。除了要考虑道路用地范围内人工景观的营造，还要考虑与宏观系统相应的廊道空间的设计与布局，道路本身以及道路两侧一定范围内以环境为背景的廊道空间的景观层次都需要从审美的角度来调整。另外，要加强对景观生态、经济功能的关注，对景观深度体验功能的加强有助于增加游客停留时间、增强游客深度体验。

要分别从快行、慢行两个视角来营造景观效果。分别考虑快行与慢行过程中可能形成的框景、漏景、内景、林冠截景等不同景观效果，对植被进行调整，对道路设施进行调整。

（二）加强安全性

由于古道线性遗产承担了游览、健身功能，因此除了必要的与环境协调的钢架构木制护栏或多种形态护栏之外，还需要照顾不同方向、不同交通方式的游客都能够同时欣赏到风景，在特定路段采用分离式路基，要区分快行道、慢行道，要在蔚县和涞源两端配备必要的救援设施。

（三）方便游客

补充停车港湾、观景平台、标识标牌、驿站、厕所等路侧设施，对村镇进行标识标记并予以简单解说，对旅游资源进行介绍。

作为整体的线性遗产产品，尤其要重视标识系统的设计，要梳理沿线旅游资源和产品，并依此整理标识系统的布点和内容，从外观表达上进行既标准又具有特色的设计，使整个线路的旅游产品通过标识系统完整统一地联系在一起，为游客提供旅游信息的同时传递线路的品牌文化。

标识系统设计时要注意统一化、标准化、特色化，即进行统一的标识设计，从布点到设计都要保证能够简洁、清晰地传达信息，易于领会、方便操作；要与国际接轨，运用国际标准的通用图示图例，方便未来面向更广大的国际市场；在细节设计上融入地方特色，例如将剪纸图案、农民画图案、飞狐标识等作为元素与标识系统设计相结合，增强在地感。

古道的标识系统应选择道路的重要节点、服务中心、游客中心、停车港湾、村落出入口、客栈等处布置，进行多元化的动态展示，包括吸引物引导、岔口向导、资源介绍、设施导向、关怀警示等方面。吸引物引导可以将游客引至线路上的吸引物；在非常重要的岔道节点布置指向明确的标识系统，方便游客选择正确的旅游线路到达景区或吸引物；资源介绍可以配合图片、音像等多媒体表达形式对古道进行总体概述，对具体节点进行详细解说；设施导向可以为游客提供食宿、休憩等服务设施的指引。

（四）增强游客体验

游步道、休憩亭、停靠港湾、驿站等设施，经过主题化的精心设计，能够给游客带来惊喜，更好地融入古道氛围，从而丰富、加强游客对古道文化的体验。

（五）促进沿线社区经济发展

适当的设施建设和设施指引会将游客关注的重点转移到当地社区，而不是仅仅关注道路本身或宏观环境。通过连通沿线村落，配以徒步绿道、单车租赁,让游客可以深入、亲近村落社区,对村落的休憩空间进行调整,增添适合旅游者游玩休闲的业态,扩大旅游消费空间,促进乡村经济发展,提升乡村土地利用价值,促进乡村人口本地就业。

第五节 基于游客感知的飞狐古道旅游产品谱系研究

旅游产品谱系是反映旅游功能属性特征的层次性系统,包含旅游产品类型和旅游产品的具体项目[①],同时也体现了游客的旅游需求。飞狐古道是集深厚人文历史与优美自然景观于一体的线性遗产,目前其价值尚未得到充分重视,旅游产品以观光型产品为主,不成体系,这在今天强调体验的旅游大环境中极为不利,因此如何加强其体验性,以游客体验感知为切入点,探究其旅游产品谱系,在揭示游客需求与旅游产品供给方面具有代表性与典型性。

一、研究设计

采用内容分析法,将马蜂窝、携程、去哪儿网、网易博客、新浪博客、新浪微博、天涯、豆瓣、知乎等网络平台作为样本来源,以"飞狐峪、飞狐古道、北口峪"等为关键词进行检索,选取时间为 2013 年 8 月 5 日到 2019 年 5 月 10 日之间的游记与有效评论,筛选游记与有效评论的参照原则如下:第一,鉴别游记与评论内容的真实性,剔除具有广告性质的游记与评论;第二,保证游记与评论内容的原创性,去除在不同平台发表相同内容的网络游记与评论;第三,把控游记与评论内容的有效性,删除单纯景区介绍、涉及其他景区的内容以及纯图片展示的游记与评论,同时确保游记与评论的内容长度大于 15 个词,所述内容与本研究相关。通过筛选,共获得有效游记与评论 64604 字,其中包括 60 篇网络游记,100 条有效评论,以上内容构成了本书的样本数据源。

对所获取的游记与评论的分析过程借用 ROST CM6 文本挖掘软件,

[①] 余青,邱海莲. 基于词频的风景道产品谱系——以美国蓝岭风景道为例[J]. 北京交通大学学报(社会科学版),2014,13(1):44—49+86.

实现高频词分析、情感倾向分析以及语义网络图构建等过程。可分为以下几个阶段：第一，剔除所获取的样本与飞狐峪、飞狐古道无关的景区描述，将部分图片上的文字转化为文字形式。第二，统一游记中所涉及的地点，尤其是著名景点的名称，如将"飞狐峪、飞狐古道、北口峪"统一为"飞狐古道"。第三，运用 ROST CM6 的分词功能，先对 txt 格式的游记与评论进行分词处理，之后获得与旅游产品相关的高频词。经过筛选，共获取 168 个有价值的高频词。第四，对游客感知情感倾向的分析是探究游客对不同旅游产品的偏好，以及分析旅游产品供给质量的基础。将整理好的 txt 格式文档导入 ROST CM6，利用情感分析共获取积极情绪、消极情绪、中性情绪三种结果。

二、分析结果

（一）游客感知高频词统计

将分词整理后的游记以及评论导入 ROST CM6，生成高频特征词。表 8-8 为根据特征词的频次，剔除与评价指标无关或无实际意义的词，整理出排名前 168 名的评价词，形成飞狐古道网络评价高频词统计表。游客对飞狐古道的感知评价内容可以分为以下几个方面：一是对飞狐古道人文历史价值的感知，其中以历史（1.45%）、传说（0.99%）、故事（0.71%）、杨六郎（0.64%）、项羽（0.22%）、兵家（0.46%）、日军（0.48%）等为代表；二是对飞狐古道自然景观价值的感知，如景色（3.09%）、美丽（0.71%）、逶迤（0.53%）、奇峰（0.52%）、美景（0.39%）、野花（0.33%）等高频词的描述；三是对与飞狐古道相邻地区或景区距离以及旅游资源价值的感知，如蔚县（3.75%）、河北（1.17%）、山西（0.55%）、暖泉古镇（0.48%）等；四是对飞狐古道旅游基础设施的感知，如高速（1.27%）、门票（0.44%）、宾馆（0.29%）、厕所（0.17%）等，反映了游客对古道基础设施的需求；五是游客自身心情的感知，如舒畅（0.71%）、宜人（0.22%）、值得（0.22%）等。

表 8-8 网络评价高频词统计表

高频词	频次	高频词	频次	高频词	频次	高频词	频次
飞狐古道（峪）	605	山西	25	百姓	15	安全	11
空中草原	279	到达	24	交汇处	15	收费	11
蔚县	170	逶迤	24	草木	15	气候	10
太行	156	燕山	23	高原	15	明代	10
景色	140	奇峰	23	山顶	15	大自然	10
峡谷	80	要道	23	山花	14	秋色	10
公路	78	弯弯	23	军队	14	文化	10
历史	66	日军	22	战争	14	打树花	10
高速	57	古道	22	匈奴	14	值得	10
景区	54	停车	22	游览	14	骑兵	10
河北	53	天路	22	美丽	14	拔剑	10
开车	47	八仙	22	雪绒花	13	项羽	10
传说	45	暖泉古镇	22	道路	13	徒步	10
蜿蜒	43	县城	22	绿色	13	骑马	10
黑石	43	大军	21	路线	13	愉悦	10
穿越	42	兵家	21	民俗	13	当年	10
地方	41	景观	21	山梁	13	赵襄子	10
著名	41	张家口	20	朋友	13	上山	10
山峰	40	门票	20	聚会	13	清代	10
山脉	37	陡壁	20	出口	13	宜人	10
山路	36	建议	20	复杂	13	旅游	10
路上	35	山穷水尽	19	地形	13	汽车	10
塞外	33	张石	19	壮观	13	闻名遐迩	10
通道	32	沿途	19	关隘	13	谷底	10
美丽	32	必争之地	19	宾馆	13	井陉	10
舒畅	32	柳暗花明	18	风光	13	天门	9
故事	32	美景	18	古堡	12	问题	9
北京	31	蒙古	18	山坡	12	两旁	9

续表8-8

高频词	频次	高频词	频次	高频词	频次	高频词	频次
海拔	31	险峻	17	一路上	12	刘邦	9
户外	30	山谷	17	附近	11	动物	9
一线天	30	怪石	17	凉风	11	张北	9
豁然开朗	29	鬼斧神工	17	松涛	11	古人	9
马蹄	29	战场	17	飞鸟	11	行驶	9
杨六郎	29	拍照	17	节日	11	石柱	9
时间	28	遐想	17	峰回路转	11	骑车	9
景点	27	大峡谷	17	遗址	11	人文	9
建军	27	怪异	16	战国	11	运输	8
山势	27	购物	16	突兀	11	翠绿	8
露营	27	古代	16	南下	11	战役	8
无数	27	奇险	16	山石	11	居庸关	8
白云	26	兵部	16	交通	11	厕所	8
娱乐	26	野花	15	休闲	11	天气	8

(二) 语义网络分析

为了了解高频特征词之间的联系，依据所收集到的游记与评论，利用 ROST CM6 软件得出对飞狐古道网络评价的语义网络示意图（如图8-2所示）。所生成的语义网络依据高频特征词出现的频次，构建高频词间的共现矩阵[①]，各个特征词与中心节点词的距离展示了其影响力的大小和与中心节点词联系的紧密程度。[②] 处在中心节点位置的"飞狐峪""千米""空中草原""太行"表现出不同游客对飞狐古道感知的相似性与关注点，构成游客关注的核心圈层。以"一路""胜景""塞外""开车"为此核心圈层代表，形成游客感知的主要形象与内容，说明飞狐峪的旖旎自然风光和作为风景道的主要功能能够吸引游客。位于外围

---

① 卢长宝，林嗣杰. 游客选择在线短租住宿的动机研究 [J]. 经济管理，2018，40 (12)：153－167.
② 张琦，陈珂，马发旺，等. 基于数字足迹的乡村旅游形象感知研究——以沈阳市周边乡村旅游点为例 [J]. 农业经济，2018 (3)：33－35.

的大部分节点，如"故事""古道""通道"等也备受游客青睐，展示了游客也同样关注内含于自然景观中的人文历史情怀。

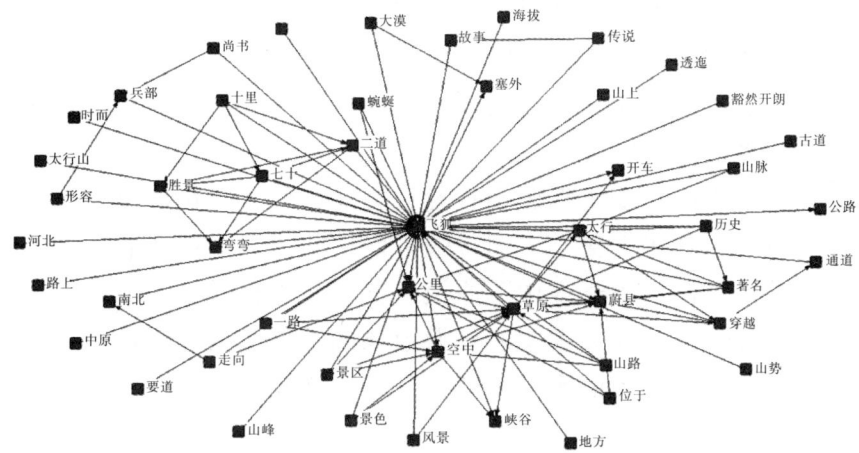

图8-2 飞狐古道网络评价的语义网络示意图

三、飞狐古道旅游产品谱系构成与特征

（一）根据游客感知分析得出飞狐古道旅游产品现有谱系构成

通过对所获取的飞狐游记和评论的高频词以及语义网络图进行整理，同时结合飞狐旅游资源特点，目前飞狐古道共由四类旅游产品组成（如图8-3所示）。

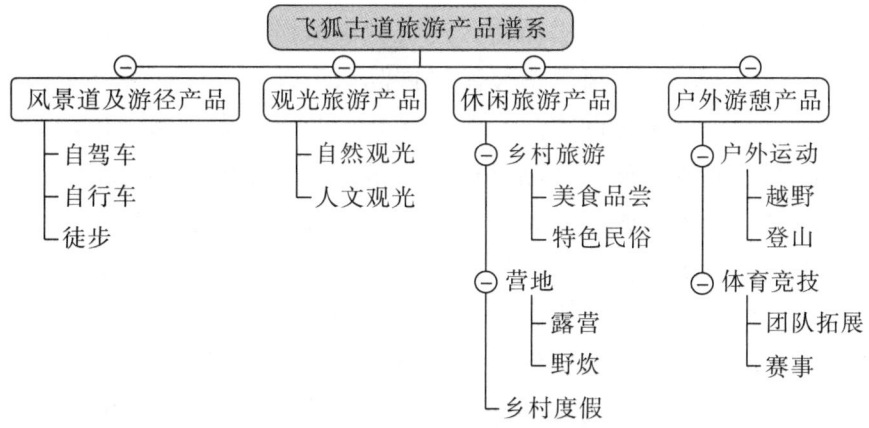

图8-3 飞狐古道旅游产品谱系

风景道及游径产品：即将古道作为一种风景道、通道，以自驾车（汽车、摩托车）、徒步、自行车为主要载体，在古道上开展的活动和项目。这类产品旨在使游客通过在古道这一特殊空间的移动，欣赏沿路的风景，同时体验自驾、徒步、骑行所带来的位移景异、人与自然和谐为一的感受。这类产品是古道作为风景道区别于传统点（面）状景区景点旅游产品谱系的重要特征。

观光旅游产品：受飞狐山峰各异、谷幽奇险、山花烂漫的壮丽自然风光及烽燧、古村等文化历史遗迹吸引而来此产生的观光活动。

休闲旅游产品：由于空中草原及上苏庄村等吸引物的带动，飞狐古道已初步形成针对京津冀等主要旅游市场的娱乐休闲导向，以美食品尝和特色民俗为主要内容的乡村旅游、露营野炊及小规模乡村度假等初级休闲旅游产品。

户外游憩产品：飞狐复杂多样的嶂谷地形地貌、秀美壮观的谷峪风光、旷古幽奇的户外氛围吸引了大批户外运动和体育竞技活动爱好者，每到夏日及节假日就会有自驾车、团队大巴组织以户外运动健身为目的的活动，登山、越野、骑行比赛等经济活动得到了初级开发。

（二）飞狐古道旅游产品谱系特征分析

依据高频词所归属的产品类型进行词频统计，得出飞狐古道风景道旅游产品谱系统计表（见表8—10）。由表8—10可知，飞狐古道旅游产品谱系的主要特征体现在以下几个方面：

第一，就旅游产品主类而言，飞狐古道旅游产品较多地集中在观光旅游产品（67.25%）、风景道及游径产品（21.67%），而户外游憩产品（4.71%）、娱乐休闲度假产品（6.37%）虽类型丰富且多元化，但所占比重较小，表明观光旅游产品是构成旅游产品谱系的核心要素。其中以自驾游为主的观光旅游产品是当前飞狐古道核心的产品类型。而飞狐浓厚的历史文化底蕴、富有地域特色的乡村地区资源未得到充分重视，节庆、研学、体育等参与性强的产品没有得到充分的开发与利用。

第二，飞狐峪风景道旅游产品亚类类型丰富，但各类型产品所占比例差距较大，具体表现为在风景道及游径产品（21.67%）的三个亚类中，自驾游（16.18%）占据较高比例，徒步（3.04%）、骑车

（2.45%）所占比例较小，表明自驾游产品仍是飞狐古道与游径产品的主要类型，其中也有与观光重叠的部分，但自驾游配套产品和细分产品的缺乏使得自驾游的体验并不十分令人满意。

在户外游憩产品亚类中，户外运动（3.63%）与体育竞技（1.08%）所占比重都较低。这与飞狐古道沿途多山脉的地形地貌资源不符，冰雪运动、健身运动、极限运动为主团队拓展、赛车/马等体育竞技活动产品开展不充分。

娱乐休闲度假类产品在所有大类旅游产品中的比例为6.37%。其中，营地（2.11%）、乡村旅游（1.81%）、聚会（1.32%）、乡村度假休闲（1.12%）在内的四个亚类产品所占的比例较为平均，但在比例上都呈较低的态势。乡村资源被严重忽略，未受重视，这也印证了问卷调查中大家对这些村庄信息掌握不足的情况。营地产品因远离城市的喧嚣与贴近自然的属性，在娱乐休闲度假类产品中更受游客青睐，但也处于自发、初级发展阶段，并未形成规范的产品。因缺乏丰富的休闲度假资源与配套的基础设施，所提供的娱乐、聚会、度假休闲产品比例较低。

观光旅游类产品（67.25%）在所有主类产品中占据的比例最高。其中，自然观光（37.16%）、古迹观光（18.09%）、村镇观光（12.01%）三个亚类产品所占比例相差悬殊。究其原因，主要是飞狐以自然观光为主，景观绮丽多姿，能满足游客观赏美景、亲近大自然的需求，而村镇观光除上苏庄村作为传统村落，北口村和岔道村作为必经之地，嗅水盆村作为空中草原的承载地之外，其他村落未能广为人知，且没有相应的旅游产品，因此村镇观光未受重视。而古迹的发掘也有待完善其解说和展示，因此古迹观光占比也较小。

第三，反映出飞狐古道旅游产品供给与资源禀赋的不匹配。除了壮美的自然风光、延绵亘古的道路景观，飞狐本身作为古战道、商道、驿道的价值没有凸显，村落的价值被严重忽视，其休憩空间和娱乐休闲价值没有得到充分发挥，也没有得到游客的认识和认可，文博、研学、民俗体验、节庆、商务会议等产品未得到充分开发。

第四，缺乏突出的龙头产品，旅游产品类型整体较为分散。从词频分析来看，除空中草原属于景区之外，均为旅游资源或资源特色名称，而自驾游也为自发性旅游方式，不能称之为成熟的有组织的旅游产品。

空中草原虽开发时间较长，但仍处于初级开发水平，季节性强，带动性较弱。

表 8-10 飞狐古道旅游产品谱系统计表

产品主类	频次统计	所占比例（%）	产品亚类	频次统计	所占比例（%）
风景道及游径产品	442	21.67	自驾游	330	16.18
			徒步	62	3.04
			骑自行车	50	2.45
户外游憩产品	96	4.71	户外运动	74	3.63
			体育竞技	22	1.08
休闲旅游产品	130	6.37	乡村旅游	37	1.81
			营地	43	2.11
			聚会	27	1.32
			乡村度假	23	1.12
观光旅游产品	1372	67.25	自然观光	758	37.16
			村镇观光	245	12.01
			古迹观光	369	18.09
总计	2040	100.00		2040	100.00

（三）风景道旅游产品谱系情感分析

情感分析是将旅游者表达情绪感知的词语进行分析，在了解旅游者对所提供的旅游产品以及旅游经历的真实态度的基础上，可发现当前旅游产品供给中所存在的问题以及旅游者的感知偏好。借助 ROST CM6 的情感分析功能，共获得 46 条表达情感的评论，包括 38 条积极情绪评论，6 条消极情绪评论和 2 条中性情绪评论。整体而言，游客对飞狐古道当前的旅游产品谱系评价较高，积极情绪占比为 82.61%。中性情绪以及消极情绪占比较低，其中中性情绪为 4.35%，消极情绪为 13.04%。图 8-4 为游客情感分析统计图。

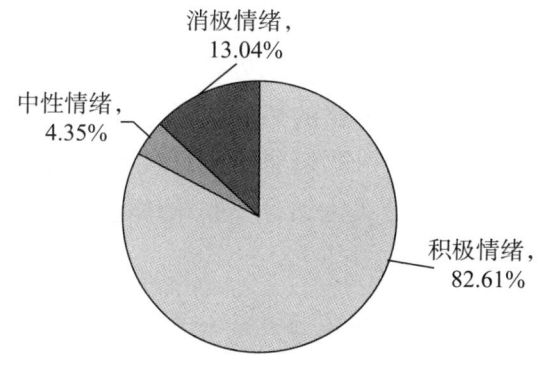

图 8-4　游客情感分析统计图

将描述飞狐积极情绪的词语进行分段，一般积极情绪占 17.39%、中度积极情绪占 26.09%、高度积极情绪占 39.13%，表明游客对飞狐古道旅游产品的高认可度。主要表现在三个方面。一是对飞狐自然风光的赞叹。如来自携程的用户描述道："飞狐峪两边的山奇峻险拔，驻足观赏，处处美景，蔚为壮观！"二是对飞狐风景道门票价格的感知。例如去哪儿网的网友发表评论："飞狐峪地区不要门票，开进去看大山、看绿树、看层峦叠嶂、看远山。"三是对飞狐自驾游产品的感知。以来自马蜂窝的网友的评论为例："开车自驾游还是不错的，能够拍出不错的照片。"游客对飞狐消极情感的倾向体现三个方面：一是对飞狐道路情况不满。如："飞狐峪的路很不好开，没怎么开过山路的朋友不建议上去。"二是对飞狐基础服务设施现状失望。网友在携程网中这样评论："需要加强硬件设施（如厕不方便）。"三是集中在当前景观建设不合理，不能满足游客的旅游需求问题。如有游客发微博称："很美好的地方！飞狐峪景色宜人，一步一景，处处应该停车。处处无法停车，仅有的几个停车点，无法满足观景的需要。"此外，以"堵车问题"为代表的公共环境方面的问题也是游客产生不满情绪的主要原因。

四、飞狐古道旅游产品谱系开发管理建议

（一）依据资源特色开展旅游产品谱系建设

当地特色的旅游资源是风景道旅游产品谱系开发建设的基础。因地

制宜开展风景道旅游产品谱系建设，要深入挖掘旅游资源的内涵，结合区域与自身特色，培育自己的竞争优势，加强风景道旅游产品谱系的多方位延伸，实现道路向景观道路的拓展。通过对风景道的旅游资源进行优化配置、优化组合，引导风景道旅游向深度游方向发展，以此来扩大旅游客源市场，满足游客对文化教育、娱乐休闲、户外运动、观光旅游等旅游产品多方面的需求。

（二）增强风景道旅游产品谱系的辐射范围

风景道旅游产品谱系的开发不能只局限于对道路自身建设的狭隘观念。要在加强对核心景点的建设的前提下，展开与周围具有开发价值与潜力旅游资源的联动发展。以风景道所在地的资源、区位、历史、文化以及社会经济发展状况为基础，以市场需求为导向，有重点地开发风景道的主导产品与辅助产品，增强风景道旅游产品谱系的广谱性与丰富度，强化游客的旅游体验，以此来带动风景道整个区域的综合发展。

（三）完善风景道旅游基础设施与服务体系的建设

完善的旅游基础设施与服务体系是实现风景道旅游活动的前提，同时也是风景道旅游产品供给的有效保障。风景道旅游基础设施与服务体系的建设可从以下方面展开。一是要逐步建成旅游咨询便捷化、旅游管理智能化、旅游活动安全化的风景道旅游公共服务网，同时加强组织、资金、政策、人才方面的实施保障体系。二是逐步完善风景道信息标识系统与解说系统，依托智能化旅游交通体验网平台，增设风景道信息识别、道路救援、相关路段及相关景观的解说功能。三是规划设计观景平台。观景平台的设计不仅要考虑到景观的价值，还要保证与不同旅游产品的有效连接。四是构建旅游环境治理网，更好地保障风景道旅游活动的可持续性发展与旅游产品谱系的有效供给。

本研究选取飞狐古道作为案例研究地，采用内容分析法，通过网络文本分析游客对当前风景道旅游产品谱系的感知，且将现有文献的理论基础与网络评论内容相结合，总结出当前风景道旅游产品谱系所包含的主类亚类产品，得出以下结论。第一，游客对飞狐峪风景道的感知评价内容是多维度的，表现在对飞狐峪人文历史价值的感知、自然景观价的感知、相邻地区或景区距离和旅游资源的感知、旅游基础设施的感知以及游客自身的心情感知五个方面。第二，风景道旅游产品的开发应围绕核心区向周边辐射，但飞狐峪现有的旅游产品集中在风景道游径产品与观光旅游产品两种类型，而户外游憩产品、娱乐休闲度假产品与商务节庆活动产品没有得到充分的开发与利用。第三，游客对飞狐峪风景道旅游经历总体呈积极情绪，但也存在负面情绪。究其原因，主要是基础设施与服务体系不完善、飞狐峪道路状况以及观景设计不合理。第四，以游客自身需求为出点，风景道旅游产品谱系的开发与管理应依据资源特色开展旅游产品谱系建设、增强风景道旅游产品谱系的辐射范围、完善风景道旅游基础设施与服务体系，不断增强风景道旅游产品谱系的丰富性。

五、飞狐旅游产品谱系构成

（一）飞狐旅游客源市场构成

根据飞狐资源的特色、地理区位及今后发展的潜力，飞狐当以临近的京津冀晋市场为基础市场，拓展东北、华北其他地区的市场，并以发展高水平历史文化遗产线路为目标争取华中、华南、西部及国际市场（如图8-5所示）。

图8-5 飞狐区域旅游市场定位

在全域旅游时代，旅游越来越分散化、个性化，自驾游出行的普及、移动端查询及支付的普及、亚健康群体对健康的关注、老龄化的加剧、对子女教育及全面发展的重视、第二住宅和郊区休闲度假房产的投资意向（如图8-6所示）等催生了一系列新的消费意向，需要我们予以重视和应对。

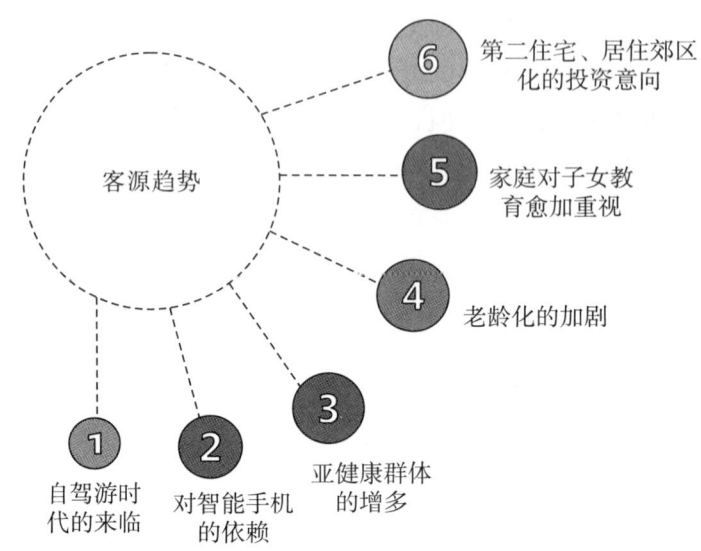

图8-6　旅游市场客源趋势分析

针对图8-6所示的客源趋势，结合飞狐自身情况，飞狐旅游当以家庭自驾游、户外休闲群体、休闲度假群体、研学旅游、中老年康养度假旅游群体及历史文化爱好者群体等为重点客群，同时以商务交流、会议培训市场为拓展客群构建打造旅游产品谱系（如图8-7所示）。

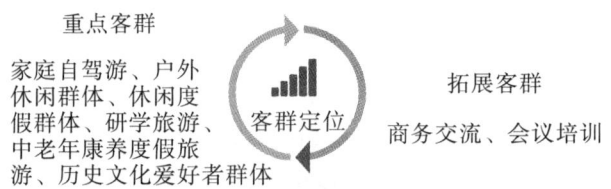

图8-7　专项旅游市场定位

（二）飞狐旅游产品谱系

根据以上对游客感知及飞狐客源市场的分析，特别提出观光旅游产品、休闲娱乐旅游产品、研学教育旅游产品、户外运动产品、节庆旅游产品和康养度假产品的组合（如图8-8所示）。

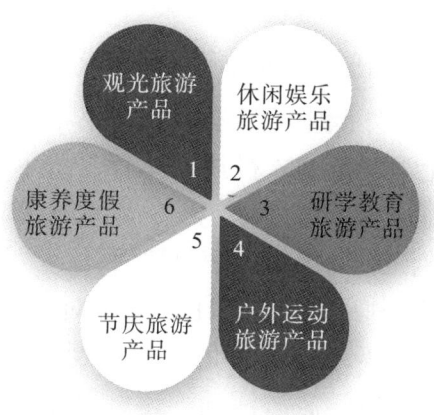

图 8-8 飞狐旅游产品谱系构成

1. 观光旅游产品

观光旅游产品永远是最基本的旅游产品类型。基于飞狐广袤壮美的自然景观、蜿蜒多变的道路景观、古朴原始的村落风情,完善设施、优化环境、美化环境,形成具有独特内涵、多重体验的飞狐观光旅游产品。

2. 休闲娱乐旅游产品

为了丰富游客体验,加大旅游资源的利用,开发乡村休闲、乡村购物、艺术公社等产品,选择合适地段和场地建设自驾车营地、木屋营地和帐篷营地,开展娱乐、亲子活动,建设户外嘉年华。

营地:为丰富业态,增加主题夜游项目"＿＿摘星"度假营地,运用现代灯光、音响、3D 等技术,依托场地环境,打造主题演艺、灯光秀等项目,满足游客的夜游需求。以汽车影院为核心,配合户外烧烤、户外音乐吧、滨水酒吧、绿色生态餐厅等空间的营造,打造国际营地的娱乐后花园和高品质营地休闲娱乐配套。以营地中的儿童为主要目标市场,以家庭亲子游乐为核心主题,打造儿童游戏乐园;与欧美创意休闲体验机构或农庄合作,打造京津冀区域首家乡村田园儿童游乐嘉年华,创造中国乡村儿童创意品牌。

乡居:打造田园生活态,改造精品民宿,将舒适生活与田园意境融合起来,将慢生活、原生态注入乡居生活的每一天。

3. 研学教育旅游产品

国家越来越重视中小学生的研学旅游，今后研学旅行市场潜力巨大。开展第二课堂、户外课堂的活动，结合书本上、各门课程的内容，设计历史、物理、化学、地理、科技、体育、艺术等校外课堂的内容，开辟适合一日游、周末游、夏令营、冬令营的产品，不仅有助于提高学生素质，也有助于旅游地文化的传播和利用。

飞狐可以借助其深厚的历史文化内涵，对军事、自然、历史、文学、经济、农业、林业等各方面价值予以广泛利用，用农场、乡村公社、营地等方式来开展研学旅游活动。还可以在沿路建设驿路博物馆、山居博物馆等专题博物馆来增强教育性与专业性。

针对其他群体，飞狐也应该完善解说系统，融入更多的知识介绍和讲解，这也是加深游客记忆、加强游客体验和促进游客自我提升的一种途径。还可以组织科考、寻访历史等专题旅游，加强飞狐旅游的专业性与教育性。

4. 户外运动旅游产品

针对亲子家庭、户外运动爱好者、企业团建活动等，遵循环境生态化、景观主题化、权威专业设计化理念，利用自然生态环境，打造京津冀区域专业化田园拓展训练基地。开发徒步、山地自行车、森林拓展、地面障碍、定向越野、山地CS、帐篷营地、森林餐厅、ATV越野、滑翔伞、滑板、跑酷、古代军事题材拓展运动产品，冬季开展滑雪、冰上保龄球、冰陀螺擂台、小型儿童溜冰场、桌上冰球等体验活动以及更为场景化的冰雪天地、真人CS等，以参与体验收费和装备租赁为盈利点，撬动户外经济与运动经济的发展。

5. 节庆旅游产品

节庆是体现地域特色、凝聚市场人气、调节旅游淡旺季的有效途径。利用好几个传统节日，结合传统乡村庙会，抓住几个特色主题节庆，构建飞狐的节庆旅游产品体系，使其月月有亮点，季季有活动，年年能出新，保持市场热度，促进文化传播与经济发展。

恢复乡村庙会，庆贺民俗节日、品地道小吃、住原乡民宿、游山水美景、购农副特产、体农作生活、赏乡村民俗。

春节过大年时可结合春节假期和新年节庆活动，针对家庭旅游市场开展以春节、元宵节辞旧迎新、平安团圆、孝老爱亲、感恩祈福等为主要形式的"过大年"旅游。在年货购物街举办传统灯展、新春贺岁、元宵祈福等多种民俗活动，出售当地特色的年货产品，吸引游客前来消费和体验。

主题节庆活动可以有飞狐穿越 Cosplay 节、飞狐徒步健身节、飞狐消暑节、飞狐音乐节、飞狐摄影节等。

6.康养度假旅游产品

利用飞狐良好的自然环境、宜人的气候条件开展康养度假旅游活动。以生态资源为基础，以养生养老为根本，以休闲度假功能为主导、以综合开发为手段，以旅游地产品为核心，以高品质服务为保障，打造集养老度假、康复疗养、养生休闲等功能于一体的田园养老养生度假综合体，促进旅游质量与乡村经济效益的双提升。

补充、完善康养设施及条件，以自然风光为基础，融合当地民居建筑设施、艺术化的度假环境、情境化的体验经历，将一种自然生态的生活带给城市人群，吸引消费者主动到此购置第二居所或自主创业。建设太极广场、瑜伽平台、登山步道一类的中老年运动设施；利用北药山珍开发健康菜系，提倡健康生活方式；提升医疗水平、补充医疗健康资源，真正实现养心、养生。

后 记

在本书的撰写和搜集资料期间，前辈学人的研究为我提供了莫大的帮助，在这里表示诚挚的感谢。同时，还要感谢在本书写作过程中给予无私帮助和关心的师长亲友们。感谢原保定市政协文史委张力云主任提供了思路与素材，感谢涞源县白石山景区管委会主任刘春阳的支持与指导，感谢涞源县政协文史委主任高树英提供资料并亲自陪同走访，感谢涞源文史专家张动提供资料，感谢蔚县宋家庄镇陈建军主任陪同走访并提供大量资料，感谢在调查中提供联络和帮助的龙飞乡长和张慧秋等村支书，感谢提供联络并给予支持的保定市民建市委王雁飞主委，感谢给予援助的保定市民建会员罗浩女士和朱海先生。还要感谢在漫长艰辛的调查中老母亲的理解和陪伴、同事的支持与配合、研究生的辛勤付出。